Der Regenbogen
der Wünsche

Augusto Boal

Der Regenbogen der Wünsche

Methoden aus Theater und Therapie

Kallmeyer

Für Lula,
für Paulo Freire,
für die brasilianische Arbeiterpartei,
für Grete Leutz und
Zerka Moreno

Die Deutsche Bibliothek – CIP Einheitsaufnahme

Boal, Augusto:
Der Regenbogen der Wünsche : Methoden aus Theater und Therapie / Augusto Boal. Übers. aus dem Engl. von Christa Holtei. Hrsg. und bearb. von Jürgen Weintz. – Seelze (Velber) : Kallmeyer, 1999
　　Einheitssacht.: The rainbow of desire ‹dt.›
　　ISBN 3-7800-5811-1

IMPRESSUM:
Augusto Boal: Der Regenbogen der Wünsche. Methoden aus Theater und Therapie. Aus dem Englischen übersetzt von Christa Holtei. Herausgegeben und bearbeitet von Jürgen Weintz.
© 1999 Kallmeyersche Verlagsbuchhandlung GmbH, 30926 Seelze (Velber)
Alle Rechte vorbehalten.
Titel der englischen Originalausgabe:
Augusto Boal, The Rainbow of Desire, The Boal Method of theatre and therapy, London, New York 1995 (Routledge)
Fotos:　Reinhard Prüllage
Titel:　　Sabine Duffens
Druck:　Hahn Druckerei, Hannover
ISBN:　　3-7800-5811-1

INHALT

Vorwort (von Jürgen Weintz) 7

Warum dieses Buch? (von Augusto Boal) 15

Teil I   Die Theorie 23

1. Theater, die erste Erfindung des Menschen 24
2. Der ästhetische Raum: Menschen, Leidenschaften und eine Bühne . . . 27
   2.1   Was ist Theater? 27
         2.1.1   Der ästhetische Raum 28
         2.1.2   Charakteristik und Eigenschaften des ästhetischen Raumes . . . 30
         2.1.3   Plastizität 30
         2.1.4   Dichotomie 32
         2.1.5   Telemikroskopie 38
   2.2   Was ist der Mensch? 39
   2.3   Was ist der Schauspieler? 42
3. Die drei Hypothesen vom „Polizisten im Kopf" 47
   3.1   Osmose 47
   3.2   Metaxis 49
   3.3   Analoge Induktion 51
4. Erfahrungen in zwei psychiatrischen Kliniken 52
5. Voraussetzungen für den Gebrauch der Techniken des „Regenbogens der Wünsche" 60
   5.1   Die Methoden 60
         5.1.1   Die „normale Methode" 60
         5.1.2   Methode „Die Unterdrückung überwinden" 61
         5.1.3   Die „Stopp und denk nach"-Methode 62
         5.1.4   Die „Sachte-sachte"-Methode 63
         5.1.5   Die „Blitzforum"-Methode 64
         5.1.6   Die „Agora"-Methode 65
         5.1.7   Die „Jahrmarkt"-Methode 65
         5.1.8   Die „Drei-Wünsche"-Methode 66
         5.1.9   Die „Spaltungs"-Methode 67
         5.1.10 Die „Für Taube-spielen"-Methode 67
   5.2. Die Improvisation 67
   5.3   Identifikation, Wiedererkennen und Resonanz 68
   5.4   Die vier Formen der Katharsis 69

INHALT

Teil II Die Praxis **73**

  1. **Die prospektiven Techniken** **74**
  1.1 Das Bild der Bilder 74
  1.2 Das Bild des Wortes 81
  1.3 Bild und Gegenbild 82
  1.4 Das Kaleidoskop-Bild 87
  1.5 Die Bilder des Bildes 96
  1.6 Das projizierte Bild 98
  1.7 Das Bild der Stunde 98
  1.8 Die rituelle Geste 99
  1.9 Rituale und Masken 100
  1.10 Verschiedene Bilder von Unterdrückung 100
  1.11 Verschiedene Bilder des Glücks 100
  1.12 Das rotierende Bild 100
  1.13 Das Bild des Übergangs 101
  1.14 Das Bild der Gruppe 101
  1.15 Rashomon 101

  2. **Die introspektiven Techniken** **102**
  2.1 Das Bild des Antagonisten 102
  2.2 Das analytische Bild 108
  2.3 Der Kreis der Rituale und Masken 113
  2.4 Das Bild vom Chaos 115
  2.5 Das Bild der „Polizisten im Kopf" und ihrer Antikörper 116
  2.6 Das Bild der Zuschauer von den „Polizisten in den Köpfen" 127
  2.7 Das Bild vom „Regenbogen der Wünsche" 127
  2.8 Das Leinwand-Bild 140
  2.9 Gegensätzliche Bilder der gleichen Menschen in der 143
      gleichen Geschichte

  3. **Die extrovertierten Techniken** **146**
  3.1 Improvisationen 146
  3.2 Spiele 152
  3.3 Shows 154

Nachwort: Die Techniken und wir. Ein Experiment in Indien **155**

25 Jahre Theater der Unterdrückten **158**
Augusto Boal im Gespräch (mit Jürgen Weintz und Bernd Ruping)

„Ich glaube an all die Dinge, die dank des Theaters sichtbar gemacht werden können."   A. Boal

Vorwort

Nun liegt sie also vor, die deutschsprachige Übersetzung von Augusto Boals Buch „The Rainbow of Desire", das in seiner französischen Urfassung unter dem Titel „L'arc-en-ciel de désir, méthode Boal de théâtre et de thérapie" bereits 1990 erschienen ist und in den Folgejahren für die englische Ausgabe von 1995 mehrfach aktualisiert wurde.

Nach mehr als 25-jähriger Praxis des „Theaters der Unterdrückten", das in zahlreichen Ländern erprobt wurde, gilt sein Erfinder Augusto Boal heute als einer der international bedeutendsten Theaterpädagogen unserer Zeit. Sein grundsätzliches Theaterverständnis, seine frühen Methoden des „Statuen-", „Zeitungs-", „Forum-" und „Unsichtbaren Theaters" sowie die neueren Techniken, die in diesem Buch vorgestellt werden, hatten (und haben auch weiterhin) einen nachhaltigen Einfluss auf die europäische Theaterpädagogik.

Augusto Boal entwickelte im Laufe der 70-er Jahre – zunächst im lateinamerikanischen, später im europäischen Raum – Volkstheaterformen, die Probleme von unterprivilegierten Bevölkerungsgruppen aufgreifen und soziale Veränderungen anregen wollten.

Sein Theater hatte das Ziel, auf der Bühne wie im Alltag autoritär-monologische Strukturen durch den gemeinsamen Dialog zu ersetzen. Zu diesem Zweck sollte die Trennung von Schauspielern und Zuschauern aufgehoben werden und die Betroffenen auf der Bühne ihre Lösungsvorschläge selbst erproben. Dieses Konzept fiel ab Mitte/Ende der 70-er Jahre auch in Europa auf fruchtbaren Boden, da sich Boals Theatermethoden trefflich in der pädagogischen und politischen Arbeit einsetzen ließen.

Im Folgejahrzehnt – das im Zeichen einer allgemeinen politischen Desillusionierung stand – wurde Boals Theatermodell jedoch auch dann noch auf den Aspekt der politischen oder sozialen Animation reduziert, als dieser längst begonnen hatte, sich stärker für die inneren Konflikte des einzelnen Subjekts, für therapeutische Fragestellungen und auch für das Theater als künstlerisches Medium zu interessieren.

Erst seit Beginn der 90-er Jahre wurde die Erweiterung seines Theateransatzes auch im deutschsprachigen Raum allmählich bekannt – zumindest in Expertenkreisen und im Rahmen von unzähligen Workshops, die Boal regelmäßig mit Multiplikatoren durchführte.

Mit seinem Buch „Der Regenbogen der Wünsche" wird diese Weiterentwicklung des „Theaters der Unterdrückten" erstmals in seiner ganzen Bandbreite dokumentiert. Augusto Boal verfolgt dabei zwei Zielsetzungen:

- Zum einen will er die Grundlagen seines *Theaterbegriffs* und insbesondere seine Position zum Theater als Kunst- und Therapieform systematisch darlegen. Er kommt zu dem Schluss, dass sich sein Theater zwar ästhetischer Mittel bedient, aber – im Gegensatz zum konventionellen Theater – konsequent das therapeutische Potenzial des Spiels nutzen will. Dies zeigt sich nach Boal darin, dass der dialogische Austausch zwischen Bühne und Publikum im Vordergrund stehe, der Zuschauer selbst zum aktiven Subjekt des Bühnengeschehens werde (wobei an die Stelle der bloßen Empathie im konventionellen Theater die Sympathie zwischen den Mitwirkenden rücke) und der Protagonist im Spiegel des Publikums mit sich selbst konfrontiert werde.
- Neben diesen grundsätzlichen Überlegungen stellt Boal im Wechsel von Übungsanleitung und Praxisreflexion eine Reihe *neuer*, sogenannter prospektiver (untersuchender) sowie introspektiver (nach innen gerichteter) Methoden vor, die er in den letzten vierzehn Jahren entwickelt sowie in umfangreicher Workshop-Praxis überprüft und verfeinert hat. Die hier beschriebenen neuen Spieltechniken bieten Klärungshilfen im Rahmen eines ästhetisch-theatralischen Prozesses: Sie wollen unter Beteiligung der gesamten Gruppe subjektive Bedürfnisse, Konflikte und Blockaden ausloten, die (vermeintlichen) Erwartungen des sozialen Umfelds kritisch in Betracht ziehen und auch die Strukturen in zwischenmenschlichen Beziehungen aus verschiedenen Blickwinkeln aufdecken. Die Übungen sollen sinnlich-plastisch vor Augen führen, was im Alltag vergessen, übersehen oder verdrängt wird. Darüber hinaus bieten sie Anstöße zur Förderung von Körperwahrnehmung und -ausdruck sowie zur Annäherung an Themen und Figuren für die Bühne.

Der „neue" Boal synthetisiert in seinem recht anschaulichen Theatermodell Anregungen Bertolt Brechts, Jakob Levy Morenos und Paulo Freires mit Impulsen aus Philosophie, Anthropologie und Psychoanalyse sowie neueren Theateransätzen. Zwar bleibt die Überwindung von Repression und Anpassung Boals zentrales Thema. Allerdings geht es ihm nun – vor allem im Hinblick auf den europäischen Raum – um die Überwindung von innerer Unterdrückung, genauer um die Befreiung des Ichs von internalisierten Zwängen und um die Erweiterung des Blickfeldes in der Dialektik von Selbst- und Fremdwahrnehmung.

Für Augusto Boals Leben und Werk ist kennzeichnend, dass er Regisseur, Pädagoge, Autor und sogar Politiker in einer Person ist. Er begann 1956 in Brasilien im Alter von 24 Jahren als Theaterleiter und entwickelte ab 1971 – nach dem Ende einer dreimonatigen Haft in Brasilien und nach dem Gang ins argentinische Exil – eine erste Technik des „Theaters der Unterdrückten", das „Unsichtbare Theater".

Anschließend engagierte er sich in Peru bei der Durchführung von Alphabetisierungsprogrammen. In jener Zeit entstand auch das „Forumtheater". Er produzierte nach seinem Weggang nach Portugal (1976) und seiner Übersiedlung nach Frankreich (1978) zahlreiche Theateraufführungen, lehrte an europäischen Universitäten und gründete in Paris und später auch in Rio eigene Theaterzentren (mit Namen „forum theatre" oder „C.T.O."). Boal führte seit dem Ende der 70-er Jahre eine Unzahl von Theaterworkshops mit Multiplikatoren in europäischen und außereuropäischen Ländern durch, wirkte in psychiatrischen Einrichtungen mit und legte seine Anregungen zum Theater in einer Reihe von Büchern nieder. 1986 kehrte er nach Rio de Janeiro zurück, bildete dort Kultur- bzw. Theateranimateure für das Schulwesen aus und beteiligte sich an der Gründung und Ausbildung zahlreicher brasilianischer Forumtheater-Gruppen. Von 1992 bis 1996 war Augusto Boal Stadtverordneter im Stadtrat von Rio de Janeiro, wo er seine neueste Methode, das sogenannte „Legislative Theater" mit einem Stab von Mitarbeitern entwickelte. Danach vermittelte er seine Theatertechniken auch an arrivierten Bühnen wie der britischen Royal Shakespeare Company. Auch heute (im Alter von 67 Jahren) wird er nicht müde, weiterhin rund um den Erdball – von Tokio bis Kalkutta, von Toronto bis London – zu fliegen, um für seine Theateridee persönlich zu werben. Die UNESCO würdigte 1994 seine Arbeit mit der „Pablo-Picasso-Medaille" und 1996 erhielt Augusto Boal gemeinsam mit Paulo Freire die Ehrendoktorwürde der Universität Nebraska.

Das Wirken Boals in den unterschiedlichsten künstlerischen und pädagogischen Feldern schlägt sich auch in der steten Weiterentwicklung seines Theateransatzes nieder. Bis Ende der 70-er Jahre zielte sein Volkstheaterkonzept vorrangig auf die Bewusstmachung sichtbarer Formen von politischer und sozialer Unterdrückung und auf die Entwicklung einer kollektiven (Handlungs-)Perspektive gegenüber gesellschaftlichen Missständen. In dieser Zeit stellte Boal jegliche Analogie zwischen seinen Spielvorschlägen und den Techniken des Psychodramas in Abrede, obwohl einige seiner Anleitungen schon damals eine verblüffende Nähe zu theatertherapeutischen Verfahren aufwiesen (vgl. auch H. Thorau 1982, S. 129; vgl. auch D. Feldhendler, in: Ruping (Hg.), 1991, S. 299–309).

Da er jedoch durch seinen langjährigen Europa-Aufenthalt häufig mit Formen subtiler und internalisierter Unterdrückung (wie Kontaktarmut, Kommunikationsnot, Gefühl der Leere, Einsamkeit oder Selbstzerstörung) konfrontiert wurde, kommt Boal spätestens Mitte der 80-er Jahre zu einer Differenzierung seines Theaterverständnisses. Entgegen seiner früheren Sicht spricht er nun offen von einer Überlagerung der Sphären von Theater und Therapie (wobei er Therapie – im Sinne eines präventiven Ansatzes – nicht als Behandlung einer ernsten psychischen Erkrankung, sondern als Anstoß zum „Lernen über sich selbst" versteht (vgl. Neuroth 1994, S. 69).

Theater wird nun als Schlüssel zur Lösung aus seelischen Verstrickungen betrachtet. Dies soll initiiert werden, indem der jeweilige Protagonist im Spiel eine Verwandlung vom passiven Objekt bestimmter Strukturen oder Prozesse zum aktiven Subjekt erlebt. Im Schonraum der Bühne und mit Hilfe der „Zuschauspieler" (der übrigen Teilnehmer, die nicht nur beobachten, sondern auch aktiv mitspielen) können Alternativen zur einengenden Alltagsrealität ausgelotet werden. An die Stelle des in den 70-er Jahren vorrangigen Gesamttenors soll nun die Vielzahl von Perspektiven innerhalb einer Gruppe treten, die wesentlich zur Selbstklärung des Protagonisten beitragen soll.

Die hier vorgestellten neueren Techniken setzen nach einem gemeinsamen Warm-Up zunächst bei der singulären Problematik eines Gruppenmitgliedes oder Zuschauers an, der zur Zentralfigur des Spielgeschehens wird. Allerdings soll auf Anraten Boals das gewählte Problem nicht zu extreme individuelle Bezüge aufweisen, um überhaupt eine entsprechende Resonanz oder Identifikation bei den Mitspielern zu ermöglichen. Je nach Gruppensituation und gewählter Methode steht im weiteren Verlauf entweder der persönliche Konflikt des Protagonisten oder die Auslotung der sozialen Relevanz eines Problems im Vordergrund. Immer aber sollen die sichtbar gewordenen, individuellen Ausgangspunkte aus der Perspektive der gemeinsamen Erfahrung aller beleuchtet werden (vgl. Ruping 1991, S. 70; S. Neuroth 1994, S. 72).

Es hat den Anschein, dass Boal im Laufe des letzten Jahrzehnts das „Theater der Unterdrückten" im Hinblick auf seine therapeutische, politische und auch theatralische Dimension weiterentwickelt hat.

1. Zum einen treten bei den *neuen* Techniken, die er vor dem Hintergrund seiner mehr als 20-jährigen Theaterarbeit in Europa entwickelte, *quasi-therapeutische* Ziele in den Vordergrund: Alltagsrolle und erdachte Figur, reales und fiktives Ich des Spielers sollen durch den dichotomischen Charakter des ästhetischen Raums auf produktive Weise miteinander konfrontiert werden. Der einzelne kann durch das bewusste Pendeln zwischen diesen beiden Welten, durch die Selbstbeobachtung seiner Bühnenhandlungen sowie mit Hilfe des Spiegels, den ihm die mitspielende Gruppe vorhält, die eigene Wahrnehmung differenzieren und neue Perspektiven gewinnen.

Dazu schreibt A. Boal: „Die Technik hilft Gefühle und Wünsche zu klären. Sie erlaubt dem Protagonisten, sich selbst nicht als einseitiges Wesen im Spiegel zu betrachten, sondern als ein vielseitiger Mensch, dessen Bild von einem Prisma reflektiert wird, das aus den anderen Mitspielern besteht."

Blinde Flecke im eigenen Selbstbild können so ausgeleuchtet und eingeschliffene Muster überprüft werden. Für Gruppen, deren Teilnehmer sich intensiver mit der eigenen Person auseinander setzen wollen, können diese Methoden Klärungshilfe und Verhaltenstraining zugleich bieten.

2. Weiterhin hat Augusto Boal (vor allem mit Blick auf die außereuropäischen Länder) die von Bertolt Brecht übernommene Idee der *politischen Einflussnahme* durch Theater konsequent weiterentwickelt. Und es hat den Anschein, dass Boal dieser Utopie – nämlich durch ein zuschauerzentriertes Theater gesellschaftliche Hintergründe eines Sachverhalts zu ergründen und konkrete,

umsetzbare Alternativen zu erproben – mit seiner Idee des „Legislativen Theaters" noch näher gerückt ist.

Das „Legislative Theater" strebt eine neue Beziehung zwischen Bürgern und gesetzgebenden Instanzen an. Es stellt insofern eine Weiterentwicklung des „Forumtheaters" dar, weil nun Wünsche und Änderungsvorschläge des theaterspielenden Publikums in Protokollen festgehalten und von Rechtsexperten in konkrete Gesetzesinitiativen umgesetzt werden.

Dieses ungewöhnliche Zusammenspiel von Theaterarbeit und Politik wurde als Modell erstmals in Rio de Janeiro erprobt, als A. Boal 1992 für vier Jahre für die brasilianische Arbeiterpartei (PT) zum „vereador", zum Abgeordneten des Stadtparlaments von Rio de Janeiro gewählt wurde. Im Rahmen dieses Mandats konnte er ein mehr als 20 Personen umfassendes Team von Schauspielern und Rechtsexperten als Mitarbeiter anstellen. Diese riefen in vielen Stadtteilen Theatergruppen ins Leben, die sich an öffentlichen Orten mit drängenden sozialen Problemen befassten und die Zuschauer bei der Suche nach Lösungen auf der Bühne aktiv beteiligten.

Ausgehend von den szenischen Entwürfen dieser Theaterarbeit wurden insgesamt über 50 Initiativen zur Änderung von Gesetzen und Verwaltungsvorschriften entwickelt, von denen dann mehr als ein Dutzend in konkrete Ratsbeschlüsse umgesetzt werden konnten, wie zum Beispiel:
- ein Programm zum Schutz von Kriminalitätsopfern und zum Schutz von Zeugen,
- ein Gesetz, das die Krankenhäuser zur Behandlung alter Menschen verpflichtet,
- ein Gesetz zur Bewahrung psychiatrischer Patienten vor irreversiblen, operativen Eingriffen
- oder Maßnahmen zur Beseitigung von Einschränkungen und Gefahrenstellen für Behinderte (Straßenbegrenzungen, Telefonzellen, U-Bahn-Eingänge).

Nachdem Boal bei den Wahlen Ende 1996 sein Mandat in Rio verloren hatte, arbeitete sein Team selbstständig weiter und führt nun „Legislatives Theater" auch in anderen brasilianischen Städten durch. In der Bundesrepublik wurde erstmals im Oktober 1997 an der Münchener Fachhochschule gemeinsam mit Augusto Boal, der Münchener Paulo-Freire-Gesellschaft sowie dem Nord-Süd-Forum „Legislatives Theater" durchgeführt, das mit der Übergabe von szenisch gefundenen Denkanstößen an Bürgermeister und Stadträte endet.

Das „Legislative Theater" wird im vorliegenden Band auch noch im Rahmen des mit Augusto Boal im Oktober 1997 geführten Interviews behandelt. Darüber hinaus ist vor kurzem eine aktuelle Publikation Boals zum „Legislativen Theater" in englischer Sprache im Routledge-Verlag erschienen (A. Boal, Legislative Theatre, Using performance to make politics, London 1998).

3. Schließlich sieht Augusto Boal seine Theaterarbeit in direkter Nähe zur *Darstellenden Kunst*. Dies mag angesichts seiner therapeutischen und politischen Zielsetzungen auf den ersten Blick erstaunen. Aber Boal weist sowohl im Theorie-Vorspann dieses Buches als auch bei den Übungsanleitungen wiederholt darauf hin, dass sich Theater in einem ästhetischen Raum ereigne, dessen eigene Gesetze und Möglichkeiten respektiert werden müssten.
„Alle Techniken, die in diesem Buch vorgestellt werden, sind ästhetische Techniken (…) Das Bild oder die Szene muss in einem ästhetischen Klima konstruiert werden, einem Klima von Emotionen, Tönen und Bewegungen, und nicht ausschließlich durch das Medium der Wörter."
Theater bedeutet nach Boal, mit spezifischen künstlerischen Mitteln (wie Verzicht auf Sprache und starkem Körperbezug) eine eigene, vieldeutige Welt zu konstruieren, die auf Sinnlichkeit, Fantasie, Bildhaftigkeit und somit einer eigenen Form beruht. Nicht von ungefähr betont Boal daher die Bedeutung nonverbaler, körpersprachlicher Einstiegsbilder, die Akzentuierung des physischen Ausdrucks auch in den Folge-Improvisationen, die Verfremdung alltäglicher Bewegungsabläufe sowie die Ausnutzung des Raums als bedeutungstragendes Moment.
Dennoch wird bei der Lektüre dieses Buches deutlich, dass die Nutzung ästhetischer Mittel kein Selbstzweck ist, sondern gezielt eingesetzt werden soll zur Weckung von Spontaneität, Aktivitätsdrang, Sympathie/Solidarität zwischen den Akteuren und Mut zur Offenheit. Auf diesem Wege soll bei Protagonisten und Zuschauspielern die Schere im Kopf vorübergehend ausgeschaltet und die Bereitschaft geweckt werden, sich mit dem jeweiligen Problem mehr auf physisch-emotionaler statt primär auf intellektueller Ebene auseinander zu setzen. Der ästhetische Raum kann also zugleich Schutzzone und Ausgangspunkt sein für die kreative Bearbeitung und Diskussion individuell oder auch sozial bedeutsamer Konflikte. Damit ist Boal allerdings recht weit vom üblichen Theater entfernt, das primär ein fremdes Publikum unterhalten und allenfalls auf indirekt-abstrakte Weise belehren will.
Und doch können gerade die neueren Techniken Boals bei einer Arbeit, die theatralisch ausgerichtet ist, mit Gewinn eingesetzt werden. So lassen sich die prospektiven Bilder-Techniken wie „Bild der Bilder", „Kaleidoskop-Bild" oder „Rashomon" vor allem nutzen zur Differenzierung des körpersprachlichen Ausdrucks, zur Darstellung einer Bühnengestalt und zur Betrachtung eines (Theater-)Vorgangs aus mehrfacher Perspektive. Die eher nach innen gerichteten, introspektiven Methoden wie „Bild des Antagonisten", „Polizist im Kopf" oder „Regenbogen der Wünsche" bieten primär Hilfen bei der seelischen Einfühlung in eine (komplexe) Theaterrolle durch die Herausarbeitung persönlicher Bezüge.
Da auch die neueren Techniken des „Theaters der Unterdrückten" sowohl in pädagogischen als auch in politischen, therapeutischen oder theaterbezoge-

nen Bezügen eingesetzt werden können, liegt es in der Verantwortung der Spielleitung, bei Übungsauswahl und Anleitung jeweils gruppen- und situationsadäquate Akzente zu setzen. Augusto Boal betont auch aus diesem Grunde, dass sich die Anwendung der Techniken an den Bedürfnissen der jeweiligen Gruppe orientieren sollte (sowie auch an der tatsächlichen Kompetenz der Spielleitung, denn die alleinige Kenntnis der Übungen Boals ist keine hinreichende Voraussetzung für therapeutisches Arbeiten). So lehnt beispielsweise Barbara Frey, eine ehemals enge Mitarbeiterin Augusto Boals, die Arbeit mit der Technik „Polizist im Kopf" – erst recht bei fehlender therapeutischer Qualifikation – im pädagogischen Feld ab, da bei den Akteuren zwar viel angestoßen, aber nicht aufgearbeitet werde (vgl. B. Frey in: B. Ruping (Hg.), S. 247). Daraus ergeben sich folgende Implikationen:

- Falls der Hauptakzent auf der Selbsterforschung von Protagonist oder Gruppe liegt, ist die theatralisch-künstlerische Ausgestaltung der Szenen eher sekundär. Die prospektiven Techniken („Bild der Bilder", „Bild der Stunde", „Kaleidoskop-Bild") erleichtern aber den Einstieg. Sie ermöglichen eine sanfte Annäherung an das Thema und helfen zugleich, den ästhetischen Raum zu etablieren, der als Plattform für die unterschiedlichsten Formen der Konfliktbehandlung – mit Hilfe der adäquaten Anwendung introspektiver Techniken – dienen kann. Da im pädagogischen Kontext der Grad der Selbstkonfrontation in der Regel geringer ist als im Rahmen eines therapeutischen Settings, sollten dort die introspektiven Techniken wie „Polizist im Kopf", „Regenbogen der Wünsche" etc. zumindest mit weniger Tiefgang eingesetzt werden.
- Soll die szenische Arbeit jedoch in eine Aufführung münden, rückt die Darstellende Kunst und damit die Dialektik von Identifikation (zum Zwecke eindringlichen Spiels) und bewusst kontrollierter Gestaltung (zur Erzielung theatralisch-expressiver Bilder sowie zur Schaffung einer schützenden Distanz) in den Vordergrund. Hier kann durch wohldosierte, introspektive Übungen, also über den Weg der Selbstbefragung, die Einfühlung in die Bühnenfigur vertieft werden. Auf der anderen Seite können vor allem mit Hilfe der prospektiven Techniken Körperbewusstheit, Darstellungsintensität sowie – durch die Vervielfachung der Perspektiven innerhalb der Gruppe – auch die notwendige Distanzierung zur Rolle unterstützt werden.
- Im Gegensatz zum Forumtheater ist von einer öffentlichen Anwendung der introspektiven Techniken vor und mit einem fremden Publikum abzuraten, da dies für die Akteure ein unzumutbares Maß an Bloßstellung bedeuten und beim Publikum eher zu Voyeurismus und Ablehnung denn zu Solidarität mit dem Protagonisten führen kann. Im Rahmen von Gruppenarbeit kann die Tendenz zu Voyeurismus oder Distanz vermieden werden, wenn alle Teilnehmer möglichst bald ins Spiel einbezogen werden. Dabei sollte die Spielleitung nach einem gemeinsamen Warm Up die Zuschauspieler ermuntern,

eigene Wahrnehmungen, Erinnerungen und Fantasien ins Spiel zu bringen, damit der vom jeweiligen Protagonisten eingebrachte Konflikt zum Anliegen aller werden kann. Nur so kann sich ein breites Spektrum von Eindrücken und Möglichkeiten entfalten. Darüber hinaus ist in der Regel ein gemeinsames Ausstiegs-/Abschlussritual und in besonderen Fällen auch ein abschließendes, separates Gespräch mit dem/den Protagonisten angezeigt.
Zweifellos hat Augusto Boal in seinem neuen Buch nicht nur eine Bilanz seines langjährigen Theaterschaffens gezogen, sondern zugleich ein Füllhorn an neuen Methoden und Übungen bereitgestellt, die in zahlreichen Feldern eingesetzt werden können wie in der Schauspielausbildung und der nicht-professionellen Theaterarbeit, im Rahmen von Gruppenarbeit, in Verhaltens- oder Kommunikationstrainings, in (theater-)therapeutischen Zusammenhängen und auch in der politischen Bildung. Wer allerdings einmal Augusto Boal in der praktischen Arbeit erleben konnte, wird möglicherweise zu dem Schluss kommen, dass ein Workshop unter seiner Anleitung nur bedingt durch die Lektüre seines – dennoch sehr hilfreichen – Buches wettzumachen ist.
Noch einige abschließende Hinweise:
• Es soll nochmals unterstrichen werden, dass Boal seine Spielempfehlungen nicht als dogmatisches, sondern offenes System betrachtet, das im Rahmen eigener Theaterpraxis flexibel eingesetzt und modifiziert werden soll. So betont Boal im Praxisteil dieses Buches mehrfach: „Für mich sind die Teilnehmer wichtiger als die Techniken, weil letztere den ersteren dienen sollen und nicht umgekehrt."
• Einige Übungsanleitungen im Praxisteil erschließen sich möglicherweise erst beim zweiten Lesen. Eine wichtige Verständnishilfe bieten daher die von Boal oft angefügten Erfahrungsberichte zur Umsetzung der einzelnen Methoden.
• Manche Randnotizen des englischen Herausgebers Adrian Jackson, die hilfreiche Kommentare zu Boals Text beinhalten, wurden bei der Übersetzung übernommen und mit A. J. gekennzeichnet. Randnotizen des deutschen Herausgebers tragen den Vermerk J. W., wenn nicht anders gekennzeichnet, stammen sie von Boal selbst.

Abschließend möchte ich im Besonderen danken: Augusto Boal für seine Geduld gegenüber dem nicht enden wollenden Übersetzungsvorhaben, Bernd Ruping vom Theaterpädagogischen Zentrum Lingen für seine unbürokratische Hilfe, Henry Thorau (dem Übersetzer/Herausgeber des im Suhrkamp-Verlag erschienenen ersten Boal-Buches) und Simone Neuroth für ihre Anregungen sowie Fritz Letsch von der Münchener Paulo-Freire-Gesellschaft.

Jürgen Weintz

Warum dieses Buch?

Meine drei entscheidenden Begegnungen mit dem Theater

Nach einer langen Reise von vierzig Jahren im und auf dem Weg zum Theater bin ich an diesen Punkt angelangt. Und immer noch bleibt viel zu tun. Manche Ideen haben bereits so konkrete Gestalt angenommen, dass sie in die Tat umgesetzt werden können, andere sind in einem gedanklichen Vorstadium. Dieses Buch markiert eine neue Etappe und zugleich das Ende einer langen Suche. Es handelt immer noch vom Theater der Unterdrückten, aber aus einem veränderten Blickwinkel. Wie kam es dazu?
Anfang der 60-er Jahre war ich mit meinem Theater, dem Teatro de Arena de Sao Paulo, viel unterwegs. Wir haben dabei auch die ärmsten Regionen Brasiliens besucht, wie das Zentrum von Sao Paulo und den Nordosten des Landes. Extreme Armut ist ein alltägliches Phänomen in Brasilien. Ein monatlicher Durchschnittslohn von weniger als 50 Dollar und die Tatsache, dass ein Großteil der Bevölkerung nicht einmal das verdient, machen das Problem deutlich.
Verlässlichen Untersuchungen zufolge liegt im heutigen Brasilien der durchschnittliche Verdienst eines Arbeiters noch unter dem, was im vorigen Jahrhundert ein Sklave von seinem Herrn als Minimum erhielt, um sich zu ernähren und zu kleiden. Dabei belegt Brasilien Platz acht in der Rangfolge der internationalen kapitalistischen Wirtschaftsländer. Es herrscht extremer Überfluss neben tiefstem Elend. Als Künstler mit idealistischer Gesinnung wollten wir uns nicht zum Komplizen dieser Grausamkeiten machen lassen. Wir begehrten dagegen auf, unser Blut kochte und wir litten. Wir schrieben und spielten Stücke, die leidenschaftlich und aggressiv in ihrer Wut gegen jedwede Ungerechtigkeit waren. Unsere Entwürfe waren heroisch und unser Spiel großartig. Fast immer endete es mit mahnenden Hymnen, bei denen die Schauspieler im Chor sangen: „Lasst uns unser Blut für die Freiheit vergießen! Lasst uns unser Blut für unser Land vergießen!"
Es schien uns von äußerster Dringlichkeit zu sein, die Unterdrückten zu ermahnen, sich gegen Unterdrückung zu wehren. Welche Unterdrückten? Alle. Alle Unterdrückten im Allgemeinen. Zu allgemein. Wir setzten unsere ganze Kunst daran, Wahrheiten zu erzählen und Lösungen zu verfassen. Wir brachten Bauern bei, um ihr Land zu kämpfen – wir, die wir in den großen Städten lebten. Wir brachten Farbigen bei, sich gegen Rassendiskriminierung aufzulehnen – wir, die wir fast alle sehr weiß waren. Wir brachten Frauen bei, gegen ihre männlichen Unterdrücker zu kämpfen. Gegen welche Unterdrücker? Nun, uns selbst, denn wir waren zwar feministisch, aber tatsächlich waren wir alle Männer. Trotzdem hatten wir nur die besten Absichten.

Aber eines Tages – und in jeder Geschichte kommt dieser Tag früher oder später –, eines schönen Tages also führten wir vor den Bauern eines kleinen Dorfes im Nordosten eines dieser prächtigen Musik-Stücke auf. Und wir sangen unseren heroischen Text: „Lasst uns unser Blut vergießen!", vor unserem ergebenen Publikum, das nur aus Bauern bestand. Am Ende der Vorstellung kam ein kräftiger Typ, ein Kerl von einem Mann, den Tränen nahe, zu uns: „Das ist wunderbar! Leute wie ihr, junge Leute, Städter, die wie wir denken. Wir sind ganz eurer Meinung. Auch wir glauben, dass wir unser Blut für unser Land hingeben müssen." Wir waren stolz. Die Mission war erfüllt. Unsere Botschaft war klar und deutlich angekommen. Aber Virgilio – ich werde niemals seinen Namen vergessen, sein Gesicht, seine stillen Tränen – fuhr fort: „Und da ihr das Gleiche denkt wie wir, machen wir jetzt folgendes. Wir essen etwas (es war Mittag). Danach gehen wir alle gemeinsam, ihr mit euren Gewehren, wir mit unseren und schicken die Schläger vom Colonel zum Teufel (Randnotiz: In Brasilien bezeichnen sich die Großgrundbesitzer oft als „Colonel", wobei diese Bezeichnung keine militärische Bedeutung hat. So nennen sich z. B. auch Industrielle und Geschäftsleute in großen Städten „Doktor", ohne mit Medizin oder einer anderen akademischen Disziplin zu tun zu haben). Sie haben einem Kameraden das Land abgenommen, sein Haus in Brand gesetzt und gedroht, seine Familie umzubringen. Aber lasst uns zuerst gemeinsam essen …"
Uns war der Appetit vergangen.
Wir versuchten, unsere Worte mit unseren Gedanken in Einklang zu bringen und das Missverständnis aufzuklären, denn Ehrlichkeit schien uns die beste Politik zu sein. Schließlich waren unsere Waffen Theaterrequisiten und keine echten Waffen.
„Gewehre, die nicht schießen?", fragte Virgilio erstaunt. „Wofür sollen die gut sein?"
„Sie sind zum Theaterspielen da. Sie können nicht abgefeuert werden. Wir sind aufrichtige Künstler. Wir glauben an das, was wir predigen, wir sind sehr echt, aber unsere Waffen sind Attrappen."
„Ok, wenn Eure Waffen falsch sind, vergesst sie. Aber Ihr selbst seid nicht falsch, Ihr seid echt. Ich hab' gesehen, wie Ihr davon gesungen habt, dass Blut fließen soll. Ich war dabei. Ihr seid ehrlich, also kommt mit, wir haben Waffen genug für alle."
Unsere Angst verwandelte sich in Panik, weil es Virgilio und auch uns selbst so schwer zu erklären war, wie wir aufrichtig sein konnten, obwohl unsere Gewehre nicht funktionierten und wir nicht einmal wussten, wie man schießt. Wir rechtfertigten uns, so gut wir konnten. Wenn wir einwilligten, mit ihnen zu gehen, wären wir eher ein Hindernis als eine Hilfe.
„Tja, wenn ihr aufrichtigen Künstler also von Blut sprecht, das vergossen werden muss, das ist dann wohl unser Blut und nicht eures? Richtig?"

„Wir sind in der Sache absolut aufrichtig, aber wir sind echte Künstler und keine wirklichen Bauern! Virgilio, komm zurück! Lass uns darüber reden … Komm zurück!"
Ich habe ihn nie wieder gesehen.
Ich habe Virgilio nie vergessen. Ich habe auch diesen Moment nie vergessen, einen Moment, in dem ich mich meiner Kunst schämte, die doch an sich, wie mir schien, eine gute Sache war. Wo lag der Fehler? Sicherlich nicht an unserer Art von Theater. Das hat auch heute noch seine Berechtigung. Agitprop, Agitation und Propaganda, kann ein sehr wirksames Instrument in der politischen Auseinandersetzung sein. Der Fehler lag in der Art, wie wir diese Theaterform benutzten.
Ungefähr zu dieser Zeit hatte Che Guevara einen wunderschönen Satz geprägt: „Solidarität heißt, das gleiche Risiko zu tragen." Dies half uns, unseren Fehler zu verstehen. Agitprop ist gut, nicht so gut war allerdings unsere Unfähigkeit, den eigenen Ratschlägen zu folgen. Für uns weiße Männer aus der Großstadt gab es sehr wenig, was wir den schwarzen Landfrauen beibringen konnten.
Diese erste Begegnung mit einem echten Bauern aus Fleisch und Blut, der anders war als unsere abstrakte „Bauernschaft", hat mich traumatisiert, mir aber auch auf die Sprünge geholfen. Seitdem habe ich nie mehr ein Stück geschrieben, das Ratschläge erteilte oder „Botschaften" verkündete, außer bei den Gelegenheiten, wo ich das gleiche Risiko zu tragen hatte wie alle anderen.
In Peru, wo ich 1973 im Rahmen eines auf Theater basierenden Alphabetisierungsprojektes arbeitete, erprobte ich eine neue Theaterform, die ich „simultane Dramaturgie" nannte und die folgendermaßen funktionierte: Wir brachten ein Stück auf die Bühne, in dem ein Problem behandelt wurde, für das wir eine Lösung finden wollten. Die Szene wurde bis zu dem entscheidenden Moment der Krise gespielt, in dem der Protagonist, die Hauptfigur, die Entscheidung zu treffen hatte. An dieser Stelle hielten wir inne und fragten die Zuschauer, was der Protagonist ihrer Meinung nach tun sollte. Jeder im Publikum konnte Vorschläge machen. Unsere Schauspieler setzten jeden dieser Vorschläge in Form von Improvisationen um, bis die Ideen ausgingen. Das war schon ein Fortschritt. Wir gaben keine Ratschläge mehr und lernten gemeinsam mit dem Publikum. Trotzdem behielten die Schauspieler weiterhin ihre „Macht" auf der Bühne. Die Impulse kamen zwar von den Zuschauern, aber auf der Bühne waren immer noch wir, die Künstler, und wir interpretierten die Vorschläge.
Diese Theaterform war ein großer Erfolg. Doch eines schönen Tages kam eine schüchterne Frau zu mir. Sie sagte:
„Ich weiß, dass ihr Polit-Theater macht. Mein Problem ist kein politisches, aber es ist ein sehr großes Problem und es ist meins. Vielleicht könnt ihr mir mit eurem Theater helfen?"

EINLEITUNG

Ich sagte ihr, dass meiner Meinung nach alle Probleme politisch seien. Doch sie antwortete, dass ihr Fall anders läge. Warum? „Mein Problem ist mein Ehemann." „Siehst du, du sagst ‚mein' Ehemann! Wer sagt dir denn, dass dieser Mann ‚dein' Ehemann ist? Es ist doch die Gesellschaft, die dich mit ihm verheiratet hat. Du siehst, dein Problem ist doch politisch ..."
Sie erzählte mir also ihre Geschichte:
Jeden Monat, manchmal mehrere Male pro Monat, forderte ihr Mann Geld von ihr für das Haus, das er für sie bauen wollte, wie er behauptete. Der Ehemann, der hier und da Gelegenheitsarbeiten verrichtete, verdiente selbst sehr wenig. Trotzdem gab sie ihm ihre Ersparnisse. Von Zeit zu Zeit gab er ihr „Quittungen" als Beleg für die monatlichen Zahlungen, Quittungen, die handgeschrieben und parfümiert waren. Wenn sie ihn darum bat, das Haus ansehen zu dürfen, sagte er nur: „Später." Aber sie bekam nie etwas davon zu sehen, sodass in ihr Zweifel wuchsen. Eines Tages hatten sie einen Streit und sie beschloss, ihren Nachbarn, der lesen konnte, zu bitten, ihr den Text auf den parfümierten Quittungen vorzulesen. Es waren gar keine Quittungen, sondern Liebesbriefe, die die Geliebte ihres Mannes ihm geschickt hatte und die sie, des Lesens und Schreibens unkundig, unter ihrer Matratze aufbewahrt hatte.

„Mein Mann ist jetzt fort. Er sagt, er würde die ganze Woche in Chaclacayo als Maurer arbeiten. Aber es ist wohl klar, wo er wirklich hingegangen ist. Morgen kommt er zurück. Was soll ich tun?"

„Ich weiß es nicht, Madam. Lassen Sie uns die Leute fragen."

Vielleicht war dies tatsächlich kein politisches, aber dennoch dadurch kein geringeres Problem. Wir beschlossen, ihren Spielvorschlag anzunehmen und führten diese, nachdem wir eine Ausgangsszene entwickelt hatten, am gleichen Abend nach der Methode der simultanen Dramaturgie auf. Der Moment der Krise war gekommen, der Ehemann klingelt an der Haustür und was nun? Ich selbst hatte keine Idee und appellierte an die Zuschauer, ihre Ideen einzubringen. Die Vorschläge strömten nur so herein:

„Sie sollte Folgendes tun: ihn hereinlassen, ihm sagen, dass sie die Wahrheit herausgefunden hat und anfangen, zu weinen. Richtig weinen, mindestens zwanzig Minuten lang. Dann wird er sich schuldig fühlen, er wird bereuen und sie kann ihm vergeben. Sie wissen ja ... für eine allein stehende Frau ist es in diesem Land sehr gefährlich."

Wir improvisierten diese Lösung und die Tränen. Auf Reue folgte Vergebung, aber auch die Unzufriedenheit einer Zuschauerin:

„Nein, das ist alles falsch. Sie sollte den Ehemann aussperren!"

Wir improvisierten auch diese Version. Der Schauspieler, der den Ehemann spielte, ein sehr schlanker junger Mann, tat erfreut:

„Wirklich? Toll. Heute war Zahltag. Da bringe ich gleich den ganzen Lohn zu meiner Geliebten und lebe nur noch bei ihr."

Eine dritte Frau schlug die gegensätzliche Lösung vor: Die Frau solle ihren Mann einfach verlassen. Der Ehemann-Schauspieler freute sich noch mehr als zuvor. Postwendend brachte er seine Geliebte ins Haus, um fortan dort mit ihr zu leben.
Es hagelte weitere Vorschläge. Wir improvisierten sie alle. Plötzlich fiel mein Blick auf eine sehr stämmige, kräftige Frau in der dritten Reihe, die ein bisschen an japanische Sumo-Ringer erinnerte. Sie schüttelte heftig den Kopf und platzte fast vor Wut. Ich bekam Angst, weil sie mich mit absolut hasserfüllten Blicken zu messen schien. So freundlich wie möglich wandte ich mich an sie: „Madam, ich habe das Gefühl, Sie haben eine Idee. Sagen Sie sie uns und wir werden sie improvisieren."
„Das sollte sie machen: den Mann reinlassen, eine klare Aussprache mit ihm haben und ihm erst dann und nur dann vergeben."
Ich war ziemlich baff. Nach all ihrem Pusten und Schnaufen, nach den unwillig gebrummten Kommentaren und den tödlichen Blicken hätte ich erwartet, dass sie eine wesentlich gewalttätigere Lösung vorgeschlagen hätte. Aber ich hielt mich zurück und bat die Schauspieler, diesen neuen Lösungsvorschlag zu improvisieren. Die Improvisation geschah ohne rechten Schwung: Der Ehemann verteidigte seine Liebe und forderte – Ende gut, alles gut – seine Frau auf, ihm das Abendbrot zu servieren. Die verschwand alsbald in der Küche und die Szene war beendet.
Ich schaute zu der dicken Frau hinüber. Sie kochte noch mehr als zuvor und ihre Augen funkelten noch wütender und mörderischer.
„Madam, es tut mir schrecklich leid, aber wir haben getan, was Sie vorgeschlagen haben. Die Frau hat ein klärendes Gespräch mit ihrem Mann geführt und ihm danach verziehen. Und es sieht aus, als könnten sie jetzt glücklich miteinander sein."
„Aber das habe ich doch nicht gesagt. Ich habe gesagt, sie solle Klartext mit ihm reden, absoluten Klartext und danach und nur danach könnte sie ihm verzeihen."
„Meiner Meinung nach haben wir genau das improvisiert, aber wenn Sie wollen, versuchen wir es noch einmal."
„Ja, bitte, tun Sie das!"
Ich bat die Schauspielerin, eindringlicher zu argumentieren, so deutlich wie möglich zu sein und dem Ehemann die ehrlichsten und tiefgründigsten Erklärungen zu entlocken, was sie und der Ehemann-Schauspieler auch taten. Nachdem alles sehr gründlich ausdiskutiert und dem Ehemann verziehen worden war, bat der nun wieder verliebte Ehemann seine Frau, in die Küche zu gehen und sein Abendbrot zuzubereiten. Sie waren gerade dabei, bis ans Ende ihrer Tage glücklich miteinander zu leben, als ich wieder den Blick der dicken Frau auffing, der noch aufgebrachter und bedrohlicher als zuvor wirkte. Etwas nervös und, wie ich zugebe, ein wenig ängstlich sprach ich sie an:

„Madam, wir haben unser Bestes getan, um Ihren Vorschlag zu verwirklichen, aber Sie sind nie zufrieden ..."

„Nein, das haben Sie nicht! Weil Sie ein Mann sind, wollen Sie einfach nicht in die Tat umsetzen, was eine Frau Ihnen sagt."

„Madam, wir versuchen ja zu verstehen, was Sie wollen und versuchen so deutlich zu sein, wie wir nur können. Wenn Sie immer noch nicht zufrieden sind, warum kommen Sie dann nicht selbst auf die Bühne und zeigen uns, was Sie unter ‚Klartext sprechen' verstehen!?"

Strahlend und sichtlich erleichtert holte die dicke Frau tief Luft, blies sich zu voller Größe auf und fragte mit blitzenden Augen:

„Soll ich?"

„Ja bitte!"

Sie betrat die Bühne und schnappte sich den armen, wehrlosen Schauspieler-Ehemann, der überaus schmächtig und zart gebaut war, nahm ihn in den Schwitzkasten und erteilte ihm dabei eine gehörige Lektion über die Beziehung zwischen Mann und Frau. Wir versuchten, unseren gefährdeten Kameraden zu retten, aber die dicke Frau war stärker als wir alle. Schließlich machte sie aus eigenem Antrieb Schluss, platzierte ihr Opfer befriedigt auf einen Stuhl und meinte:

„Nun, nachdem wir diese schöne und sehr deutliche Unterhaltung gehabt haben, kannst du in die Küche gehen und mir mein Abendbrot holen, denn ich bin jetzt sehr erschöpft."

Wenn man etwas klar aussprechen kann, dann war ihr das gelungen. Sie hätte nicht deutlicher sein können.

Aber noch klarer ging mir diese Wahrheit auf: Wenn die Zuschauer selbst auf die Bühne kommen und zeigen, was ihnen durch den Kopf geht, machen sie das auf ihre eigene, ganz persönliche Weise, die nur von ihnen selbst so dargestellt werden kann. Kein Künstler kann das für sie übernehmen. Auf der Bühne ist der Schauspieler ein Dolmetscher, der im Akt des Übersetzens falsch spielt. Es ist ihm unmöglich, nicht falsch zu spielen. „Tradut(t)ore, traditore", wie die Italiener sagen.

Dies war die Geburtsstunde des „Forumtheaters". Bei dieser neuen Theaterform erfolgt die Debatte nicht zum Schluss, sondern sie findet auf der Bühne statt, was einer Art Entweihung gleich kommt. Wir entweihen die Bühne, über die in der Regel der Künstler allein herrscht. Wir zerstören sein Werk, um mit allen gemeinsam ein neues Werk zu schaffen. Dies ist kein didaktisches Theater im alten Sinne des Wortes mehr, sondern ein pädagogisches Theater mit dem Ziel, kollektiv zu lernen.

Durch Virgilio hatte ich gelernt, den Menschen als Menschen zu sehen und nicht nur als soziale Klasse, den einzelnen Bauern, der mit seinen eigenen sozialen und politischen Problemen zu kämpfen hat, statt die Bauernschaft. Die dicke Peruanerin zeigte mir, dass es um individuelle Probleme ging. Diese

sind, obwohl sie nicht die gesamte Klasse betreffen – aber gleichwohl die Gesamtheit des Lebens – daher nicht weniger wichtig. Aber damit hatte ich immer noch nicht die Lektion gelernt, die ich während meines europäischen Exils erhalten sollte.
Zu Anfang hatte ich in Lissabon und Paris gelebt und im Laufe von fünfzehn Jahren in den verschiedensten europäischen Ländern gearbeitet. Ich traf auf Immigranten, Lehrer, Arbeiter, Frauen und Männer, auf Menschen, die unter Unterdrückungsformen litten, die mir aus Lateinamerika wohl vertraut waren: Rassismus, Sexismus, unzumutbare Arbeitsbedingungen, geringer Lohn, polizeilicher Machtmissbrauch und so weiter. Aber in diesen Workshops des Theaters der Unterdrückten kamen auch Formen der Unterdrückung zur Sprache, die mir neu waren: Einsamkeit, die Unfähigkeit mit anderen zu kommunizieren, die Angst vor der Leere. Jemandem wie mir, der vor einer brutalen Diktatur geflohen war, schienen diese Themen anfangs kaum der Aufmerksamkeit wert. Irgendwie fragte ich mich immer: „Wo sind eigentlich die Polizisten?" So sehr war ich daran gewöhnt, gegen konkrete und sichtbare Unterdrückung zu arbeiten.
Nach und nach änderte ich meine Meinung. Ich entdeckte, dass beispielsweise die Selbstmordrate in Ländern wie Schweden oder Finnland, wo die Grundbedürfnisse nach Wohnung, Gesundheit, Essen und sozialer Sicherheit befriedigt sind, höher ist als in unseren Dritte-Welt-Ländern. In Lateinamerika tötet hauptsächlich der Hunger, in Europa ist Drogenmissbrauch eine häufige Todesursache. Ich begann, mir das Leiden von Menschen vorzustellen, die ihrem Leben aus Angst vor Leere oder vor Einsamkeit ein Ende setzen wollen. Ich fasste den Entschluss, diese Formen von seelischer Unterdrückung ernst zu nehmen und dagegen zu arbeiten.
Anfang der 80-er Jahre leitete ich in Paris ein über zwei Jahre währendes Theaterprojekt mit der Bezeichnung „Flic dans la Tête" (Polizist im Kopf). Ausgangsbasis war die folgende Hypothese: Polizeistationen und Polizeizentrale liegen außerhalb, die Polizisten aber existieren in unseren Köpfen. Die Aufgabe bestand nun darin, herauszufinden, wie diese überhaupt in unser Denken gelangen konnten und Möglichkeiten zu entwickeln, sie wieder zu verscheuchen. Ein kühnes Vorhaben.
Während der vergangenen Jahre habe ich im Theater der Unterdrückten weiter an dieser Fragestellung gearbeitet, die von einer Überlagerung der Bereiche Theater und Therapie ausgeht. Ende 1988 wurde ich schließlich von Dr. Grete Leutz (damalige Präsidentin der Internationalen Gesellschaft für Gruppenpsychotherapie und Leiterin des Moreno-Institutes Überlingen) eingeladen, die Eröffnungsrede zum zehnten Weltkongress ihrer Gesellschaft zu halten. Dieses Symposium fand 1989 in Amsterdam anlässlich des hundertsten Geburtstages von Jacob L. Moreno, dem Begründer dieser Organisation und dem Erfinder des Psychodramas, statt. Ich stellte den an diesem Kongress teil-

nehmenden Psychotherapeuten, unter denen sich auch die Witwe von Jacob Moreno, Dr. Zerka Moreno, befand, unter anderem die Techniken des „Regenbogens der Wünsche" vor. Letztendlich hat mich diese Einladung dann dazu veranlasst, das vorliegende Buch zu schreiben, in dem ich zum ersten Mal eine vollständige Systematisierung aller Techniken, die ich im Laufe meiner Arbeit entwickelt habe, darlege. Manche Übungen werden reich illustriert durch Fälle, die ich für exemplarisch halte. Andere sind nur in ihrer Funktionsweise beschrieben, entweder weil sie für sich sprechen oder weil ich sie schon in früheren Büchern vorgestellt habe.

Das vorliegende Buch beinhaltet darüber hinaus einen theoretischen Teil, in dem ich versuche, Gründe für die außergewöhnliche Kraft und Intensität zu beschreiben, mit der das theatralische Ereignis auch außerhalb seiner eigenen Sphäre wirksam sein kann: im Sozialbereich, der Politik, der Erziehung und der Psychotherapie.

Die Theorie

DIE THEORIE

1. Theater, die erste Erfindung des Menschen

Theater ist die erste Erfindung des Menschen und zugleich die Erfindung, die den Weg zu allen weiteren menschlichen Entdeckungen geebnet hat.
Theater entsteht, wenn der Mensch entdeckt, dass er sich selbst beobachten und sich in diesem Akt des Sehens selbst in situ (d. h. in seiner natürlichen physis, J. W.) betrachten kann. Indem er sich selbst beobachtet, entdeckt der Mensch, was er nicht ist und stellt sich vor, was er hätte werden können. Er erfasst, wo er ist und wo er nicht ist und stellt sich vor, wohin er gehen könnte. Eine Trias entsteht: Das beobachtende Ich, das Ich-in-situ, und das Nicht-Ich, das heißt, der Andere. Nur der Mensch allein besitzt die Fähigkeit, sich selbst in einem imaginären Spiegel zu beobachten. Zweifellos hat er schon vorher Erfahrungen mit anderen Spiegeln gesammelt, wie die Augen seiner Mutter oder sein Spiegelbild im Wasser, aber von diesem Zeitpunkt an ist er in der Lage, sich mittels seiner Vorstellungskraft selbst zu betrachten. Der „ästhetische Raum", den ich später beschreiben werde, bietet ebenfalls einen solchen Spiegel.
Darin liegt die Essenz des Theaters: im Menschen, der Mensch, der sich selbst beobachtet. Der Mensch *„macht"* nicht nur Theater, er *„ist"* auch gleichzeitig Theater. Und neben der Tatsache, dass alle Menschen Theater *„sind"*, machen einige von ihnen zusätzlich noch Theater auf der Bühne.
Theater hat nichts zu tun mit Gebäuden oder anderen physikalischen Konstruktionen. Theater – oder Theatralik – ist die menschliche Fähigkeit, sich selbst im Handeln zu betrachten. Die Selbsterkenntnis, die der Mensch auf diesem Weg erwirbt, erlaubt ihm, beobachtendes Subjekt eines anderen, handelnden Subjekts zu sein. Sie erlaubt ihm, sich Variationen seines Handelns vorzustellen und Alternativen zu erproben. Der Mensch ist also in der Lage, sich im Akt des Sehens, Fühlens, Denkens und Handelns zu beobachten. Er kann sich selbst fühlend spüren und sein eigenes Denken wiederum reflektieren.
Kein Tier ist in der Lage, sich selbst bei der Jagd zu beobachten. Jagt der Mensch jedoch einen Bison, kann er sich selbst beim Jagen zusehen und ist deshalb in der Lage, ein Bild von sich als Bisonjäger zu entwerfen. Er kann das Malen erfinden, weil er das Theater erfunden hat: Er nimmt sich selbst im Akt des Sehens wahr.
Ein Schauspieler (actor), der spielt und in Aktion tritt, hat gelernt, sein eigener Zuschauer zu sein. Dieser „Zu-Schauspieler" (spect-actor) ist kein bloßes Objekt, sondern Subjekt, da er auf den Schauspieler Einfluss nehmen kann. Er kann ihn führen, ändern und im agierenden Schauspieler mitspielen.
Vögel singen, obwohl sie nichts von Musik wissen. Singen ist ein Bestandteil ihrer tierischen Aktivität wie das Essen, Trinken, Fortpflanzen. Ihr Lied ändert

sich nie. Eine Nachtigall wird nie versuchen, zu singen wie eine Schwalbe. Genauso wenig wird ein Rotkehlchen einer Lerche nacheifern. Nur der Mensch ist in der Lage, zu singen und sein eigenes Singen wahrzunehmen. Deshalb kann er Tiere imitieren, immer neue Liedvariationen finden, komponieren. Nur dem menschlichen Wesen sind also die drei Dimensionen des beobachtenden Ichs, des Ichs-in-situ und des Nicht-Ichs eigen, nur er ist fähig zur dichotomischen Perspektive: sich selbst sehend zu betrachten. Damit der Mensch sich in Situationen hinein- und hinausversetzen, also in Wirklichkeit hier und in Möglichkeit dort sein kann, muss er die Distanzen zwischen räumlichen und zeitlichen Einteilungen, zwischen dem „Ich bin" und dem „Ich könnte sein", zwischen Gegenwart und Zukunft in eine Symbolsprache übertragen. Er muss Symbole für diese Potentialitäten, für das, was eines Tages existieren könnte, finden, Symbole, die den Raum dessen, was ist, aber nicht existiert, konkret füllen. So erfindet der Mensch die Symbolsprachen der Malerei, Musik oder Literatur.

Zu Beginn koexistierten Schauspieler und Zuschauer in einer Person. Der Zeitpunkt, an dem sich diese beiden Seiten voneinander trennten, sich einige Menschen als Schauspieler spezialisierten und andere als Zuschauer, markiert die Geburt der Theaterformen, wie wir sie heute kennen. Zur gleichen Zeit entstanden die Theaterbauten, die den Zweck erfüllten, diese Teilung und Spezialisierung zu untermauern. Und parallel entstand der Beruf des „Schauspielers".

Theater als Profession, die nur einige wenige ausüben, darf aber nicht über die Berufung zum Theater hinwegtäuschen, die uns allen eigen ist und in uns fortlebt. Theater ist eine Berufung aller Menschenwesen, es ist die wahre Natur der Menschheit.

Das Theater der Unterdrückten ist ein System von Körperübungen, speziellen Improvisationen, ästhetischen Spielen und Bildertechniken, die zum Ziel haben, diese Berufung des Menschen zu erhalten, zu entwickeln und ihr Formen zu verleihen. Mit Hilfe des Theaters soll dem Menschen ein Werkzeug an die Hand gegeben werden, Verständnis und Lösungen für soziale und persönliche Probleme zu entwickeln.

Das Theater der Unterdrückten umfasst drei Hauptbereiche: den Erziehungs-, den Sozial- und den Therapiebereich. Dieses Buch, das sich auf den therapeutischen Bereich konzentriert, greift nicht nur auf die alten Techniken zurück, sondern stellt darüber hinaus neue Methoden aus der Zeit seit 1988 bis heute vor – speziell solche, die unter dem Titel „Polizist im Kopf" entwickelt wurden. Ich hoffe, sie werden im Bereich der Therapie ebenso erfolgreich Anwendung finden wie auf dem Theatersektor. In Brasilien, wo ich 1992 in den Stadtrat von Rio de Janeiro gewählt wurde, bemühe ich mich, neue Anwendungsmöglichkeiten für das Theater der Unterdrückten im so genannten „Legislativen Theater" zu finden. Aber damit bin ich erst am Anfang.

Der Titel des Buches „Regenbogen der Wünsche" ist vom Namen einer Technik inspiriert, die hier ebenfalls vorgestellt wird. Tatsächlich haben alle Techniken etwas mit dem Regenbogen der Wünsche zu tun: Alle versuchen, bei der Analyse seiner Farben zu helfen, in der Hoffnung, sie in anderen Kombinationen, Proportionen und Konfigurationen neu entstehen zu lassen.

2. „Der ästhetische Raum": Zwei Menschen, eine Leidenschaft und eine Bühne

2.1 Was ist Theater?

Über die Jahrhunderte wurde der Begriff „Theater" immer wieder neu definiert. Unter all diesen Definitionen ist meiner Ansicht nach die von Lope de Vega die einfachste und wesentlichste: Für ihn basiert Theater auf dem Gegenüber von zwei Menschen, einer Leidenschaft und einer „Plattform" (der Bühne) oder anders gesagt: Theater beinhaltet die leidenschaftliche Auseinandersetzung zweier Menschen auf einer Bühne.

Zwei Menschen und nicht ein einzelner deshalb, weil Theater die vielfältigen Beziehungen zwischen Menschen untersucht und sich nicht auf die Betrachtung eines isolierten Individuums beschränkt. Theater beschreibt Konflikte, Widersprüche, Konfrontationen und Herausforderungen. Die Dramatik liegt in der Variation und Dynamik dieser widerstreitenden Kräfte. So sind Monologe erst dann Theater, wenn der Antagonist, der Gegenspieler – obwohl abwesend – indirekt anwesend ist.

Unverzichtbar ist die Leidenschaft: Theater als Kunstform zielt nicht auf Gemeinplätze oder wertlose Trivialitäten. Es steht in Verbindung mit Handlungen, die den Charakteren etwas bedeuten und mit Situationen, in denen Menschen ihr Leben, ihre Gefühle, ihre Moral und ihren politischen Standpunkt, also ihre Leidenschaften offenbaren. Was ist eine Leidenschaft? Es ist das Gefühl, das wir für jemanden oder für eine Idee entwickeln, die wir höher schätzen als unser eigenes Leben.

Und die Bühne? Lope de Vega reduziert alle existierenden Formen von Theaterarchitektur auf ihre einfachste Ausstattung und auf ihre elementarste Funktion: auf einen freien Raum als Ort der Aufführung. Diesen Zweck erfüllen ein paar Bretter auf einem öffentlichen Platz genauso gut wie eine italienische Rokkokobühne, ein elisabethanisches Spielhaus oder ein spanisches „corral". Heute kann es die Arena sein, wie es gestern die griechische Bühne war. Bei Experimenten im modernen Theater hat man schon Lastwagen, Boote und sogar Schwimmbecken in Theaterbühnen verwandelt. Und auch die Räume für Publikum und Bühne wurden in unterschiedlichster Form aufgeteilt.

In allen Fällen blieb und bleibt jedoch ein strukturierendes Element unangetastet: ein Raum (oder auch mehrere) ist für die Schauspieler bestimmt und ein anderer oder mehrere für die Zuschauer. Die einzelnen Räume können dabei mobil oder auch auf einen Ort beschränkt sein.

Wie jeder andere Raum besitzen diese verschiedenen Bühnenräume aus physikalischer Hinsicht drei objektive Dimensionen: Länge, Breite und Höhe.
In diesen leeren, von Dingen umgebenen Bühnenraum können andere Dinge oder Wesen eindringen. Wie der Raum selbst besitzen auch diese Dinge (die selbst Räume sind) objektive und messbare Dimensionen, die unabhängig vom individuellen Blick des Beobachters sind. Der gleiche Raum kann mir groß erscheinen, einem anderen aber klein. Messen wir ihn aber aus, werden wir auf die gleiche Quadratmeterzahl kommen. Das Gleiche gilt für die Zeit. Ein Zeitraum kann mir lang erscheinen und einem anderen kurz. Die Anzahl der Minuten, die vergangen sind, sind für beide jedoch gleich.
Räume besitzen (neben der objektiven) also auch subjektive Dimensionen, nämlich eine affektive und eine oneirische Dimension (s. u.).

2.1.1 Der ästhetische Raum

Das wesentlichste Merkmal der von Lope de Vega als „Plattform" bezeichneten Bühne ist die Trennung zwischen dem handelnden Schauspieler und dem betrachtenden Zuschauer.
Diese Trennung ist wichtiger als das reale Objekt, das die Trennung erzeugt. Sie kann sogar entstehen ohne dieses Objekt und ohne eine „Plattform" als tatsächliches Objekt.
Es bedarf nur der Übereinstimmung zwischen Schauspieler und Zuschauer, die innerhalb der Grenzen eines bestimmten Raumes ein noch begrenzteres Areal als „Bühne" und damit als ästhetischen Raum definieren (der Begriff ästhetisch stammt ursprünglich aus dem Griechischen und ist bezogen auf Dinge, die mit den Sinnen erfasst werden können). Wie auch immer die Umrisse dieses begrenzten Areals bestimmt werden, wir akzeptieren es als ästhetischen Raum, wenn es diese Eigenschaften aufweist. Auch ohne eine physisch vorhandene Bühne und ohne Kulissen kann dieser Raum im Raum etabliert werden. Es kann eine Zimmerecke sein oder das Areal um einen Baum in der freien Natur. Wir müssen einfach nur festlegen, dass „hier die Bühne ist" und der Rest des Raumes oder dessen, was als Raum benutzt wird, der Zuschauerbereich ist. Die Durchdringung beider Räume ist dann der ästhetische Raum.
Diese Überlagerung der beiden Räume wird (mit anwesenden oder auch nur vorgestellten Mitbeteiligten) aus der Perspektive des Zuschauers ins Leben gerufen und zwar innerhalb eines Raumes, der schon vorher physikalisch in drei Dimensionen existiert hat. Der letztere existiert zeitgleich mit dem Zuschauer, der andere fließt in der Zeit (Randnotiz: Die große Ähnlichkeit zwischen ästhetischen Räumen, die nicht-theatralisch sind und dem ästhetischen Raum des Theaters manifestiert sich darin, dass wir von Schauplätzen spre-

chen, wenn solche Räume in der Realität auftauchen. Zum Beispiel: Beirut war der Schauplatz blutiger Ereignisse oder Bosnien war Kriegs-Schauplatz. Wir sehen objektiv auf den physischen Raum, wo eine Katastrophe stattgefunden hat und versuchen subjektiv, uns diese in allen Details vorzustellen). Der ästhetische Raum entsteht also dann, wenn er die Aufmerksamkeit des gesamten Publikums – zentripetal wie ein Schwarzes Loch – auf sich zu konzentrieren vermag. Diese Anziehungskraft wird durch den Bau des Theaters und die Anordnung der Bühne gestützt, wodurch alle Zuschauer gezwungen werden, in dieselbe Richtung zu blicken. Sie wird verstärkt durch die Gegenwart der Schauspieler und Zuschauer, die in stillschweigendem Einverständnis die theatralischen Kodes akzeptieren und bereitwillig an der Zeremonie des Schauspiels teilnehmen. Die Theaterplattform Bühne ist ein „Zeit-Raum". Er existiert und behält seine spezifischen Eigenschaften so lange wie Zuschauer anwesend oder vorausgesetzt sind.

Man kann also sagen, dass nicht einmal die physische Präsenz eines Zuschauers notwendig ist, um diesen subjektiv dimensionierten Raum zu schaffen. Letzlich bedarf es nur eines einzigen Schauspielers, um die reale oder virtuelle Existenz dieses Raumes zu etablieren und zu erfahren. Jedermann kann solch einen Raum definieren und erschaffen (z. B. im eigenen Wohnzimmer, wobei das ganze oder nur ein Teil des Zimmers erfasst wird) und dieser wird sofort als Bühne, als Plattform „ästhetisch" sein. Der Schöpfer dieses Raumes kann für sich allein spielen, ohne oder nur mit einem imaginären Publikum, wie ein Schauspieler, der in einem leeren Theater vor seinem zukünftigen Publikum probt, das in diesem Moment abwesend, aber in seiner Vorstellung bereits anwesend ist. Theater existiert also nicht in der Objektivität von Ziegel und Mörtel, Kulissen und Kostümen, sondern in der Subjektivität derer, die es praktisch ausüben und zwar ab dem Moment, wo sie Theater praktizieren. Theater braucht weder Bühne noch Publikum, der Schauspieler allein genügt. Mit dem Schauspieler wird das Theater geboren, denn der Schauspieler ist Theater. Da wir alle Schauspieler sind, sind wir alle Theater!

Der ästhetische Raum entsteht, wann immer es eine Trennung zwischen dem Raum des Schauspielers und dem des Zuschauers gibt oder eine Differenz zwischen zwei Zeiten: ‚heute bin ich hier und gestern war ich dort'. Oder heute und morgen, jetzt und vorher, jetzt und später. Wir stimmen mit uns überein, wenn wir in die Gegenwart unsere Erinnerungen an die Vergangenheit und unsere Entwürfe von der Zukunft integrieren. Mit uns übereinstimmen heißt – wie auf der Bühne – zwei in einem zu sein.

Das Theater (bzw. der ästhetische Raum in der reinsten Form) dient als Mittel der Trennung zwischen Schauspieler und Zuschauer, zwischen demjenigen, der agiert und demjenigen, der beobachtet. Schauspieler und Zuschauer können zwei verschiedene Menschen sein, aber sie können auch in einer Person zusammentreffen.

Wir haben gesehen, dass Theater weder Bühne noch Zuschauer braucht, um existieren zu können und ebenso wenig auf professionelle Schauspieler angewiesen ist, denn die ästhetische Aktivität, die vom ästhetischen Raum ausgeht, ist „professionell". Sie ist allen menschlichen Wesen eigen und manifestiert sich ständig in unseren Beziehungen zu anderen Menschen und Objekten. Diese Aktivität ist um ein Vielfaches konzentrierter, stärker und intensiver als das, was wir Theater oder Performance nennen. Da die Trennung zwischen Bühne und Publikum nicht nur räumlich und architektonisch, sondern auch auf eine intensive Weise subjektiv wirksam ist, wird die Publikumsseite gedämpft, entmutigt, deaktiviert. Dadurch erhält die Bühnenseite zwei subjektive Dimensionen: die affektive Dimension und die oneirische Dimension. Die affektive Dimension bezieht sich auf die Erinnerung im ästhetischen Raum, während die oneirische Dimension die Imagination ins Spiel bringt (s. u.).

2.1.2 Charakteristik und Eigenschaften des ästhetischen Raumes

Der ästhetische Raum besitzt gnoseologische Eigenschaften, d. h. Eigenschaften, die Wissen und Entdeckerdrang stimulieren, Kognition und Rekognition, also Eigenschaften, die den Prozess des Lernens durch Erfahrung stimulieren. Theater ist eine Form von Wissenserwerb.

2.1.3 Die erste Eigenschaft des ästhetischen Raumes: Plastizität

Im ästhetischen Raum kann man (da) sein, ohne zu existieren. Tote werden lebendig, die Vergangenheit wird gegenwärtig, die Zukunft ist heute, die Dauer wird von der Zeit losgelöst, alles ist möglich im Hier und Jetzt, die Fiktion wird zur Realität und die Realität zur Fiktion.
Alle Kombinationen sind hier möglich, weil der ästhetische Raum ist, aber nicht existiert (Randnotiz: Im Gegensatz zum physischen Raum, der existiert, aber nach den Maßstäben des ästhetischen Raumes nicht ist: Die Bühne existiert als Bühne, aber für die Dauer der Vorstellung ist sie keine Bühne, sondern das Königreich Dänemark). Ein abgenutzter alter Stuhl wird zum Königsthron, ein Kreuz zur Kathedrale, der Zweig eines Baumes zum Wald, und die Zeit springt genauso leicht vorwärts wie rückwärts, die Stühle verwandeln sich in Flugzeuge, das Kreuz wird zum Gewehr, die Zeit wird nicht gemessen, sondern nur die Dauer zählt und sogar der Ort ändert sich. Zeit und Raum können sich ganz nach Wunsch auflösen oder dehnen. Mit der gleichen Verwandlungskraft wird auch mit Menschen und Objekten verfahren, die sich vermehren können oder verschwinden, teilen oder vervielfachen.

Diese extreme Plastizität oder Formbarkeit des ästhetischen Raums erlaubt und fördert absolute Kreativität. Der ästhetische Raum besitzt dieselbe Plastizität oder Gestaltungskraft wie der Traum und beruht doch auf der gleichen Substantialität und Festigkeit wie die physikalische Realität. Wir sind „dort" im Traum genauso wie der ästhetische Raum im „hier und jetzt" ist. Deshalb können wir im Theater konkrete Träume haben.

Der ästhetische Raum setzt Erinnerung und Vorstellungskraft frei
Erinnerung schließt alle Ideen, Erfahrungen und Gefühle ein, die uns jemals beschäftigt haben und die in uns weiterleben. „Ich erinnere mich …!" Damit sind wir in der Domäne des Realen: „Das ist mir passiert! Ich habe es erlebt! Und so ist es passiert!" Im Gegensatz dazu ist Imagination/Vorstellungskraft ein Verschmelzungsprozess, dem alle diese Ideen, Gefühle und Erfahrungen zugrunde liegen. Hier sind wir im Reich des Möglichen, wenn wir akzeptieren, dass es möglich ist, an das Unmögliche zu denken. Imagination – das Zeichen oder die Ahnung einer Realität – stellt eine eigene Realität dar. Erinnerung und Imagination sind Teil desselben psychischen Prozesses, eins kann nicht ohne das andere existieren. Ich könnte mir nichts vorstellen, wenn ich keine Erinnerung hätte. Ohne Imagination kann ich mich an nichts erinnern, weil die Erinnerung selbst Teil des Prozesses der Imagination ist (ich stelle mir vor, was ich gesehen habe, ich denke wieder, was ich früher gedacht habe, etc.) Das eine ist retrospektiv, das andere vorausschauend.
Erinnerung und Vorstellungskraft projizieren auf bzw. in den ästhetischen Raum subjektive Dimensionen, die im physikalischen Raum abwesend sind.

Die affektive und die oneirische Dimension
Die affektive Dimension und die oneirische Dimension des Raumes existieren nur im Bewusstsein des Subjektes, d. h. sie werden in einen Raum projiziert, dem sie nicht innewohnen.
Die Schaffung eines ästhetischen Raumes ist eine menschliche Fähigkeit, denn Tiere haben keinen Zugang dazu. Ein Tier „kommt nicht auf die Bühne", es wird auf die Bühne geführt, die es nicht als solche erkennt, weil es immer in einem einzigen Raum lebt, dem physischen.
Die affektive Dimension füllt den ästhetischen Raum mit neuen Bedeutungen und erweckt in jedem Beobachter Gefühle und Gedanken verschiedenster Intensität. Die Rückkehr zweier erwachsener Brüder in das Haus ihrer Kindheit wird in ihnen nicht die gleichen Ideen, Gefühle, Erinnerungen und Gedanken wecken. Die Gefühle eines Maklers, der dieses Haus begutachtet, werden noch mehr davon abweichen, er wird in Geldkategorien denken, während der eine Bruder an seinen ersten Kuss denkt und der andere an seine tote Mutter. Und trotzdem ist das gleiche Haus Auslöser für alle drei Gedankengänge.

Die affektive Dimension bezeichnet, wie der Betrachter oder Zuschauer beobachtet, sieht, fühlt, bewegt ist, denkt, sich erinnert oder imaginiert. Der so geschaffene affektive Raum ist dichotomisch, aber auch asynchron, er ist gleichzeitig, was er ist und was er war, was er gewesen sein und was er werden könnte. Er ist in der Gegenwart, in der erinnerten Vergangenheit oder in der vorgestellten Zukunft angesiedelt. Von der Gegenwart aus sieht der Betrachter auf Vergangenheit oder Zukunft und rückt beides in Bezug zur gegenwärtigen Wahrnehmung.
Auf der anderen Seite bezeichnet die oneirische Dimension, wie der Beobachter von seiner eigenen Willenskraft in den Schwindel des Traums gezogen wird und den Kontakt mit dem konkreten, physisch-realen Raum verliert. Der oneirische Raum ist nicht dichotomisch, weil wir im Traum das Bewusstsein für den physischen Raum verlieren, in dem wir, die Träumenden, sind. Obwohl der Körper unbewegt sein kann, werden wir ins Reich der Träume gezogen, ob wir schlafen oder wach sind, ob wir unsere Augen geschlossen haben oder in diesem Augenblick sehen, was unseren Traum in Gang gesetzt und unsere Halluzination initiiert hat.
In der affektiven Dimension beobachtet das Subjekt den physischen Raum und projiziert hierauf seine Erinnerungen und Empfindungen. Es erinnert sich an Wünsche oder gelebte Situationen, Erfolge und Fehlschläge, es wird überwältigt von allem, was es weiß und auch von allem, was in seinem Unterbewusstsein schlummert. In der oneirischen Dimension beobachtet der Träumende nicht, er dringt in seine eigenen Projektionen ein, er geht durch den Spiegel, alles geht ineinander über und vermischt sich, alles ist möglich.

2.1.4 Die zweite Eigenschaft des ästhetischen Raumes: Er ist dichotomisch und schafft Dichotomie

Diese Eigenschaft entspringt dem Phänomen, dass es sich um einen Raum im Raum handelt. Beide Räume besetzen denselben Ort zur gleichen Zeit. Die Menschen und Dinge, die sich an diesem Ort befinden, sind in beiden Räumen vorhanden (Randnotiz: Zur empirischen Beweisführung können wir eine allgemeine Erfahrung anführen. Wir sitzen im Publikum eines Theaters, unsere Nachbarn unterhalten sich laut. Daraufhin verlassen wir für einen Moment Hamlets Dänemark, um sie aufzufordern, den Mund zu halten. Zwei Körper können nicht simultan den gleichen Platz im Raum besetzen. Auf der anderen Seite kann ein einziger Körper an zwei Orten zur gleichen Zeit sein. Alles, was man dazu braucht, ist ein ästhetischer Raum im physischen Raum). Die beiden Räume sind identisch und verschieden. Identisch, weil wir die gleiche Luft im Publikum und auf der Bühne atmen so wie das gleiche Licht den Schauspieler und die Figur beleuchtet. Identisch, weil Künstler wie Zuschauer konkret zur gleichen Zeit am gleichen Ort sind. Unterschiedlich, weil auf der Bühne die Illusion einer unvertrauten, entfernten Welt entsteht, während wir im Auditorium, hier und jetzt diese Illusion akzeptieren und erleben. Unterschiedlich, weil auf der Bühne agiert und im Publikum beobachtet wird.

Der ästhetische Raum ist dichotomisch und schafft Dichotomie. Alle, die ihn betreten, werden dort dichotomisch. Auf der Bühne ist der Schauspieler er selbst und der, der er zu sein scheint. Er steht hier und jetzt vor uns, aber er ist ebenso weit von uns entfernt, denn er befindet sich an einem anderen Ort und in einer anderen Zeit, wo die Geschichte, die er erzählt, sich abspielt. Er ist Sergio Cardoso (Randnotiz: Sergio Cardoso war in den 50-er Jahren einer von Brasiliens führenden Schauspielern) *und* er ist Hamlet. Der ästhetische Raum, der Dichotomie erschafft, dichotomisiert auch den Zuschauer. Wir sitzen in diesem Raum und sind zur gleichen Zeit im Schloss von Elsinore.

Die theatralische Bühne und die therapeutische Bühne
In einer Theaterproduktion nach Stanislawski weiß der Schauspieler zwar, dass er ein Schauspieler ist, aber er versucht gezielt, die Anwesenheit des Publikums zu ignorieren. In einer Produktion nach Brecht hingegen ist sich der Schauspieler der Anwesenheit des Publikums völlig bewusst, das er in einen echten, aber immer noch stummen Gesprächspartner verwandelt. Selbst in diesem Fall haben wir es mit einem Monolog zu tun. Nur in einer „Forumtheater"-Aufführung können sich die Zuschauer mit Stimme, Bewegung, Klang und Farbe aktiv beteiligen und so ihre Ideen und Wünsche demonstrieren. Um dies dem Zuschauer zu ermöglichen, wurde das „Theater der Unterdrückten" erfunden.

Unabhängig von der Form des Theaters entwickelt der Schauspieler immer eine zweiseitige Beziehung zur darzustellenden Figur, die bestimmt ist durch Anziehung und Abstoßung, Verschmelzung und Trennung. Abhängig von Stil und theatralischem Genre ist die Distanz zwischen Schauspieler und Rolle geringer oder größer. In Drama oder Tragödie ist die Distanz zur Rolle geringer, in Komödie oder Farce nimmt sie zu. Sie verringert sich in einer Stanislawski-Vorstellung und steigert sich in einer Brecht-Aufführung. Sie ist geringer für den Schauspieler, größer für den Clown.

Ob nun größer oder kleiner, die Distanz zur Rolle existiert immer, denn der Schauspieler ist sich seiner Bühnenhandlung vollständig bewusst, auch wenn er in tiefste Emotionen verstrickt ist. Wie bewegt er auch sein mag, er behält immer die totale Kontrolle über sich selbst. Bei der Aufführung von Othello würde der Schauspieler wohl kaum (sondern allenfalls ein Verrückter) die Schauspielerin, die Desdemona darstellt, wirklich erwürgen. Dem Schauspieler mag es Vergnügen bereiten, eine Bühnenfigur zu töten, aber er bewahrt die physische Integrität der Schauspielerin.

Das, was auf einer Theaterbühne passiert, geschieht in ähnlicher Weise auch auf der therapeutischen Bühne. Auch hier entfalten sich die dichotomischen und dichotomisierenden Eigenschaften des ästhetischen Raumes und erproben ihre Kräfte:

Im ersten Fall produziert der Schauspieler-Protagonist Gedanken und lässt Emotionen frei, die – ob sie nun seine eigenen sind oder nicht – angenommenerweise zur Bühnenrolle gehören, das heißt zu jemand anderem (später werden wir die Triade von Person-Persönlichkeit-Personnage untersuchen). Im zweiten Fall produziert der Patient-Protagonist seine Gedanken und lässt seinen eigenen Gefühlen freien Lauf, die als seine eigenen erkannt und erklärt werden.

Wenn der Patient-Protagonist im Alltagsleben eine Szene durchlebt, versucht er seine Wünsche anschaulich zu konkretisieren, ganz gleich, ob es sich um Liebe oder Hass, Angriff oder Flucht, um konstruktive oder destruktive Emotionen handelt. Wenn er aber die gleiche Szene in einem ästhetischen Raum wieder belebt (egal, ob theatralisch oder therapeutisch) wird sein Ansinnen dichotomisch: Er will gleichzeitig die Szene und sich selbst in der Szene zeigen. Indem er demonstriert, wie er die Szene erlebt hat, versucht er zum zweiten Mal seine Bedürfnisse zu konkretisieren, die in früherer Zeit befriedigt wurden oder ungestillt blieben. Indem er sich selbst in dieser Szene zeigt, versucht er nun, der aktuellen, materialisierten Konkretion seiner Wünsche und Phantasien einen Schritt näher zu kommen (das Begehren wird zu einem konkreten Ding).

Wenn er die Szene real lebt, will er ein erklärtes Anliegen deutlich machen, beim theatralischen Wiederbeleben offenbart er es in verdinglichter Form. Seine Wünsche und Fantasien verwandeln sich in ästhetisch geformte Objekte, die er selbst und auch andere beobachten können. Das objektivierte, zum Ding gewordene Bedürfnis kann so besser untersucht, analysiert und (vielleicht auch) verwandelt werden.

Im täglichen Leben versucht der Schauspieler-Protagonist einen bewussten Wunsch, wie zum Beispiel sein Liebesbedürfnis, zu konkretisieren. Im ästhetischen Raum vollzieht er die materialisierte Konkretion dieses Liebesbedürfnisses. In diesem Prozess der Wiederbelebung werden nicht nur offenkundige, sondern auch unbewusste, verdeckte Wünsche sichtbar. Nicht nur das, was jemand aufdecken will, wird hervorgekehrt, sondern auch verborgene Seiten.

Beim ersten Mal erlebt eine Person in ihrem wahren Leben (ebenso wie ein probender Schauspieler auf der Suche nach der Rolle) eine Szene mit starker gefühlsmäßiger Beteiligung. Beim zweiten Mal – in einer therapeutischen oder theatralischen Situation, vor Teilnehmern einer Gruppe oder einem unbekannten Publikum – belebt oder erlebt der Schauspieler die Szene mit einer Art Re-Emotion.

Die erste Aktion ist eine einsame Entdeckung, die zweite eine Aufdeckung, ein Dialog. In beiden Fällen versuchen Schauspieler und Patient diese Rolle als solche zu zeigen, sogar wenn – wie im Fall des Patienten – diese Rolle ein „Vorher-Ich" war.

Im Falle des Patienten haben wir es aufgrund des dichotomischen Effektes, der durch den ästhetischen Raum entstanden ist, mit zwei „Ichs" zu tun: dem „Ich", das in der Szene lebt und dem „Ich", das die Szene wiedererzählt. Dieser Mechanismus des Wiedererlebens erlaubt die Simultanität eines „Ich und eines „Ander-Ichs", die in Raum und Zeit getrennt sind und nicht eins sein können – obwohl sie es sind.

(Randnotiz: Die Konvention verlangt, im Fall des Protagonist-Schauspielers, dass „Jetzt-Ich" und „Vorher-Ich" des Schauspielers nur eine Rolle, eine Fiktion sind. Aber wir wissen sehr gut, dass Fiktion nicht existiert, das alles wahr ist. Das lässt sich in noch größerem Ausmaß für das Theater sagen, wo sogar Lügen wahr sind. Die einzige Fiktion ist das Wort „Fiktion".)

Die oben genannte Dichotomie zwingt den Patient-Protagonisten, zu entscheiden, wer er ist, da er von sich selbst spricht. Ist er das „Ich", das er gewesen ist und auf das er sich bezieht oder ist er das gegenwärtige „Ich"? Ist er also das „Früher-Ich" oder das „Jetzt-Ich"?

Die Alternative ist jedoch sehr offensichtlich, die Wahl wurde schon getroffen: der Protagonist ist das „Ich", das vom gewesenen Ich erzählt, da der Erzähler eine größere Kapazität hat als das Erzählte. Er kann nicht das „Ich" der erzählten Szene sein, denn dann würden Raum und Zeit, durch die beide Szenen (die des Gelebten und die des Erzählens) voneinander getrennt sind, negiert werden.

Diese Vorwärtsbewegung in Raum und Zeit ist in sich selbst therapeutisch, denn alle Therapie muss, bevor sie zum Üben eines ausgewählten Verhaltens ermutigt, ein Spektrum möglicher Alternativen aufspüren helfen. Ein Prozess ist therapeutisch, wenn er dem Patienten erlaubt und ihn ermutigt, Alternativen zu der Situation, die ihm Leiden oder Unglück bereitet, zu entwickeln. Indem der Patient in die Lage versetzt wird, ja sogar von ihm verlangt wird, sich selbst in Aktion zu betrachten – denn seine eigenen Wünsche zu zeigen, verpflichtet ihn zu beidem: zu sehen und sich selbst zu sehen – bietet ihm der theatralische Prozess des Wiedererzählens in der Gegenwart eines solidarischen Publikums eine Geschichte, die in der Vergangenheit gelebt wurde, die aber nun Alternativen enthält.

In theaterbezogenen Psychotherapien ist nicht nur wichtig, dass ein menschlicher Körper die Bühne betritt. Vielmehr ist auch die Dichotomie des ästhetischen Raums bedeutsam, die sich auf den Körper und auf das Bewusstsein des Protagonisten auswirkt, der auf der Bühne gleichzeitig Subjekt und Objekt ist und sich seiner selbst sowie seiner Handlung bewusst wird. Im täglichen Leben ist unsere Aufmerksamkeit immer – oder fast immer – auf andere Menschen oder Dinge gerichtet. Auf der Bühne lenken wir unsere Aufmerksamkeit auch auf uns selbst. Der Protagonist agiert und beobachtet sich selbst in Aktion, zeigt sich und beobachtet sich selbst zeigend, spricht und hört auf das, was er selbst sagt. (Randnotiz: Ähnliche Abläufe vollziehen sich auch in einer Aufführung von Forumtheater: Hier kommen Menschen aus dem Publikum auf die Bühne, um den Platz des Protagonisten einzunehmen, werden augenblicklich zum Protagonisten und erwerben so dichotomische Eigenschaften. Sie demonstrieren alternative Vorschläge und Handlungen, beobachten zur gleichen Zeit die Wirkungen und Konsequenzen, die ihre Alternativen mit sich bringen und erwägen neue Taktiken und Strategien. Deshalb sollte nach einem Forumtheater-Setting, das sich auf ein Individuum konzentriert, der Protagonist nicht ins Publikum zurückgeschickt werden, damit seine Handlung beurteilt oder interpretiert wird. Vielmehr muss ihm geholfen werden, die Leute zu sehen, die ihn sehen, die zu beobachten, die ihn beobachten, sich zu bewundern oder über sich selbst zu wundern, gemeinsam mit denen, die ihn bewundern oder sich über ihn wundern).

In diesem Sinne ist die Erfindung von Theater eine Revolution von kopernikanischem Ausmaß. Im Alltag leben wir im Zentrum unseres Universums und wir sehen Tatsachen und Leute aus einer einzigen Perspektive, unserer eigenen. Auf der Bühne fahren wir fort, die Welt so zu sehen, wie wir sie immer gesehen haben, aber wir sehen auch, wie andere sie wahrnehmen. Wir betrachten uns selbst, wie wir uns sehen, und wir sehen uns auch, wie wir von anderen wahrgenommen werden. Zu unseren Ansichten fügen wir die anderer hinzu, so als wären wir in der Lage, von der Erde aus auf die Erde zu schauen, und gleichzeitig auch vom Mond, der Sonne, einem Satelliten oder den Sternen aus. Im Alltag sind wir auf die Situation fixiert, auf der Bühne aber sehen wir uns selbst und zugleich die Situation, in der wir uns befinden.

Diese Dichotomie erlaubt der jeweiligen Hauptperson, dem Protagonisten, seine Kraft mit den Energien des Therapeuten oder anderer Gruppenmitglieder zu vereinen, um das „Vorher-Ich", das noch im „Jetzt-Ich" weiterlebt und doch ein „Wieder-Ich" ist, zu erkennen.

Dieser Prozess aber, der ermöglicht, das „Vorher-Ich" zu beobachten, bringt es auch auf Distanz. Ich sehe mich selbst gestern. Ich bin heute, gestern ist jemand anders, ein anderer. (Randbemerkung: Wenn ich von mir spreche, bin ich die Person, die spricht, nicht die Person, von der ich spreche). Es löst sich ein Teil von mir, damit ich ihn sehen kann. Dieser Anteil ist ein ästhetisch aufbereitetes, verdinglichtes Objekt zum Zwecke von Studium und Analyse. Der Protagonist, der in der gelebten Szene ein Objekt-in-situ war, wird hier zum Subjekt, das eine Situation beobachtet, in der er ein aktuelles Subjekt ist: er selbst im Gestern. Das „Ich-Heute" kann das „Ich-Gestern" betrachten, wobei das Gegenteil ganz offensichtlich nicht möglich ist. Dadurch werde oder bin ich mehr als ich war.

In dieser „ascesis" (Übung) wird der Protagonist selbst zum Subjekt der Situation, natürlich innerhalb theatralischer Fiktion. Aber wir sollten nicht vergessen, dass im Theater alles wahr ist, sogar Lügen. Zumindest ist das unsere Hypothese. (Randbemerkung: Ascesis, griechisch = Übung oder Training: Im Theater der Unterdrückten bedeutet „Ascesis" die Bewegung weg vom Phänomen zum Gesetz, das die Phänomene auf die immer gleiche Art steuert. So können andere Phänomene, mit denen wir konfrontiert werden, erklärt werden. Zum Beispiel ist ein Akt der Aggression gegen eine bestimmte schwarze Person zunächst nur ein Phänomen, etwas, das nur einmal in einem bestimmten Zeitraum geschieht, auch wenn es sich öfter wiederholt. Wir versuchen hingegen durch ‚ascesis' den Rassismus, also das Gesetz, zu verstehen, mit dem man diese Phänomene erklären kann. Wir versuchen zu verstehen, welchem Zweck sie dienen und führen sie zurück auf andere Formen von Intoleranz. Um ein Beispiel aus der Physik zu geben: Alle Objekte fallen auf den Boden [ein Phänomen] also verstehen wir unter ascesis das Gesetz der Schwerkraft. Dieser Prozess der „ascesis" ist eine der Aufgaben des Jokers, des Spielleiters im Forumtheater und unsere eigene Aufgabe das ganze Leben lang.)
Bei den anderen Teilnehmern der Gruppe vollzieht sich eine Art umgekehrtes Phänomen. Obwohl sie außenstehende Beobachter sind, die aus der Entfernung zuschauen, werden sie dank ihrer Sympathie für den Protagonisten befähigt, sich dessen gelebte Erfahrung zu Eigen zu machen, in seinem Seelenleben herumzureisen, seine Gefühle zu spüren sowie Analogien zwischen seinem und ihrem eigenen Leben auszuloten. Erst dadurch entsteht echte Sympathie und nicht nur Mitgefühl. Auf diese Weise erkennen die anderen Gruppenmitglieder die Ansichten des Protagonisten und dessen Perspektiven.
Dieses Phänomen taucht im konventionellen Theater nicht auf, weil die hier wirksame intransitive Beziehung dem Protagonisten nicht erlaubt, einem Zuschauer, der ihn herausfordert, zu entgegnen. Unter solchen Umständen sieht sich der Zuschauer mit Phantomen konfrontiert, denen er sich nachdrücklich ergeben muss, da sie unfähig sind, auf seine Einwürfe zu reagieren. Die Übertragung geschieht einseitig, von der Bühne zum Publikum (Empathie), ohne die Möglichkeit von Gegenseitigkeit, Gemeinschaft und Dialog (Sympathie).
Die Bedeutung von Theater-Therapie liegt nicht nur in der Fähigkeit, das Individuum hier und jetzt in Aktion, in Taten und Worten, zu sehen (was der Vision des Therapeuten entspricht). Ihre Bedeutung basiert auf dem Vorgang der Transformation des Protagonisten, der vom Objekt-Subjekt sozialer wie psychologischer, bewusster wie unbewusster Prozesse zum Subjekt dieser Objekt-Subjekt-Struktur wird. In dieser theatralischen Therapie leistet der Patient die Arbeit, selbstverständlich unter Zuhilfenahme der vielfachen Spiegel der ihn beobachtenden Teilnehmer.

2.1.5 Die dritte Eigenschaft des ästhetischen Raumes: Er ist telemikroskopisch

Auf der Bühne sehen wir das Entfernte nah und das Kleine stark vergrößert. Die Bühne bringt ans Licht, bringt ins Hier und Jetzt, was vor langer Zeit und weit entfernt von hier geschehen ist. Sie zeigt das, was in den Nebeln der Zeit verloren ging und sich von der Erinnerung ins Unbewusste verlagert hat. Wie ein mächtiges Teleskop bringt die Bühne die Dinge näher.
Durch die Schaffung eines Bühnen- und eines Zuschauerraumes verwandeln wir die Bühne in einen Ort, wo alles neue Dimensionen bekommt, indem es, wie unter einem mächtigen Mikroskop, vergrößert wird. Alle Gesten, alle dort gesprochenen Worte werden größer, klarer, emphatischer. Es ist schwierig, fast unmöglich, sich auf der Bühne zu verstecken.
Auf diese Weise näher herangeholt und vergrößert, können menschliche Handlungen besser beobachtet werden.

Fazit:
Die außergewöhnliche, gnoseologische (wissenssteigernde) Bedeutung des Theaters liegt in drei wesentlichen Eigenschaften begründet:
(1) der Plastizität, die die freie Erprobung von Erinnerung, Imagination und Gestaltungswillen sowie das freie Spiel mit Vergangenheit und Zukunft gestattet;
(2) der Teilung oder Verdopplung des Selbst, die sich im auf der Bühne agierenden Subjekt vollzieht – diese Dopplung ist Ergebnis der dichotomischen und „dichotomisierenden" Bühnenrolle, die Selbstbeobachtung erlaubt und zugleich dazu befähigt;
(3) der telemikroskopischen Eigenschaft, die alles in vergrößerter Form präsent macht und uns in die Lage versetzt, Dinge zu sehen, die sich in einem kleineren, entfernteren Format unseres Blicks entziehen würden.
Diese Eigenschaften sind ästhetische, das heißt, an die Sinne gebundene. Wissen wird hier über die Sinne erworben und nicht allein über das Bewusstsein. Wir sehen und hören und dadurch verstehen wir, worauf die spezifisch therapeutische Funktion des Theaters basiert. Beim Sehen und Hören – sich selbst zusehend und zuhörend – erwirbt der Protagonist Kenntnisse über die eigene Person. Ich sehe und ich sehe mich selbst, ich spreche und höre mir selbst zu, ich denke und denke über mich selbst nach. All das ist nur möglich durch die Dopplung des „Ich": Das „Jetzt-Ich" nimmt das „Vorher-Ich" wahr und hat eine antizipierende Vorahnung von einem „möglichen Ich", einem „zukünftigen Ich".
Diese Dopplung, die auch in anderen Räumen möglich ist, ist auf der Bühne unvermeidlich, intensiv und daher ästhetisch. Diese spezifisch künstlerische Therapie basiert nicht nur auf Ideen, sondern auch auf Emotionen und

Sinneswahrnehmungen. Theater ist eine Therapie, durch die man in Körper und Seele, Soma und Psyche eindringen kann.

(In diesem Zusammenhang muss erwähnt werden, dass das Wort „Psyche", das das gesamte Ensemble seelischer Phänomene eines Menschen beinhaltet, auch einen großen Drehspiegel bezeichnet, der so eingerichtet werden kann, dass man seinen ganzen Körper darin sieht. In der Psyche – im Spiegel – sieht man seinen Körper, in seinem Körper – im Theater – sieht man seine Psyche. In der Psyche – im Spiegel – sieht man jemandes Psyche, man sieht sich selbst im anderen. Theater ist diese Psyche, dieser Spiegel, wodurch wir unsere Psyche sehen können. Theater hält nach Shakespeare der Natur den Spiegel vor. Und das Theater der Unterdrückten ist ein Spiegel, den wir nutzen können, um unser Bild zu verändern.)

2.2 Was ist der Mensch?

Das wichtigste der drei Elemente in Lope de Vegas Definition von Theater ist natürlich der Mensch. Es ist unmöglich, sich ein Stück oder auch nur eine Szene ohne die Gegenwart eines Menschen vorzustellen: Stellen wir uns zum Beispiel eine Show vor, die mit wunderbaren, computergesteuerten Lichteffekten beginnt, Lichter, die an- und ausgehen und die eine wunderbare Harmonie von Farben und Gefühlen schaffen, all dies zusammen mit einer göttlichen Musik aus einem Dolby-Stereo-System. In der Mitte der Bühne ein prächtiger Tisch, mit schwarzer Spitze drapiert und in der Mitte des Tische eine schwarze Pistole. So beginnt das Stück und so geht es weiter für eine, zwei, drei, fünf Minuten. Töne und Farben, Farben und Licht, Licht und Töne für zehn, zwanzig Minuten. Und so weiter. So schön die Musik auch ist, so berauschend die Farben und das kaleidoskopische Licht, so perfekt die Linien des Tisches, der Tischdecke und der Pistole, der Requisiten und des Dekors auch sein mögen: wie lange wird das Publikum im Zuschauerraum bleiben? Es fehlt etwas. Es fehlt der Mensch, dessen Abwesenheit allenfalls für eine kurze Zeit gestattet ist. Es braucht also nur jemand – Mann oder Frau – aufzutauchen und auf der Bühne entsteht Theater. Wenn sie oder er sich dem Tisch nähert, intensiviert sich die Theatralik. Wenn sie oder er die Hand auf die Pistole legt, wird die theatralische Temperatur steigen und sie wird weiter steigen wenn sie/er mit der Pistole auf seinen/ihren Kopf deutet. Sie wird beträchtlich höher steigen, wenn sie/er die Pistole auf das Publikum richtet! An diesem Punkt hätten wir intensives Theater. Daraus können wir schließen, dass Theater im Wesentlichen auf dem Menschen gründet.

Aber was ist der Mensch? Der Mensch ist an erster Stelle und am meisten ein Körper. Ganz gleich, welcher Religion jemand angehört, ich bin sicher, alle würden akzeptieren, dass es keinen Menschen ohne menschlichen Körper

gibt. Und dieser Körper – dieser menschliche Körper, der wir sind – hat fünf Haupteigenschaften:
1. Er ist sinnlich.
2. Er ist emotional.
3. Er ist rational.
4. Er hat ein Geschlecht.
5. Er kann sich bewegen.

Im Gegensatz zu Steinen, Metallen oder Dingen allgemein können lebendige Wesen wahrnehmen. Diese Wahrnehmungen erreichen im Menschen ihren Gipfel. Der menschliche Körper registriert die Wahrnehmungen und reagiert darauf. Wahrnehmungen sind möglich dank unserer fünf Sinne, die untereinander verbunden sind. Darüber hinaus werden unsere Wahrnehmungen vom Gehirn registriert. Wenn ich irgendwo entlangspaziere und über einen Stein stolpere, verlässt die sinnliche Wahrnehmung, die ich mache, nicht mein Bewusstsein. Ich habe die Wahrnehmung über meinen Fuß aufgenommen, aber mein Kopf hat sie registriert. Alles was ich fühle in meiner Haut, was ich höre, was ich sehe, die Gerüche, die ich rieche oder der Geschmack, den ich schmecke, fühle ich mit meinen fünf Sinnen und mit Hilfe meines Hirns. (Falls weitere Beweise benötigt werden, hier ist einer, der unglücklicherweise weder definitiv noch verifizierbar ist: Würde unser Kopf abgetrennt, würden wir nichts mehr wahrnehmen, weder die Düfte Arabiens noch Tritte gegen das Schienbein.)

Wären wir Wissenschaftler, müssten wir an dieser Stelle eine weitergehende Untersuchung des Hirns, des Nervensystems und jedes seiner konstituierenden Elemente unternehmen. Wir müssten untersuchen, wo Wahrnehmungen des Körpers vom Gehirn registriert werden. Aber als Künstler, deren Profession das Theater ist, wird es uns genügen, festzustellen, dass dieser Prozess irgendwo in einer Region unseres Gehirns stattfindet. Unser ganzer Körper wird von dort koordiniert und ist dort verankert.

Der Körper weckt auch Emotionen wie Freude oder Schmerz, die zu weiteren Gefühlen wie Liebe, Hass, Furcht etc. führen können. Gleichzeitig ist der Mensch eine rationale Kreatur. Er hat Wissen und ist fähig zu denken, zu verstehen sowie Fehler zu korrigieren.

Diese drei „Zonen" von Sinneswahrnehmungen, Emotionen und Gedanken sind nicht wie Länder auf einem Atlas verzeichnet, jedes mit seiner eigenen Farbe und seinen eigenen Grenzen, sondern sie kommunizieren frei und wechselseitig miteinander. Wahrnehmungen verwandeln sich in Emotionen und diese sind wiederum Auslöser für bestimmte Gedanken und umgekehrt. Um den ersten Fall zu illustrieren, können wir auf das Beispiel eines hungrigen Babys zurückgreifen. Weil es Hunger hat (Sinneswahrnehmung), schreit es vor Ärger (Emotion), aber lächelt, wenn es seine Mutter in den Raum kommen sieht, weil es versteht, dass es nun gefüttert werden wird (Vernunft). Die

Mutter war abwesend, aber jetzt ist sie da: Dies ist ein verstandesmäßiger Akt der Erkenntnis. Das Baby war ärgerlich, unruhig, ängstlich, jetzt lächelt es glücklich. Dies sind Emotionen. Und selbst wenn es noch immer einen leeren Bauch hat und Schmerz fühlt, weil es hungrig ist, wird das Glücksgefühl, das durch die einfache Gegenwart der mütterlichen Brust ausgelöst wird, angenehme Sinneswahrnehmungen provozieren.

Für den Weg, der vom Verstand zur Empfindung führt, können wir Einstein als Beispiel anführen. Eines Tages machte er eine erleuchtende und verwirrende Entdeckung: $E = mc^2$. So abstrakt wie man sich eine Idee nur vorstellen kann, fast undenkbar für Normal-Sterbliche, etabliert diese Formel die Verbindung zwischen Masse und Energie durch die Quadrierung der Lichtgeschwindigkeit. Es wird berichtet, dass Einstein, nachdem er diese Kombination von Buchstaben und Zahlen gefunden hatte, sofort Opfer von überwältigenden und widersprüchlichen Gefühlen wurde. Er war glücklich über seine Entdeckung und empfand zugleich Mitleid mit den Wissenschaftlern, deren Theorien er gerade umgeworfen hatte. „Newton vergib mir!", stammelte er mit zitternden Lippen, vielleicht in einer Vorahnung von atomarer Schlachterei, während er sich aber zur gleichen Zeit auf seine zukünftigen Entdeckungen freute. Ein Aufruhr der Gefühle und Emotionen, hervorgerufen durch eine sehr abstrakte Idee: $E = mc^2$!

Damit kommen wir, ohne uns zu viel mit anatomischen oder physiologischen Details zu belasten, zur Dreiteilung des Gehirns in die Zonen von Wahrnehmungen, Emotionen und Gedanken. Nehmen wir einmal an, diese Regionen liegen nebeneinander, geteilt durch vertikale Linien und wir würden uns fragen, ob der obere Teil unseres Schemas identisch ist mit dem unteren Teil. Er ist es nicht! Wir müssen das Gehirn noch einmal in drei Zonen teilen, aber dieses Mal mit horizontal gezogenen Linien. Oben befindet sich das verbalisierte Bewusstsein, in der Mitte das (potentiell) Verbalisierbare und unten das Unbewusste.

In der Tat sind wir uns einer großen Anzahl von Sinneswahrnehmungen, Emotionen und Ideen *bewusst*. Wir wissen, wann es warm oder kalt ist, wissen, dass wir Ungerechtigkeit hassen, sind uns dessen bewusst, was – wie wir meinen – nötig ist, um unterdrückte Menschen von ihrer Unterdrückung zu befreien. Aber was heißt dieses „sich einer Sache bewusst sein"? Es setzt voraus, dass wir in der Lage sind, etwas mit Worten zu erklären – gut oder schlecht, ganz oder teilweise. Wir können einen Sachverhalt in dem Maße besser oder schlechter erklären, wie wir uns des betreffenden Problems bewusst sind.

Unterhalb dieser ersten horizontalen Zone des verbalisierten Bewusstseins können wir eine zweite Zone ansiedeln, der Stanislawski den Namen Unterbewusstsein gab und die Freud als das *Vor-Bewusste* bezeichnete. Diese Region ist der Hort von Ideen, Emotionen und Empfindungen, die irgendwann verbalisiert werden könnten. Sie haben ihren Weg in die bewusste Erinnerung zwar noch nicht gefunden, sind aber auch noch nicht völlig vergessen, sodass sie wieder ans Licht treten könnten.

Schließlich liegt am Fuße dieser drei Zonen die geheimste Region, das *Unbewusste,* das nicht verbalisierbar ist und auch in seinen Tiefen niemals verbalisiert werden kann. Dies ist der verborgene Teil, der wie ein unergründliches Wasser nie erforscht werden kann.

Nach unserer Hypothese soll es ebenso wie bei den vertikal geteilten auch bei den horizontal gedachten Zonen keine präzisen Grenzen geben, da es auch hier die Möglichkeit von Austausch und Zirkulation gibt. Wir sind vor allem an einer Strömung von unten nach oben interessiert, also daran, Licht in die unterirdischen oder gesunkenen Schätze zu bringen, die in den schlammigen Tiefen ruhen. Da präzise, hermetische Grenzen fehlen, kann das Bewusste ebenso vor- oder unbewusst werden wie das Unbewusste zurück an die Oberfläche gelangen und verbalisiert werden kann.

Es sind zarte und zerbrechliche Schichten, eine ruht auf der anderen, auf dem Grund ist es dunkler und weiter oben heller. Diese Wahrnehmungen, Emotionen und Ideen, ob sie nun dem Licht ausgesetzt sind oder sich im Schattenreich aufhalten, sind immer lebendig. Sie sind je schrecklicher desto dunkler; je mehr sie in der dunklen Sphäre ruhen, desto unkontrollierbarer.

Die Tiefen des Unbewussten sind nur mit Mühen und erst recht nicht mit sprachlichen Mitteln zu erreichen. Aber wir können nach Freud mit Hilfe von Träumen dorthin gelangen ebenso wie mit Halluzinationen, Wortspielen, Versprechern, überraschenden Handlungen sowie Mythen, Kunst oder Theater. Die großen Theaterarbeiten führen direkt in unser Unterbewusstsein und treten in einen Dialog mit ihm ein. Wir sind nicht aus Interesse am alten Griechenland von König Ödipus fasziniert, sondern aus Interesse an uns selbst, denn Ödipus spricht aus und für uns.

So viel also zum Menschen. Manche Menschen sind Schauspieler. Den Menschen zu erklären, ist eine herkulisch-gigantische Aufgabe. Den Schauspieler zu erklären, ist fast unmöglich. Wir wollen es im Folgenden versuchen.

2.3 Was ist der Schauspieler?

In begrenztem Umfang und mit einer großen Fehlerquote ist der Mensch eine uns bekannte Größe. Dabei wissen wir mehr über seinen Körper als über seine Psyche. Wir wissen etwas über diejenigen Elemente seiner Psyche, die sich mit dem Bewusstsein verbinden. Und es gibt einige Hypothesen und Vermutungen über die Zonen, die zum Bewusstsein keine Verbindung haben.

Wir können das Unbewusste mit einem Schnellkochtopf vergleichen. Alle Arten von Dämonen köcheln darin, alle Heiligen, alle Laster, alle Tugenden, alles, was als nicht ausgelebtes Potential existiert. Jeder von uns ist geprägt von dem, was alle Männer und Frauen in sich tragen: Eros und Thanatos (Todestrieb). Wir kennen Loyalität, Verrat, Mut, Feigheit, Tapferkeit und Furcht. Wir wünschen Leben und Tod, für uns und für andere. Wir besitzen eine ganze Skala von Möglichkeiten, die in einem hermetisch verschlossenen Topf vor sich hinbrodelt. Wir tragen einen solchen Reichtum an Möglichkeiten in uns und wissen doch so wenig darüber, was wir haben und fast nichts darüber, was wir sind!

Obwohl wir all diese Möglichkeiten haben, ist es uns unmöglich, sie in ihrer Gänze auszuschöpfen. Wir tragen alles in uns und sind somit eine *Person*. Aber diese Person ist so reich, mächtig und intensiv und mit einer solchen Vielfalt von Formen und Gesichtern ausgestattet, dass wir gezwungen sind, sie zu begrenzen. Diese Beschränkung und Unterdrückung unserer Ausdrucks- und Handlungsfreiheit entsteht aus zwei Gründen: aus äußeren, sozial-moralischen Zwängen und/oder inneren, ethischen Prinzipien. Dabei spielen Furcht und Moralität eine wichtige Rolle: Ich tue oder unterlasse eine unendliche Zahl von Dingen und ich verhalte mich auf vielfach verschiedene Weise, weil ich durch soziale Faktoren gezwungen bin oder davon abgehalten werde, dies oder das zu sein.

Das Ensemble prägender Faktoren schließt Gesetz, Polizei und Familie sowie Universitäten, Kirchen und Gerichte ein. Sie sagen uns, was erlaubt und was verboten ist und zum größten Teil akzeptieren wir das. Daher verpflichten wir uns selbst zu dem, was wir sind, zwingen uns zu tun, was wir tun und das nicht zu tun, von dem wir annehmen, das es falsch ist. Es gibt eine äußerliche Moralität, die von der äußeren Welt bestimmt wird, und eine innere Moralität, die von der Gewohnheit bestimmt wird. Beide Kräfte schränken uns mit einer Fülle von Verpflichtungen und Verboten ein. Wir bleiben immer die Person, die wir sind, aber wir lassen nur einen winzigen Ausschnitt unseres Potentials aktiv werden. Diese Reduktion möchte ich *Persönlichkeit* nennen. Wir alle haben eine Persönlichkeit, die eine Reduktion unserer Person darstellt. Die letztere köchelt im Topf, die erst genannte entweicht durch das Sicherheitsventil. Wir kommen damit gut zurecht, weil wir vorgeben, nur der Teil von uns zu sein, der willkommen ist, den Rest halten wir sorgfältig unter Verschluss. Trotzdem bleiben unsere Dämonen und Heiligen lebendig, sehr lebendig, sozusagen auf dem Siedepunkt, und ihre latente Präsenz schlägt sich in Symptomen, Geschwüren oder sogar Schlimmerem nieder. Trotz all dieser Erscheinungen sind wir gesunde, fröhlich lächelnde Menschen.

Nun kommen wir zum Schauspieler, der Inkarnation der lächelnden „Gesundheit". Nehmen wir einmal an, dass all seine materiellen Probleme durch lange Verträge und hohe Gagen gelöst sind und dass ihn nur einfache und normale Sorgen beschäftigen. Nehmen wir dann noch an, es handele sich um jemand „Normalen" entsprechend den sozial festgelegten Normen, nach de-

nen „normale" Menschen definiert sind. Dennoch geht dieser normale Schauspieler einer seltsamen und gefährlichen Tätigkeit nach. Er interpretiert Rollen aus Theaterstücken, so genannte Charaktere oder *dramatis personae*.
Bevor wir weitergehen: Was sind das für Leute, diese frei erfundenen (Bühnen-)Charaktere? Seien wir offen: Vom medizinischen Standpunkt sind dies alles Neurotiker, Psychopathen, Paranoiker, Melancholiker, Schizophrene, kurz – kranke Menschen! Als Literatur sind sie sicher fesselnd, aber in der Realität bedürften sie dringend medizinischer Hilfe. Letztlich sind die meisten Bühnenfiguren – und diese Generalisierung ist völlig angemessen – gestörte, kranke Menschen. Aus diesem einfachen Grund gehen wir ins Theater. Ich habe Hamlet ein Dutzend mal gesehen, ich liebe das Stück und seine Protagonisten, aber ich bin mir nicht sicher, ob ich ihn zusammen mit seinen Freunden zu einem Plausch über Sein oder Nicht-Sein zu mir nach Hause einladen möchte.
Betrachten wir das folgende Szenario. Wer würde sich ein solches Theaterstück anschauen? Ein junger Mann, eine junge Frau, beide gut aussehend und bei guter Gesundheit, beide ineinander verliebt, kümmern sich darum, dass ihre Kinder pünktlich zur Schule kommen, wo sie bei weitem die besten Schüler sind. Sie bringen sie zum Schultor. Dann passieren sie unter den bewundernden und lächelnden Blicken ihrer freundlichen Nachbarn einen üppig blühenden Blumengarten als plötzlich – der Postbote auftaucht! Keine Sorge ... er bringt gute Nachrichten: Beide Schwiegermütter sind bei bester Gesundheit, sie sind auf einer Kreuzfahrt bei den griechischen Inseln und das Wetter ist gut ... Wer würde in einem solchen Stück zufrieden sitzen bleiben? Niemand! Nicht einmal Doris Day würde in einem solchen Stück auftreten. Das einzige Publikum in solch einem Theater wären Fliegen. Was uns ins Theater treibt, sind Konflikte und Kämpfe. Wir wollen verrückte Leute und Fanatiker sehen, Diebe und Mörder. Und zugestandenermaßen eine Hand voll guter Seelen, gerade genug, um dem Bösen in aller Glorie den Garaus zu machen. Wir hungern nach dem Fremden und Abnormen.
Folglich muss unser Schauspieler – ein gesunder Geist – einen kranken Charakter spielen. Woran kann er sich nun orientieren, wenn er an solch einer Figur arbeitet? Nicht an seiner Persönlichkeit, die, wie wir wissen, frei vom Bösen ist, sondern an seiner Person, an den Dämonen, die tief unten im Schnellkochtopf (in der Nähe des Siedepunktes) hausen.
Der Schauspieler ist immer wieder gezwungen, die eigenen Raubkatzen, die er gezähmt hat, aufzuwecken. Deshalb ist der Beruf des Schauspielers so ungesund und so gefährlich. Ich schwöre, Schauspieler verdienten dieselbe Gefahrenzulage, wie sie Minenarbeitern in besonders tief gelegenen Kohlefeldern zustehen oder Astronauten, die in schwindelnde, unendliche Höhen fliegen müssen. Schauspieler suchen in den Tiefen der Seele und in der Unendlichkeit des metaphysischen Raumes ... Gott segne sie!

(Randnotiz: Theater ist das Feuer, das den Schnellkochtopf zum Explodieren bringt und die Teufel und Engel, die darin hausen, freilässt.)

Schauspieler kitzeln den Löwen mit einem Grashalm. (Randnotiz: Brasilianischer Ausdruck für: das Schicksal herausfordern.) Ihre Persönlichkeiten suchen in ihrer eigenen Person nach verrückten Menschen und Dämonen, nach den dramatis personae oder Personnages, in der Hoffnung, dass sie wieder zurück in ihre Käfige gehen, wenn der Vorhang gefallen ist. Wenn es ihnen gelingt – und meistens ist das der Fall – können sie sich einer Katharsis erfreuen. Aber manchmal – und es ist tragisch, wenn das passiert – wenn Jago und Tartuffe einmal aufgewacht sind und die hellen Scheinwerfer entdeckt haben, möchten sie auch das Tageslicht kennen lernen. Dann weigern sie sich, in die dunkle Büchse der Pandora zurückzukehren, die jeder von uns darstellt. Darüber können Schauspieler wirklich krank werden. So betrachtet ist unser Beruf wirklich ungesund!

Aber ob gefährlich oder nicht, in den Untiefen der eigenen Person muss der Schauspieler seine Charaktere suchen. Sonst wäre er nur ein Taschenspieler oder Jongleur, der mit seinen Figuren spielt, ohne eine Nähe zu ihnen zu empfinden. Er wäre ein Puppenspieler, der seine Puppen aus sicherer Entfernung kontrolliert. Nein, ein Schauspieler arbeitet nicht mit Puppen oder Bällen, sondern mit lebendigen Menschen, genauer – er arbeitet mit sich selbst, um das Wesen des Menschen zu ergründen. Darin liegt die Besonderheit seiner Kunst. Im anderen Fall wäre er eine Art Handwerker. Handwerk reproduziert aber nur bestehende Modelle, wohingegen Kunst neue Essenzen entdeckt.

Sarah Bernhardt schrieb über ihren kreativen Prozess: „Schritt für Schritt kam ich dazu, mich mit meiner Rolle, meinem Charakter zu identifizieren. Ich hatte die Angewohnheit, sie sorgfältig anzukleiden und Sarah Bernhardt in einer Ecke der Garderobe zu lassen: Ich machte sie zum Zuschauer meines neuen ‚Selbst'. Und ich ging auf die Bühne, bereit, zu leiden, zu weinen, zu lachen, zu lieben und dachte nicht an mein Ich. Dieses andere Selbst saß draußen in meiner Garderobe." (Randnotiz: Sarah Bernhardt, The Art of Theatre, S. 204.)

Zusammengefasst sucht die stabile Persönlichkeit des Schauspielers aus dem Reichtum seiner Person Charaktere oder Personnages, die weniger stabil oder „gesund" sind als er selbst.

Innerhalb des eingegrenzten Bühnenraums und nur für den Augenblick des Spiels sind alle asozialen Tendenzen, nicht akzeptablen Wünsche, verbotenen Verhaltensweisen und subversiven Gefühle erlaubt. Die Dämonen und Heiligen, die der Person des Schauspielers entstammen, können sich völlig frei entfalten, sich der Orgie der Aufführung hingeben und das Mögliche wirklich werden lassen. Auf emphatischen und mimetischem Weg geschieht Ähnliches mit den Dämonen und Heiligen, die in den Herzen der Zuschauer erweckt werden – immer in der Hoffnung, dass diese Wesen ermüden und einschlafen, sobald die Vorstellung vorbei ist. Schauspieler und Zuschauer hoffen somit gleichermaßen, dass die Heiligen und Dämonen nach dem heiligen und diabolischen Tanz erschöpft in das unbewusste Dunkel der Person zurückkehren, sie selbst ihre Persönlichkeit, ihr inneres Gleichgewicht wiederherstellen und ihr Leben ohne Furcht in der Gesellschaft wieder aufnehmen können. Dies entspricht der Hoffnung, dass dem karnevalesken Paroxysmus des Theaters ein normaler Aschermittwoch folgen wird.

Die neuen Techniken, wie der „Polizist im Kopf" und der „Regenbogen der Wünsche" sowie das Theater der Unterdrückten als Ganzes vertreten hingegen die These, dass der gleiche Weg auch umgekehrt mit anderen Zielen beschritten werden kann.

Schauspieler zu sein ist gefährlich, aber warum? Weil die Katharsis, die man sucht, sich nicht zwangsläufig einstellt. Der Beruf ist gefährlich, weil all die Sicherheit, all der Schutz, den die Rituale des Theaters bieten sowie alle etablierten Theorien über das, was Fiktion und was Realität ist, nicht die Möglichkeit ausschließen, dass eines Tages die einmal erwachten Personnages sich weigern könnten, wieder schlafen zu gehen und nicht mehr in die Käfige unseres Seelen-Zoos zurückkehren wollen.

Wenn das der Fall ist, können wir die gegenläufige Hypothese aufstellen. Nach unserer Theorie könnten dann instabile oder gestörte Persönlichkeiten versuchen, stabile, „gesunde" Personnages in sich selbst wachzurufen. Dies geschähe aber dann nicht mit dem Ziel, sie zurück ins Vergessen zu schicken, sondern in der Hoffnung, sie in die eigene Persönlichkeit zu integrieren: Ich habe Angst, aber in mir lebt auch ein mutiger Mensch. Wenn ich ihn aufwecken kann, kann ich ihn vielleicht auch länger wachhalten.

Wer ist das „Ich"? Die Person, Persönlichkeit oder die Personnage? Die Entscheidung ist auf fatale Weise sehr einfach: Wir sind so, wie wir sind. Punkt. Ende der Geschichte. Aber können wir uns auch vorstellen, dass auf eine mehr schöpferische Weise die Karten neu gemischt werden?

In diesem Reigen der Möglichkeiten betreten zu verschiedenen Zeiten verschiedene Kräfte den Bühnenraum. Potentiale können im Scheinwerferlicht zur konkreten Handlung werden und dann wieder hinter die Kulissen zurückkehren. Kräfte wachsen und schrumpfen, bewegen sich in den Vordergrund und verschwinden wieder im Hintergrund. Alles ist veränderlich. Unsere Persönlichkeit ist, was sie ist, aber sie ist auch, was sie wird. Wären wir alle Fatalisten, bliebe nichts mehr zu tun, sind wir es nicht, können wir es versuchen. In diesem Buch gebe ich einige Beispiele dafür, ohne Dogmatismus oder Wunschdenken, aber mit einer großen Portion Hoffnung.

Meine wohlbegründete Hoffnung lautet: Wenn sich ein Schauspieler in eine gestörte Person verwandeln kann, dann müsste sich eine weniger gefestigte, „kranke" Person auch zu einem stabileren, „gesunden" Menschen entwickeln können.

3. Die drei Hypothesen vom „Polizisten im Kopf"

Bei einem Setting des Theaters der Unterdrückten gibt es keine Zuschauer, sondern nur aktiv eingreifende Beobachter. Diese nennen wir Zu-Schauspieler (spect-actors). Der Hauptakzent des Spiels zielt auf das Auditorium und nicht auf die Bühne. Dabei sollten die Ausgangsbilder oder Einstiegsszenen so gestaltet sein, dass sie in den Zuschauern einen Widerhall hervorrufen können. Sie sollten also möglichst keinen extrem individuellen, kaum übertragbaren Fall schildern, da die betreffenden Probleme dann nicht mit unseren spezifischen Techniken bearbeitet werden können. Das Theater der Unterdrückten verfolgt zwei grundsätzlich miteinander verbundene Prinzipien: Es zielt darauf
- dem Zuschauspieler zu helfen, sich in einen aktiven Protagonisten der dramatischen Handlung zu verwandeln und Alternativen für seine Situation zu proben und
- will ihn ermutigen, die Handlungen, die er auf der Bühne geprobt hat, in sein tägliches Leben zu übertragen.

Damit diese Ziele erreicht werden können, geht das Theater der Unterdrückten als Ganzes und insbesondere das System des „Polizisten im Kopf" von den drei folgenden, fundamentalen Hypothesen aus.

3.1. Erste Hypothese: Osmose

Die kleinsten Zellen der Gesellschaft (das Paar, die Familie, die Nachbarschaft, die Fabrik usw.) und ebenso die kleinsten Ereignisse in unserem sozialen Leben (ein Unfall an der Straßenecke, eine Kontrolle in der U-Bahn usw.) beinhalten alle moralischen und politischen Werte der Gesellschaft, all ihre Strukturen von Herrschaft, Macht und Unterdrückung.

Die großen sozialen Themen schlagen sich in den kleinsten persönlichen Ereignissen nieder. Wenn wir über einen individuellen Fall sprechen, sprechen wir ebenso über die zugrunde liegenden, allgemein-gesellschaftlichen Prinzipien. Im Theater müssen die Elemente einer individuellen Geschichte einen symbolisch-universalen Zuschnitt erfahren. Durch diese Verallgemeinerung verlassen wir das Terrain des Einzelfalls, mit dem sich die Psychotherapie, aber nicht die Kunst des Theaters befasst.

Vor zwanzig Jahren wurde in den USA im separatistischen Süden und in New York, wo die Integration weiter fortgeschritten war, ein interessantes Experiment durchgeführt. Man zeigte schwarzen Kindern weiße, grüne, blaue und schwarze Puppen. Sie wurden aufgefordert, unter ihnen die hübscheste und

die hässlichste zu wählen. Im rassistischen Süden, wo die Schwarzen ihre eigenen Werte sehr genau kannten, wählten die Kinder als hübscheste Puppe die schwarze aus und als hässlichste die weiße. Im Norden, wo sich die Werte der weißen Gesellschaft durchgesetzt hatten, war das Ergebnis genau umgekehrt: die weiße war die hübscheste und die schwarze die hässlichste. Die schwarzen Kinder hatten die weißen Werte erworben. Diese Verbreitung von Ideen, Werten und Geschmack bezeichne ich als *Osmose*, als Durchdringung. Zur Osmose kommt es durch Repression genauso wie durch Verführung. Auch Ablehnung, Hass, Furcht, Gewalt, Zwang oder im Gegenteil auch Anziehung, Liebe, Wunsch, Versprechen, Abhängigkeit etc. führen dazu.
Wo ist Osmose wirksam? Überall. In allen Zellen unseres sozialen Lebens. In der Familie (durch elterliche Gewalt, Geld, Abhängigkeit, Zuneigung), am Arbeitsplatz (durch Löhne, Gratifikationen, Arbeitslosigkeit), in der Armee (Bestrafung, Beförderung, usw.), in der Schule (Noten, Jahresbestenlisten), in der Werbung (durch falsche Assoziierung von Ideen: schöne Frauen und Zigaretten), in der Zeitung (Auswahl von Nachrichten, Manipulation von Diagrammen), in der Kirche (Hölle, Paradies, Schicksal, Hoffnung). Auch im Theater. Aber wie das? Das konventionelle Theater stellt zwei Welten nebeneinander: die Welt des Publikums und die Welt der Bühne. Auf der Bühne werden Bilder des sozialen Lebens auf eine so entrückte Weise präsentiert, dass das Publikum sie nicht verändern kann. Während der Vorstellung wird das Publikum deaktiviert und dazu verurteilt, die Vorgänge auf der Bühne passiv aufzunehmen. Dies gilt auch für kritische Betrachtungen des Geschehens.
Hier findet die Osmose einseitig statt, nämlich von der Bühne herab zum Publikum. Wenn das Publikum Widerstände gegen diese Deaktivierung aufbaut, kann die Aufführung allenfalls beendet werden. Eine weitergehende, prinzipiellere Abweichung von dieser Grundstruktur ist nicht möglich, weil sie durch Konvention vorbestimmt ist. Das konventionelle theatralische Ritual ist konservativ und unbeweglich. Zwar kann das Theater mobilisierende Ideen entwickeln, aber diese Bewegung ist immer noch einseitig gesteuert und als solche letztlich immobilisierend.
Cervantes Stück „Numance" erzählt die Geschichte einer belagerten Stadt, deren Einwohner beschlossen haben, bis zum letzten Mann auszuharren. Sie werden massakriert, aber sie ergeben sich nicht. Während des spanischen Bürgerkriegs wurde „Numance" in einer Stadt unter faschistischer Belagerung gespielt. Die Vorstellung bewirkte offensichtlich eine ungewöhnliche Mobilisierung, obwohl das theatralische Ritual selbst immobilisierend blieb. In diesem besonderen Fall brach die Realität in das Ritual des Spiels ein. Während wir in einer normalen Theatervorstellung in der Regel die äußere Realität vergessen und unsere Aufmerksamkeit auf die Bühne konzentrieren, erinnerte die Numance-Aufführung das spanische Publikum daran, was auf der Straße real vor sich ging. Die Immobilität des theatralischen Rituals wurde hier von

der Dynamik der Ereignisse in der sozialen Welt gebrochen. Im Theater der Unterdrückten versuchen wir diese Immobilität umzukehren, also den Dialog zwischen Bühne und Auditorium in beiden Richtungen völlig durchlässig zu machen. Die Bühne kann versuchen, das Publikum zu transformieren, aber auch das Publikum kann alles ausprobieren und verwandeln.

Diese Transformierungsbestrebungen sind nicht immer friedfertig, denn sie kehren unter Umständen die Subjekt-Objekt-Beziehung um, aber immerhin wird niemand mehr ausschließlich auf den Status eines bloßen Objekts reduziert. Dies ist vergleichbar mit den beiden Reaktionsweisen auf Unterdrückung, nämlich Unterwerfung und Widerstand. Jede unterdrückte Person ist eine Art unterjochter Widerständler, denn er zeigt zugleich Formen des Widerstandes und Tendenzen der Anpassung, die sich in Introjektion, in der Installation vom „Polizisten im Kopf" niederschlagen. Unser Ziel ist es, erstere zu dynamisieren, damit die letzteren verschwinden können.

3.2 Zweite Hypothese: Metaxis

In einer traditionellen Theatervorstellung wird die Zuschauer-Schauspieler-Beziehung geprägt durch Empathie (em = innen, pathos = Gefühl). Die Gefühle des Darstellers durchdringen uns, so dass die auf der Bühne gezeigte moralische Welt uns osmotisch besetzt, d. h. wir werden von den Figuren und Bühnenhandlungen, die nicht unserem Einfluss unterliegen, ferngesteuert und erleben allenfalls mittelbare Emotionen.

Bei einer Vorstellung des Theaters der Unterdrückten, in deren Verlauf die Betroffenen aktiv Bilderwelten für ihre eigene Unterdrückung erfinden, ändert sich die Beziehung zwischen aktivem Beobachter (Zuschauspieler) und Schauspieler grundlegend und wird zur Sympathie (sym = mit). Ich werde nicht von den Emotionen anderer geleitet, sondern projiziere stattdessen meine eigenen. Ich handle selbstverantwortlich als Subjekt oder ein mir ähnliches Subjekt handelt an meiner Stelle, sodass wir uns beide als Subjekte empfinden können. Im konventionellen Theater werde ich von der Handlung auf der Bühne mitgerissen, im zweiten Fall bin ich es, der handelt und mitreißt. Der Unterdrückte wird zum Künstler.

Der Unterdrückte (= Künstler) produziert eine eigene Kunstwelt durch Bilder seines realen Lebens. Diese Bilderwelt enthält, ästhetisch überformt, die gleichen Unterdrückungen, die die reale Welt bestimmen. Wenn der Unterdrückte in der Rolle des Künstlers Bilder seines eigenen Lebens gestaltet, dann gehört er gleichzeitig zwei verschiedenen, autonomen Wirklichkeiten an. Dieses Phänomen, zugleich dem Bild der Realität und der Realität des Bildes anzugehören, nennen wir „*Metaxis*". Beide Welten sind als vollkommen autonom zu betrachten. Das heißt, die künstlerische Kreativität des Unterdrückten bzw. Protagonisten sollte sich nicht auf die einfache realistische Reproduktion oder symbolische Illustration der aktuellen Unterdrückung beschränken. Sie muss ihre eigene ästhetische Dimension entfalten.

Oft haben Menschen Schwierigkeiten, sich an abstrakter Malerei zu erfreuen, weil sie versuchen, die Bilder zu übersetzen. Wird solch ein abstraktes Bild „Stillleben" genannt, versucht man die Trauben, die Ananas oder die Bananen aufzuspüren. Oder in Picassos Bild „Nackte Frau mit Apfel" wird versucht, die Frau oder zumindest den Apfel zu sehen. Dies kann aber nicht gelingen, weil Frau und Apfel nicht mehr in der ursprünglichen Weise existieren, sondern (durch Metaxis in Picassos Kopf) verwandelt wurden. Mit Hilfe der Sympathie können wir uns mit Picasso selbst identifizieren. Dadurch kann die Metaxis auch uns erreichen, d. h. wir wären in der Lage, ein ähnliches Bild zu malen oder uns zumindest an Picassos Bild zu erfreuen.

Hat unsere Gesellschaft und Kultur aber nichts mit Picassos Welt zu tun, kann auch keine Metaxis in uns stattfinden, weil die Identifikation mit Picasso nicht möglich ist. Daher ist es schwierig für jemanden aus China oder Chile, die gleiche Erfahrung vor diesem Bild zu machen wie ein Franzose oder ein Europäer der gleichen sozialen Herkunft und Epoche.

Theater basiert auf den gleichen Voraussetzungen. Erst wenn wir uns mit der Person, die Bilder von Unterdrückung zeigt, identifizieren, können uns diese Bilder erreichen. Der Unterdrückte schafft Bilder seiner Realität und muss dann mit der Realität dieser Bilder spielen. Die Unterdrückungen bleiben die gleichen, aber sie werden in verwandelter Form vorgestellt. Der Unterdrückte muss die reale Welt vergessen, die der Ursprung seines Bildes war, und sich ganz auf das Bild in seiner künstlerischen Verkörperung einlassen. Er probt in der zweiten Welt (der ästhetischen), um die erste (die soziale) zu verändern. Dabei ist es wichtig, dass die Kohärenz dieser neu geschaffenen Welt aufrecht erhalten wird. Beim freien Spiel mit den Bildern sollte kein bewusster Bezug zur realen Welt, die den Hintergrund dieser Bilder abgibt, gesucht werden, denn beide Welten haben ihren eigenen Geltungsanspruch.

Die zweite Hypothese kann somit folgendermaßen formuliert werden: Wenn der Unterdrückte-Künstler in der Lage ist, eine autonome Bilderwelt zu seiner eigenen Realität zu erfinden und seine Befreiung in der besonderen Realität dieser Bilder darzustellen, dann wird er aus allem, was er in der Fiktion vollbracht hat, für sein eigenes Leben Schlüsse ziehen können. Szene und Bühne können so Übungsraum für das reale Leben sein.

3.3 Dritte Hypothese: Analoge Induktion

Bei einer Vorstellung des Theaters der Unterdrückten, bei der die Teilnehmer aus der gleichen sozialen Schicht stammen, z. B. Schüler derselben Schule,

Arbeiter derselben Fabrik, wird der individuelle Bericht einer Einzelperson sofort verallgemeinert. Also korrespondiert die Unterdrückung des Einzelnen mit der Unterdrückung aller. Das Besondere an jedem individuellen Fall kann wegen seiner grundsätzlichen Ähnlichkeit mit allen anderen Fällen vernachlässigt werden. Hier ist die Sympathie aller Beteiligten zueinander die treibende Kraft. Andererseits kann es in einer Vorstellung des „Polizisten im Kopf" oder des „Regenbogens der Wünsche" passieren, dass jemand die Geschichte einer individuellen Unterdrückung erzählt, deren Details einzigartig und von den besonderen Umständen der anderen Teilnehmer abgehoben sein können. In einer solchen Situation stehen wir im Bann der Empathie, wir sind Zuschauer des Geschichtenerzählers. Obwohl wir uns mit dieser Person solidarisch erklären können, ist dies nicht mehr das Theater der Unterdrückten, sondern nur Theater für die Unterdrückten. Das Theater der Unterdrückten ist das Theater für die erste Person Plural. Es ist zwar unverzichtbar mit einer individuellen Geschichte zu beginnen, aber wenn diese sich nicht von selbst vervielfältigt, müssen wir mit Hilfe der analogen Induktion über sie hinaus gehen, damit sie von allen Teilnehmern bearbeitet werden kann.
Die dritte Hypothese kann also folgendermaßen formuliert werden: Wenn man ausgehend von einem Anfangsbild/einer Anfangsszene zu analogen Bildern oder Szenen fortschreiten kann, die die anderen Teilnehmer aufgrund ihrer eigenen Unterdrückungserlebnisse herstellen, und wenn man über all diese Bilder induktiv zu einem allgemeinen Modell gelangt, das nicht durch einzigartige, spezifische Details eingeengt wird, dann wird dieses Modell die allgemeinen Mechanismen von Unterdrückung enthalten. Auf dieser Basis können dann mit Hilfe der Sympathie die verschiedenen Möglichkeiten erforscht werden, mit denen man diese Unterdrückung durchbrechen kann.
Die Funktion der analogen Induktion ist es, eine distanzierte Analyse anzuregen, mehrere Perspektiven anzubieten und die möglichen Gesichtspunkte zu vervielfachen. Wir interpretieren und erklären nicht, sondern bieten nur vielfältige Bezugspunkte an. Der Unterdrückte kann seine Handlungen auch mit Hilfe der Alternativen betrachten, die von den Mitspielern vorgeführt werden. Es geht sowohl um Handlung, als auch um die davon abgelöste Reflexion, wobei der Protagonist sich selbst als Protagonist und als Objekt betrachten kann. Er ist beobachtete Person und zugleich Beobachter.
Die Gültigkeit aller drei Hypothesen basiert auf einer Kernhypothese, die dem Theater der Unterdrückten zugrundeliegt: Wenn der Unterdrückte selbst und nicht der Künstler an seiner Stelle eine Handlung ausführt, dann wird das Handeln im Kontext einer theatralischen Fiktion ihn dazu befähigen, auch in seinem wirklichen Leben so zu handeln. Diese Hypothese widerspricht ausdrücklich der klassischen Katharsis-Theorie, nach der angeblich die Emotionen des Zuschauers am Ende der Vorstellung restlos getilgt sind, die er währenddessen erfahren hat.

4. Erfahrungen in zwei psychiatrischen Kliniken

Sartrouville

Annick Echappasse hatte mich gewarnt: „Es werden nicht viele Leute kommen, vielleicht fünf oder sechs Jugendliche. Man kann nie sicher sein, weil sie von Zeit zu Zeit zu Trainingskursen und Arbeitseinsätzen gehen. Es wird auch ein Praktikant da sein, der unsere Theaterarbeit verfolgt. Also, mit uns beiden werden wir insgesamt höchstens acht oder neun Leute sein. Der Raum ist schrecklich groß, aber wir werden schon klarkommen."
Der erste Tag war ein großer Schock für mich. Ich war zwar schon vorher Menschen im Bus oder auf der Straße begegnet, die als „geistig behindert" bezeichnet werden. Meine ganze Erfahrung mit „behinderten" Menschen bezog sich somit aber auf Leute, die keine Erwartungen an mich hatten und die sich meiner Anwesenheit nicht einmal bewusst waren, also auf rein zufällige Begegnungen. In Sartrouville traf ich zum ersten Mal mit behinderten Menschen zusammen, um mit ihnen in einen Austausch zu treten. Es gab Erwartungen auf beiden Seiten. Mein erster Eindruck war gänzlich oberflächlich. Ich war betroffen von ihrer Ähnlichkeit, ihren Ticks, ihren sich wiederholenden Bewegungen und ihren Schwierigkeiten bei der Artikulation ihrer Andersartigkeit. Annick machte den Anfang:
„Was wollt ihr tun?"
„Nichts", sagte einer von ihnen.
Alle waren sich darüber einig. Auch Annick.
„Gut. Tun wir nichts. Teilen wir uns also in zwei Gruppen, die jede nichts tun wird. Augusto wird mit einer Gruppe rausgehen und ich bleibe bei der anderen. Jede Gruppe soll auf ihre Weise versuchen, nichts zu tun. Das soll ungefähr eine halbe Stunde dauern und dann treffen wir uns wieder hier und zeigen uns gegenseitig, wie wir nichts getan haben. Okay?"
Ja, sie waren damit einverstanden, nichts zu tun – in zwei Gruppen. Ich ging mit meiner Gruppe, der kleineren Männergruppe, wie ein guter Vater hinaus. Annick, die gute Mutter, blieb bei den Frauen.
„So", sagte ich, „wir werden versuchen, nichts zu tun. Hat jemand einen Vorschlag, womit wir anfangen sollen?"
„Mit nichts", antwortete Andres.
„Ja, das haben wir schon geklärt. Aber wie wollen wir dieses Nichts zeigen? Wir müssen deutlich machen, dass wir nichts tun. Wenn wir zum Beispiel so bleiben, wie wir sind, werden sie sagen, wir warten auf etwas. Warten, das

heißt, dass wir schon etwas tun. Wir müssen zeigen, dass wir auf gar nichts warten, dass wir nichts tun. Aber wie?"
Andres dachte schnell nach und übernahm auch wieder das Reden: „Ah ja richtig, das machen wir: Ich lege mich auf den Boden und tue so, als ob ich schlafe … und das ist es dann."
„Okay, du legst dich auf den Boden und tust so, als ob du schläfst. Damit haben wir schon etwas, dass wir ihnen zeigen können. Wie schläfst du?"
Er demonstrierte uns, wie er schlief. „Ich schlafe so, auf dem Boden. Das ist alles."
„Was dann?"
„Nichts dann."
„Nichts? Aber in diesem Fall weiß man doch nicht, ob du schläfst, tot bist oder ob du dich nur tot stellst. Du musst dir etwas anderes einfallen lassen."
Andres überlegte eine Weile. „Ok, dann kommst du rein, tippst mir auf die Schulter, aber ich bewege mich nicht. Ich schlafe, das ist alles. Das heißt, ich tue nichts."
Er hörte auf zu reden und lachte.
„Worüber lachst du?", fragte ich.
„Wenn ich schlafe, habe ich Träume …"
„Sehr gut. Heißt das also, dass du etwas tust, während du nichts tust?"
„Ja."
„Wenn du nichts tust und schläfst, hast du Träume. Also tust du ja immer noch etwas. Ich hab' das Gefühl, dass es fast unmöglich ist, überhaupt nichts zu tun. Wir tun immer irgendetwas. Und wovon träumst du?"
„Von Pferden."
„Und was noch?"
„Nur von Pferden. Ich habe Träume von Pferden … das ist alles."
„Magst du Pferde?"
„Ja, ich mag Pferde."
Georges beobachtete uns von der Seite. Ich bemerkte, dass ich nicht nur mit Andres sprach. Ein kleiner Fortschritt war damit schon gemacht. Ich konnte den Gesprächspartner wechseln, um nicht so viel Druck auf Andres auszuüben und ihn nicht völlig zu erschöpfen.
„Was ist mit dir, Georges. Wovon träumst du?"
„Vom Kino."
„Träumst du davon, Schauspieler zu sein?"
„Nein."
„Was denn?"
„Regisseur."
„Toll. Du willst also Regisseur sein? Vielleicht können wir das mal spielen und den Mädchen später zeigen."
„Ja, könnten wir."

Ich bin von Natur aus wortreich, sie auf der anderen Seite kamen sehr direkt auf den Punkt. Ich nahm ein Stück Holz, das auf dem Boden lag und tat so, als hätte ich eine Kamera in meiner Hand.

„Sieh mal hier, Georges. Ich habe eine Kamera in der Hand und kann alles filmen, was ich möchte. Da, ich filme deinen Fuß, deinen Arm, dein Gesicht. Ich komme näher und filme deine Augen, deine Nase, ich gehe ein Stück zurück und filme dich im Ganzen. Da, jetzt gebe ich dir die Kamera und nun bist du dran. Was willst du filmen?"

Georges nahm die fiktive Kamera und begann zu filmen, was ihm in den Sinn kam. Ich schlug ihm vor, uns ein paar Anweisungen zu geben: Was sollten wir tun? Er fing an, sich wie ein echter Regisseur zu benehmen, während Andres ganz begeistert davon war, den Protagonisten zu spielen. Die beiden probten ihr „Nichts", das sie den Mädchen zeigen wollten.

Schließlich rief Annick uns zurück. Wir kehrten in den Hauptraum zurück, wo die Mädchen geprobt hatten. Sie sagte: „Wir haben auch ‚nichts' getan und möchten euch unser ‚Nichts' zeigen. Wer will anfangen?"

Andres, der die Hauptrolle in Georges Film spielte, brannte darauf loszulegen. Georges legte sich auf den Boden und schlief. In seinem Traum nahm er die Kamera hoch und gab Andres, dem Hauptdarsteller in seinem Film, Anweisungen: „Geh' ein Stück zurück, mach' das noch einmal, das ist schief gelaufen, schüttele einem anderen Darsteller die Hand." Dann stand er auf, die Kamera in der Hand, machte ein paar Nahaufnahmen, ein paar aus mittlerer Entfernung. Er trat zurück, bat uns zu lächeln, uns die Hände zu schütteln, uns hinzusetzen, aufzustehen. Kurz gesagt, er kommandierte uns herum wie ein richtiger Regisseur!

Ich fand die Idee ausgezeichnet, Annick ebenfalls. Sie schlug den anderen Jugendlichen vor, dasselbe zu machen, die fiktive Kamera zu nehmen und mit dem Filmen anzufangen. Es wurde uns bewusst, wie stark die mobilisierende Kraft des Spiels war. Das Prinzip war einfach. Mit einer Kamera in der Hand, real oder eingebildet, wurde das Individuum zum Protagonisten, ein aktives Subjekt und kein Objekt. Eine Kamera zu nehmen, wenn es auch nur eine eingebildete war, bedeutete, über eine Handlung zu entscheiden. Selbst wenn diese Handlung nichts zeigte. Selbst wenn sie nur ein Traum war.

Annick hatte gesagt: „Zeigt nichts!" Um dieses Nichts zu zeigen, war es notwendig zu handeln, also das Nichts zu verneinen. Dieses Bedürfnis fand seine Realisierung in der Notwendigkeit, die Kamera zu gebrauchen.

Die meisten der Jugendlichen nahmen bereitwillig die Kamera und benutzten sie, wie sie es für richtig hielten und wie es ihrem eigenen, persönlichen Stil entsprach.

Von diesem Zeitpunkt an war es einfacher, die Teilnehmer zu unterscheiden. Mein erster Eindruck war gewesen: „Sie sind alle geistig behindert." Dies war eine grobe Verallgemeinerung. Jetzt zeigte jeder mehr von sich und seinen individuellen Besonderheiten. Sie waren zweifellos alle behindert, aber sie waren nicht verrückt. Jeder von ihnen beeindruckte mich auf seine Art. Besonders Georges, der gerne Regisseur werden wollte und die ausgezeichnete Idee gehabt hatte, mit der Kamera zu spielen.

Als die Sitzung vorbei war, brachen Annick und ich zusammen auf. Ich berichtete ihr von meinen Eindrücken und meinte so nebenbei: „Weißt du, Annick. Dieser Georges … er schien nicht im Mindesten behindert zu sein. Ich würde sogar so weit gehen, zu behaupten, dass er ausgesprochen intelligent ist."

„Sicher" meinte Annick, „das war der Praktikant, von dem ich dir erzählt habe."

Ich hatte in der Tat völlig vergessen, dass auch ein Praktikant mitmachen wollte. Ich dachte darüber nach, warum ich das vergessen hatte. Mein Ausgangspunkt war gewesen, dass ich mit ein paar behinderten Menschen arbeiten würde, und daher hatte ich begonnen, überall Behinderte zu sehen. Von dem Augenblick an, als ich das Behandlungszentrum betreten hatte, war jeder für mich ein potenzieller Behinderter. Selbst der Direktor der Einrichtung, ein sehr höflicher Mann, war dieser Einschätzung nur entgangen, weil er über vierzig war und ich wusste, dass in der Einrichtung nur Patienten unter zwanzig akzeptiert wurden. Aber einige jüngere Lehrer waren mir etwas seltsam vorgekommen, sogar schwermütig, um nicht zu sagen – verrückt.

Einerseits war es gar nicht so schwierig, all diese Leute als geistig behindert zu betrachten, denn jeder hatte irgendeinen nervösen Tick, einen seltsamen Blick oder bewegte sich auf eine nicht ganz gewöhnliche Weise. Aber andererseits stellte sich hier wieder einmal die Frage: Was ist eigentlich „normal" und was nicht?

Nach dieser Erfahrung mit Georges begann ich, das Verhalten der anderen Lehrer und der Betreuungspersonen gegenüber den Jugendlichen genauer zu beobachten, wobei ich Ähnlichkeiten aber auch Unterschiede bemerkte.

Erstens konnten sie leicht unterscheiden, wer krank war und wer einen gesunden Geist hatte, außer im Fall einer Neuankunft wie bei mir. Wäre ich jünger gewesen, wäre ich Gefahr gelaufen, in die erstere Kategorie eingeordnet zu werden. Zweitens traten sie gegenüber den Patienten nicht besonders freundlich auf, sondern wirkten ziemlich bestimmt.

Ich beobachtete vor allem die Pfleger. Es war faszinierend, die Veränderungen in ihrer Physiognomie zu beobachten, wenn sie die verschiedenen Leute musterten. Wenn ihr Blick auf mich fiel, waren sie die Höflichkeit selbst, aber in dem Moment, wenn sie einen der Jugendlichen ansahen, nahmen sie Autorität an.

Angenommen, ich wäre wie Georges für einen Patienten gehalten worden, wie lange hätte ich diesem Bild widerstehen können? Einmal mit dem Image eines Verrückten behaftet, wie hätte ich die Leute vom Gegenteil überzeugen und vermeiden können, mich selbst dem Bild anzupassen? Dies hätte für mich eine große Anforderung bedeutet, wie schwierig aber wäre das für einen Heranwachsenden geworden?

Ich möchte nicht unterstellen, dass diese Jugendlichen krank geworden sind, weil sie vielleicht von ihrer Umgebung so eingeschätzt wurden. Es gibt mit Sicherheit andere Ursachen für geistige Erkrankungen wie alkoholsüchtige Eltern, eine Kindheit in schlechter Nachbarschaft mit Drogen, physischer Gewalt, Vergewaltigung, Promiskuität, der übliche Katalog des Unglücks. Und es war ohne Zweifel mehr als ein bloßer Blick nötig gewesen, um sie zu dem zu machen, was sie waren. Aber es beeindruckte mich sehr, wie ihre Umgebung sie betrachtete, eben deshalb, weil mir dies selbst unterlaufen war.

Fleury-les-Aubrais

Auf Einladung von Dr. Roger Gentis leiteten Cecilia Thumin und ich über eine Zeitspanne von zwei Monaten zweimal pro Woche einen Theater der Unterdrückten-Workshop in der psychiatrischen Klinik von Fleury-les-Aubrais. Wir hatten dreißig Teilnehmer: Schwestern, Ärzte und Angestellte der Klinikverwaltung.

Claude, ein Krankenpfleger, war der erste, der eine Geschichte für das Forumtheater vorschlug. Er erzählte uns, wie eines Samstagnachmittags, als er Dienst hatte, ein Jugoslawe in die Klinik eingeliefert wurde. Er hatte in einem Lokal ein paar Flaschen zu Bruch gehen lassen, Tische umgeworfen und ein paar Leute verletzt, weil seine Fußballmannschaft verloren hatte. Es sprach kein Wort Französisch, aber immerhin konnte er sagen: „Pas de piqûre! Pas de piqûre!" („Keine Spritze! Keine Spritze!"). Das war nicht viel, aber genug, um ihn vor Spritzen zu bewahren.

Der Patient wurde in einer Klinikzelle eingesperrt und der Arzt, der ihn auf seinen Allgemeinzustand untersucht hatte, verordnete ihm ein Beruhigungsmittel zur intramuskulären Verabreichung. Claude bekam als Krankenpfleger die Aufgabe, ihm die Dosis zu geben. Er ging zur Zelle des Patienten und sagte zu diesem: „Es wird nicht wehtun!"

Natürlich war die Antwort, die er darauf erhielt „Pas de piqûre! Pas de piqûre!", wobei sich der Patient in der hintersten Ecke der Zelle zusammenkauerte.

Claude war hartnäckig, aber die Antwort war eine totale und vehemente Verweigerung: „Pas de piqûre! Pas de piqûre!" Es war nichts zu machen. Claude versperrte die Zellentür und ging zurück ins Arztzimmer.

Aber der Arzt blieb unbeugsam: „Ich bin hier der Arzt. Meine Pflicht ist es, die Medikamente zu verordnen und Ihre Pflicht ist es, meine Verordnungen durchzuführen. Gehen Sie zurück und verabreichen Sie die Injektion."

Claude ging in den Aufsichtsraum und bat einige seiner kräftigeren Kollegen um Hilfe. Sie stürmten wie Waffenbrüder die Zelle, bemächtigten sich des Mannes, warfen ihn mit dem Gesicht aufs Bett, ignorierten sein Flehen „Pas de piqûre! Pas de piqûre!", und gaben ihm die verschriebene Injektion. Sie waren so wütend, dass sie ihm auch noch weit Schlimmeres angetan hätten.
Am Ende seiner Geschichte wurde Claude traurig und meinte:
„Was hätte ich tun sollen? Ich bin kein Arzt. Wenn ich nein gesagt hätte, hätte er mich degradieren können. Er hätte sich meiner Karriere in den Weg stellen und einen Bericht über mich schreiben können. Er bestand darauf, dass die Entscheidung in seiner Verantwortung läge, und das stimmte ja auch … Aber ich war derjenige, der die Sache ausführen musste. Also machte ich die Injektion, weil ich meine Arbeit brauche und keinen Weg sah, daran vorbeizukommen. Aber ich habe mich schuldig gefühlt, als ich den Kerl nach der Injektion angeschaut habe … er unterdrückte die Tränen … es war grässlich … Was hätten Sie an meiner Stelle getan?"
Damit hatte er die Kernfrage, die uns beim Forumtheater beschäftigt, angesprochen: Was hätten Sie getan?
Wir bereiteten daraufhin eine Einstiegsszene vor: Die Ankunft des Jugoslawen, die Befehle des Arztes, die erste Weigerung, die Rückkehr zum Büro des Arztes, die Suche nach den muskulösen Verbündeten und schließlich die Ausführung der Anordnung.
Claude hatte uns um eine öffentliche Aufführung des Forumtheaters gebeten. Wir kündigten unser Forum auf dem ganzen Klinikgelände an, das etwa zehn Gebäude umfasste. Das gesamte Personal sollte eingeladen werden: die Ärzte und besonders die Pfleger und Pflegerinnen.
Die Ankündigung wurde überall ausgehängt und es geschah das, was nicht hätte geschehen dürfen: Die Patienten bekamen Wind davon und wollten ebenfalls teilnehmen. Panik kam auf, denn wir hatten ein internes Forum geplant.
Würde es richtig sein, die Patienten zuzulassen? Sie spielten bei dem Projekt zwar eine Rolle, aber doch nur als Teil des Szenarios. Wäre es also sinnvoll, sie an der Diskussion, deren Objekt sie waren, teilnehmen zu lassen?
Die Ja-Stimmen waren in der Überzahl. Da das Theater der Unterdrückten eine demokratische Theaterform ist, konnten wir den Patienten den Zutritt nicht verweigern. Sie kamen voller Enthusiasmus und in Scharen: Achtzig Prozent des Publikums waren Patienten.
Um ehrlich zu sein, ich hatte regelrecht Angst. Es war das erste Mal, dass ich mit so einem Publikum konfrontiert war. Was sollte ich sagen und wie sollte ich die Dinge erklären? In über 35 Jahren professionellen Theaters habe ich tausend verschiedene Arten erprobt, die Animateur-Publikum-Beziehung aufzubauen. Aber bei diesem Publikum wusste ich nicht, wie ich den Kontakt herstellen sollte.

Cecilia schlug vor, ich solle mich verhalten wie immer, wenn ich Forumtheater mache. Und das tat ich dann auch. Ich erklärte die Regeln des Spiels und bot ein paar Übungen an, die immer sehr effektiv waren. Dabei fiel mir auf, dass die Patienten sich auf die Übungen mehr einließen als das Personal.
Später meinte Claude dazu: „Klar, das kommt daher, weil sie sich auf die Übung konzentrieren, während wir damit beschäftigt sind, uns auf sie zu konzentrieren."
Nachdem wir uns warm gemacht hatten und theatralische Kommunikation möglich war, begannen wir mit unserer Eingangsszene. Es war wunderbar anzusehen, dass zum ersten Mal Patienten einer Diskussion zwischen Ärzten und Pflegern beiwohnten, deren Gegenstand sie selbst waren. Sie sahen, wie die „andere Hälfte lebte" und sie entdeckten, was die Leute von ihnen dachten (was im Allgemeinen sehr von dem abwich, was man ihnen ins Gesicht sagte).
Die Szene war beendet. Ich wiederholte die Regeln des Spieles. Jeder, der eingreifen und eine Alternative erproben wollte, musste nur „Stopp" rufen. Die Schauspieler würden die Handlung unterbrechen, der Zuschauspieler würde den Protagonisten ersetzen und die Improvisation beginnen.
Wir begannen. Im Publikum herrschte eine gespannte Stille im Kontrast zu der Ausgelassenheit, die die Vorstellung der Modellszene begleitet hatte. Jetzt aber waren die Patienten selbst gefragt. Stille. Erste Sequenz, zweite Sequenz …
Der Claude-Darsteller (der niemand anderer war als Claude selbst) äußerte seine erste Drohung, die Spritze zu verabreichen. Stille. Der Jugoslawe stieß seinen Schrei aus: „Pas de piqûre! Pas de piqûre!"
„Stopp!" Es war Robert, der das Spiel unterbrach – ein seltsamer Patient, mit einem beachtlichen Repertoire an nervösen Ticks, den ich normalerweise durch die Gärten huschen und hinter die Bäume kriechen sah. Wir hielten inne. Robert stand auf und näherte sich der improvisierten Bühne.
Ich fragte ihn gegen meinen Willen in väterlichem Ton: „Hast du eine Idee, Robert? Du musst zeigen, was Claude deiner Meinung nach hätte tun müssen, was du an seiner Stelle getan hättest. Verstehst du Robert? Ist alles klar?"
„Es ist klar genug."
Claude zog seinen weißen Kittel aus und reichte ihn Robert, der ihn mit sichtlicher Freude anzog. Wie ein richtiger Schauspieler erfuhr er das Vergnügen, in das Kostüm des verkörperten Charakters zu schlüpfen und sich in eine Figur – den Krankenpfleger – zu verwandeln. Er betrat die Szene, während ich – unfähig meinen väterlichen Ton abzulegen – ihn nochmals anwies: „Robert, zeig uns, was Claude hätte tun sollen!"
Das Spiel ging an der Stelle weiter, wo es unterbrochen wurde, also an dem Moment, wo der Schauspieler den Protest des Jugoslawen spielte. „Pas de piqûre! Pas de piqûre!"

„Was?", fragte nun Robert. „Erklär mir das näher. Was meinst du?" Der Schauspieler-Jugoslawe (in Wirklichkeit eine junge Ärztin) improvisierte in einer fremden Sprache weiter und murmelte ein fiktives Serbokroatisch.
Robert ging zum Tisch, nahm das Telefon, wählte eine hypothetische Nummer und fragte: „Ist dort die jugoslawische Botschaft? Bitte schicken Sie dringend einen Übersetzer zum Hospital. Wir haben einen ihrer Landsleute hier, der uns etwas sagen will, aber wir verstehen kein einziges Wort."
Das Publikum war bewegt. So eine einfache Lösung konnte nur von einem „Kranken" gefunden werden. Wir, die „Gesunden", hatten nicht daran gedacht.
Robert, erfreut vom Effekt seiner Intervention, erklärte: „Was wäre, wenn er in seiner eigenen Sprache erklären wollte, dass er wegen einer Allergie keine Injektion wollte? Die Spritze hätte den armen Mann töten können."
Wir waren der serbokroatischen Sprache nicht mächtig. Aber das war kein Grund, nicht anzuhören, was der Mann uns zu sagen hatte. Um ihn zu verstehen, brauchten wir also einen Dolmetscher.
Viele andere Alternativen wurden an diesem Abend vorgestellt. Nicht alle gefielen den Zuschauern, ob „krank" oder „gesund". So wollte zum Beispiel eine Patientin das Vertrauen des Jugoslawen gewinnen, indem sie ihn mit einem Fußball ablenkte und ihm dann hinterrücks die Injektion verabreichte. Viele „Gesunde" und „Kranke" versuchten sich darin, durchführbare Lösungen zu finden.
Ein letzter Vorschlag kam von einer Patientin, die durch Gerichtsbeschluss zwangseingewiesen worden war, eine Frau um die Fünfzig, mürrisch, traurig, wortkarg. Mit der Weigerung des Jugoslawen konfrontiert „Pas de piqûre! Pas de piqûre!", küsste sie zum Abschied ihren weißen Kittel mit den Worten: „Er möchte keine Spritze, ich gebe ihm keine Spritze."
Und sie verließ die Bühne, ohne auf den folgenden Applaus zu warten. Sie ging zu ihrem Stuhl zurück und blieb dort, wortkarg, traurig, mürrisch. Eine „Kranke", die uns gerade an die Würde eines anderen „Kranken", des Jugoslawen, erinnert hatte. Seine Eingeschränktheit beraubte ihn nicht seiner menschlichen Würde: „Er will sie nicht, also gebe ich sie ihm nicht. Er hat das Recht, nein zu sagen und wir haben die Pflicht, das zu respektieren."

5. Voraussetzungen für den Gebrauch der Techniken des „Regenbogens der Wünsche"

5.1 Die Methoden

Die in diesem Buch vorgestellten Techniken können alle mit Hilfe bestimmter Methoden angewendet und variiert werden.
Diese Methoden, die ich im Folgenden vorstellen möchte, können dem Spiel Tiefe geben, da sie das Verständnis von Szene und Figur erleichtern.

5.1.1 Die „normale" Methode

Die normale Methode ist die reale Basis, auf der eine Ausgangsimprovisation aufgebaut ist. Ich sage real und nicht realistisch, da der Begriff realistisch im Theaterbereich mit Konnotationen überfrachtet ist. Das Ziel, das wir in der Improvisation verfolgen, ist Realität und nicht Realismus. Der Protagonist und die anderen Schauspieler müssen eher auf Wahrheit und Wahrhaftigkeit zielen, denn auf Wahrscheinlichkeit. Eine Improvisation kann real sein, auch wenn sie surrealistisch, expressionistisch, symbolisch oder metaphorisch ist. Eine Improvisation ist wahr, wenn sie gelebt wird.
Es ist von großer Bedeutung, dass sich die Spielleitung vor dem Beginn einer Improvisation nach der normalen Methode vergewissert, ob die Grundstruktur genügend theatralisch ist, damit sich die Improvisation überhaupt entfalten kann. Ausgangspunkt, Krisenmomente und sogar deren Auflösung können im voraus bekannt sein, ohne dass man weiß, in welcher Art sich die Handlung entfalten wird, denn jede Improvisation ist eine Suche und ein Entwicklungsprozess. Damit diese Suche effektiv verläuft, muss die Struktur der Situation, von der die Improvisation ausgeht, so dynamisch wie möglich sein. Aus diesem Grund sollte sich der Gruppenleiter vergewissern, dass jeder Schauspieler weiß, was seine Figur von ihm verlangt. Er muss die Akteure dazu anleiten, das Innenleben, die Bedürfnisse ihrer Figur intensiv zu leben und nicht nur auf der Bühne darzustellen. So lange jeder Bühnencharakter einen intensiven Wunsch hegt, werden diese Wünsche unausweichlich in einen Konflikt eintreten, aus dem dann die dramatische Aktion entspringt. Theater basiert auf Konflikten und nicht auf der Darstellung einer Bewusstseinslage. Der Höhepunkt der Krise bahnt sich an, wenn sich die Struktur der menschlichen Beziehungen so weit entwickelt hat, dass verschiedene Alternativen zu dem, was folgen kann, möglich sind. Das ist der Grund, warum wir uns im

Theater der Unterdrückten auf das chinesische Verständnis von Krise beziehen. Das Wort Krise beinhaltet hier zwei Bedeutungen, nämlich „Gefahr" und „Gelegenheit". Das Zusammentreffen dieser beiden Bedeutungen definiert „Krise", wie wir sie im Theater der Unterdrückten verstehen.

Der Protagonist soll daher in der Improvisation, die auf tatsächlichen Fakten aus seinem Leben basiert, am Krisenpunkt eine Alternative wählen, die ihm am nächsten liegt, oder eine unerwünschte Alternative, deren Konsequenzen er bedauert. Da im Zentrum des Konflikts die wesentlichen Aspekte der Beziehungen zwischen den Figuren angelegt sind, muss dieser Krisenpunkt studiert, analysiert und intensiviert werden.

Um die so genannte chinesische Krise zu erreichen, müssen die Wünsche und Ambitionen der Bühnencharaktere gesteigert werden. Theater bedeutet Konflikt, weil das Leben auf Konflikt gebaut ist. Theater ist Leben und Leben ist Theater.

5.1.2 Methode „Die Unterdrückung überwinden"

Sehr oft erzählen Teilnehmer Geschichten und schlagen Einstiegsimprovisationen vor, in denen der Protagonist extrem schwach, resigniert oder seiner Wünsche beraubt ist. Diese Haltung entsteht vor allem dann, wenn die Szene im wirklichen Leben schon stattgefunden hat. Und obwohl alles, was schon stattgefunden hat (in verschiedener Intensität), weiterhin stattfindet, hat der Protagonist oft schon aufgegeben, nach dem Motto: „So ist das Leben, da kann man nichts machen."

Wenn wirklich nichts mehr zu machen ist, wäre es nicht einmal mehr den Versuch wert. Aber gewöhnlich kann immer noch etwas getan werden. In dem Wunsch, eine real erlebte Szene zu erzählen oder eine Improvisation daraus zu gestalten, ist das Bedürfnis enthalten, das Geschehen erneut zu erleben, zu verwandeln und die gefundenen Varianten zu untersuchen. Aus diesem Grund sollten wir immer einen solchen Versuch unternehmen.

Manchmal kann die Ausgangsimprovisation zu dünn erscheinen, weil es ihr an Kraft, Interesse oder Tiefgang mangelt. Wenn das der Fall sein sollte, muss sie überarbeitet werden, um eine spätere Intervention durch die anderen Teilnehmer überhaupt zu ermöglichen und auch um dem Protagonisten selbst Anreize zu bieten, Alternativen zu erproben. Im Übrigen enthüllt der Protagonist in der ersten Improvisation häufig nicht, was ihm wirklich wichtig ist. Unsere Kreativität wird aber nicht stimuliert, wenn man sie mit einem zu schwachen oder uninteressanten Konflikt konfrontiert. Man kann dies mit einem Boxkampf vergleichen, bei dem einer der beiden Kämpfer auf Krücken in den Ring humpelt. So ein Kampf würde uns natürlich nicht interessieren, da sein Ausgang schon vor dem ersten Schlagabtausch klar ist. Genauso verhält es sich beim Theater und bei der Improvisation. Der Protagonist muss die Möglichkeit haben, zu obsiegen. Wenn jedoch in Anbetracht seiner Schwäche oder der extremen Ungleichheit der Kräfte der Protagonist unweigerlich zum Scheitern verurteilt ist, sollten wir keine Masochisten sein. Lasst uns das Theater nicht benutzen, um an einer Szene zu arbeiten, die uns unerbittlich zur Verzweiflung bringt.

Die Methode „die Unterdrückung überwinden" besteht im Wesentlichen darin, den Protagonisten zu bitten, die Szene auszuleben, und zwar nicht, wie sie sich wirklich abgespielt hat, sondern wie sie sich ereignet hat oder in Zukunft ereignen könnte. Dadurch wird der Protagonist aufgefordert, noch stärker als zuvor in der realen Situation, die Unterdrückung, der er ausgesetzt ist, zu überwinden. Aber auch die Antagonisten sollten nicht träge werden, sondern mit entsprechend stärkerer Entschlossenheit reagieren, so dass die gesamte Konfrontation intensiviert wird. Durch die Steigerung der Dynamik treten die Situation und auch die möglichen Alternativen klarer vor Augen.

Die Methode „die Unterdrückung überwinden" kann den Prozess der Dramatisierung und Klärung vertiefen. Sie reicht aber manchmal nicht aus, weil der Protagonist wesentliche Elemente der Szene nicht mehr erinnern oder wahrnehmen kann. In diesem Fall benutzen wir die „Stopp und denk nach"-Methode.

5.1.3 Die „Stopp und denk nach"-Methode

Die „Stopp und denk nach"-Methode" ist eine Probentechnik, die ich in vielen Jahren während der Proben im so genannten „normalen" oder professionellen Theater benutzt habe. Diese Methode beruht auf der Tatsache, dass wir unser Herz nicht davon abhalten können, zu schlagen oder unser Hirn nicht hindern können, zu denken. Unsere Sinne arbeiten ohne Unterlass. Wir erfassen ständig, was wir berühren, wir riechen fortgesetzt Gerüche, die wir einatmen, unsere Ohren hören nie auf, zu hören, unser Gaumen nimmt Geschmack wahr und selbst mit geschlossenen Lidern sehen wir, da wir die Augen des Gedächtnisses benutzen.

Die gerade erlebten oder erinnerten Empfindungen berühren uns ständig in unterschiedlicher Intensität und manchmal auch unmerklich. Sie lassen uns nachdenken und wir denken blitzschnell. Wir haben hunderte Gedanken pro Sekunde, das heißt das Denken ist schnell und unbezähmbar. Natürlich haben wir nicht die Kapazität, all diese Gedanken in Worte zu übertragen. Ein Wort besetzt Zeit und Raum. Es braucht Zeit, ein Wort auszusprechen, selbst wenn das Wort nicht laut gesprochen, sondern bei geschlossenem Mund im Kopf formuliert wird. Manchmal reicht der Bruchteil einer Sekunde für eine Idee aus; „Ich habe eine Idee" und die Idee ist da, vollständig, fertig, verzweigt, komplex. Aber wenn uns jemand bitten würde, die Idee, die als Gedankenblitz daherkam, in Worte zu kleiden, würden wir dazu lange brauchen. Das Denken operiert mit Lichtgeschwindigkeit, aber seine Übertragung in für Außenstehende verständliche Worte trottet daher wie ein Ochsenkarren. Fast nichts von dem, was wir denken, wird ausgedrückt. Millionen unserer Gedanken werden nie ausgesprochen.

Zur Methode, die relativ einfach ist. Wenn die Improvisation einmal im Gang ist, ruft der Spielleiter, wann immer er den Eindruck hat, dass eine Geste etwas verbirgt „Stopp!". Die Schauspieler müssen dann sofort in ihrer Bewegung verharren. Wenn ein Schauspieler beim Gehen gerade ein Bein in der Luft hat, muss er es in der Luft halten. Wenn ein anderer seine Hand nach einem Dritten ausstreckt und ihre Hände berühren sich noch nicht, dürfen sie sich auch dann nicht berühren. Wenn das „Stopp!" einen Schauspieler dabei überrascht, etwas anzuschauen, dass er gerade nicht anschauen wollte, muss er damit fortfahren. Wenn alle Schauspieler bewegungslos auf ihrem Platz innehalten, ruft der Spielleiter: „Denkt nach!" Immer noch bewegungslos, ohne irgendeine Zensur oder Selbstzensur, müssen die Akteure dann laut aussprechen, was ihnen als Figur gerade in den Sinn kommt. All diese Gedanken müssen sie ohne Unterbrechung in Worte verwandeln. Sie sollten dabei nicht nur ihrem Gehirn, sondern jedem Teil ihres Körpers erlauben, über seine Position im Raum und auch über seine Position in Relation zu den anderen Körpern und Objekten, nachzudenken. Nach einer Weile ruft der Spielleiter: „Aktion!", und die Schauspieler nehmen die Improvisation genau dort wieder auf, wo sie sie unterbrochen haben. Bei dieser Übung sollten die Schauspieler nicht darauf achten, was ihre Mitspieler äußern, sondern nur ihre inneren Monologe aussprechen. Dialoge sind nicht erlaubt.

Durch die Abwesenheit von Bewegung besteht die Gelegenheit, alle unausgesprochenen Gedanken oder Tabuthemen ans Licht zu bringen. Dabei entdecken wir Dinge, von denen wir nicht wussten, dass sie uns so beschäftigen. Aus diesem Grund kann uns diese Methode dabei helfen, das Verborgene, das Nicht-Wahrgenommene bewusst zu machen, auszusprechen und für andere verständlich zu machen.

5.1.4 Die „Sachte-sachte"-Methode

Mitunter gerät eine Szene sehr aggressiv. Gefühle, die im wirklichen Leben noch nicht explodiert sind, kommen nun ungebremst zum Vorschein. Allerdings ist bei den Spielern, die auf diese Weise agieren, die Kreativität oft eingeengt. Sie improvisieren nicht in die Tiefe, sondern investieren ihre gesamte Energie in physische Kraft, in Schreie, in rein äußerlich-muskuläre Verzerrungen und Spannungen. In solchen Fällen sollte die Spielleitung die „Sach-

te-sachte"-Methode vorschlagen. Nach einigen Minuten ungebremst aggressiver Improvisation – man sollte nicht vergessen, dass aggressives Spiel die Schauspieler „aufladen" kann – fordert der Spielleiter die Akteure auf, für den Rest der Improvisation mit leiser, fast unhörbarer Stimme und so langsam und deutlich wie möglich zu agieren.
Dadurch erreichen die Schauspieler ein hohes Maß an Selbstbeobachtung. Sie können nun aufmerksamere Zuschauer ihrer selbst und ihrer Handlungen sein, denn die Langsamkeit lässt jede Geste vergrößert erscheinen und die betonte Aussprache legt den wahren Inhalt der Worte bloß.
Die „Sachte-sachte"-Methode kann auch in Kombination mit anderen Techniken des Theaters der Unterdrückten eingesetzt werden (besonders bei der Anwendung der „normalen" Methode, wenn diese zu aggressiv ausfällt). Sie ist auch integrativer Bestandteil einer Technik, die wir später entwickeln wollen (Bild des Antagonisten). Darüber hinaus wird sie auch häufig bei Proben für konventionelle Theateraufführungen angewendet. Sie stellt die Sensibilität routinierter Schauspieler wieder her und erlaubt ihnen, ihre Beziehungen zu den übrigen Figuren mit größerer Klarheit zu erkennen.

5.1.5 Die „Blitzforum"-Methode

Während einer Vorstellung des „Forumtheaters" hat der Zuschauspieler das Recht, die Bühnenhandlung durch eigene Alternativen zu unterbrechen. Dafür braucht er allerdings Zeit und Raum sowie die Gewissheit absoluter Ruhe, damit er seine Strategie nach besten Kräften anwenden kann.
Die Absicht des Forumtheaters ist es, jede Alternative bis auf den Grund auszuleuchten. Da hier die vorgestellte Situation restlos analysiert werden soll, ist es von fundamentaler Bedeutung, dass jede Intervention der Zuschauer in völliger Freiheit und Sicherheit ausgeführt werden kann.
Beim „Regenbogen der Wünsche" kann das Forumformat jedoch nicht für die detaillierte Analyse jeder Zuschauerintervention genutzt werden, sondern nur als Weg, die Hauptperson mit einer Palette von (nur angedeuteten) Alternativen auszustatten. Beim „Regenbogen der Wünsche" steht also der einzelne Protagonist im Vordergrund, obwohl die Situation selbst auch wichtig ist. Hier soll nicht analysiert werden, was wir in der betreffenden Situation tun könnten, sondern was der Protagonist – sofern er dazu fähig ist – tun kann. Das Zentrum der Aufmerksamkeit wird auf den Protagonisten verschoben. Dabei stellt das „Blitzforum" ein hilfreiches Instrument dar, denn es bietet dem Protagonisten eine ganze Skala von Vorschlägen nach dem Motto: „Was wäre, wenn du das probieren würdest?" Die Ungenauigkeit der Vorschläge erlaubt dem Protagonisten später, sie seinen jeweiligen Möglichkeiten anzupassen.

Die Blitzforum-Methode besteht sozusagen aus einem Hochgeschwindigkeits-Forum. Dabei kann die Spielleitung die Teilnehmer in einer Reihe aufstellen und sie nacheinander vor dem Protagonisten improvisieren lassen, der sie beobachtet. Sie nehmen abwechselnd dessen Platz auf der Bühne ein. Dann verbringt jeder nur eine kurze Zeit (eine oder zwei Minuten) auf der Bühne, um seine komprimierte, aber intensive Alternative vorzustellen. Die Spielleitung achtet auf die Einhaltung der kurzen Zeitspanne und bittet den nächsten Akteur zum Weiterspielen auf die Bühne, ohne die improvisatorische Handlung zu unterbrechen. Der Antagonist fährt im Spiel fort, bis der letzte Schauspieler seinen Vorschlag ausprobiert hat oder bis der echte Protagonist seine Position einnimmt.

5.1.6 Die „Agora"-Methode

Die Agora-Methode verdeutlicht die inneren Kräfte, die nicht während der Bühnenhandlung sondern bei einem inneren Konflikt der jeweiligen Hauptperson mit sich selbst (z. B. in einer Spielpause) zum Tragen kommen.
Wenn wir eine Technik gebrauchen, die im Grunde den Willen oder die Wünsche des Protagonisten analysieren will (wie die spezielle Technik des Regenbogens der Wünsche), ist es ratsam, das Setting möglichst mit der Agora-Methode zu beenden. Hierbei sollte man den Protagonisten aus der Szene ausschließen und die übrigen Figuren, die die Wünsche des Protagonisten darstellen, miteinander in Dialoge und Aktionen verwickeln.
Die Agora-Methode kann auch angewandt werden, wenn mehrere Antagonisten im Spiel sind. In so einem Fall bleibt der Protagonist außerhalb des Spielgeschehens und es sind die Antagonisten, die dann in Konflikt miteinander geraten, Verbündete suchen und neue Strukturen schaffen.

5.1.7 Die „Jahrmarkt"-Methode

Das Nützlichste an der Jahrmarkt-Methode ist, dass sie die Schauspieler von dem außerordentlichen Druck befreit, der von der physischen Präsenz des Publikums ausgeht (auch wenn wir dieses letztlich als eine Gruppe von Zuschauspielern betrachten, die aktiv mitwirken sollen). Es besteht die Gefahr, dass die Schauspieler zu sehr unter Spannung geraten, wenn das gesamte Publikum auf die Beobachtung einer einzelnen Handlung konzentriert ist. Dann ist es Zeit für die Jahrmarkt-Methode.
Eine Anzahl von Improvisationen werden im ganzen Raum gleichzeitig ausgeführt, wie Buden auf einem Jahrmarkt, was den Schauspielern erlaubt, sich ausschließlich auf die eine zu konzentrieren, zu der sie gehören.

Das Rumoren in einem Raum voll improvisatorischen Spiels hat stimulierende Effekte und kann die Kreativität jedes einzelnen Schauspielers steigern. Paradoxerweise kann die Vervielfachung an Bewegungen und Geräuschen die Konzentration fördern, statt sie zu stören.
Für den Schauspieler bedeutet Konzentration nicht, sich in eine Art Nirwana-Zustand zu versetzen, in eine Form des Nichts. Für Schauspieler bedeutet Konzentration, mit aller Kraft und Intensität die Dinge wahrzunehmen, die ihnen in der Szene wirklich wichtig sind und mit denen sie in Kontakt kommen. Wenn ein solches „Ding" ein anderer Schauspieler ist, bedeutet Konzentration, einen intensiven Austausch mit diesem anderen zu etablieren und zwar durch Sehen und Gesehen werden, Geben und Empfangen.

5.1.8 Die „Drei-Wünsche"-Methode

Beim Beobachten einer Theaterszene in ihrer spezifischen Flüchtigkeit verstehen wir vielleicht das wirkliche Anliegen der Hauptperson, des Protagonisten nicht. Dies hindert uns daran, ihm Alternativen anzubieten.
Die Drei-Wünsche-Methode kann diese Problematik auflösen. Der Spielleiter fordert die Teilnehmer auf, in der Szene einzufrieren. Dann gewährt er dem Protagonisten die Erfüllung dreier Wünsche. „Erster Wunsch: Aktion!" Zehn Sekunden später: „Stopp!" Und so weiter, dreimal. Bei jedem Wunsch darf dieser das Bild tief greifend verändern, ohne dass die anderen Schauspieler ihn daran hindern oder ihn unterstützen. Der Protagonist selbst muss entscheiden, welche Veränderung er für nötig oder wünschenswert hält.
Manchmal biete ich dem Protagonisten nach einer ersten Serie von drei Wünschen drei weitere und danach nochmals drei Wünsche an. Es ist seltsam, aber fast immer wird er des Wünschens überdrüssig oder er hört nach dem dritten oder vierten Wunsch lieber auf. Dabei entdeckt er, dass es sein vordringlicher Wunsch war, das zu eliminieren, war er nicht wünschte, ohne dass er an diese Stelle etwas anderes setzen wollte.
Oft biete ich dem Protagonisten am Ende dieser Methode die Gelegenheit, einen letzten Wunsch auf die Bühne zu bringen. Dafür lasse ich ihm aber soviel Zeit, wie er braucht, um den Wunsch bis ins Letzte zu erarbeiten. Meistens wird mir geantwortet: „Das wird zu lange dauern", als wären die Zuschauer nicht bereit, seine Wünsche zu begreifen, als sei das Wünschen das Höchste, auf das wir hoffen dürfen oder als wäre es das Beste, den ersten Wunsch nicht wahr werden zu lassen, weil es danach immer noch einen zweiten Wunsch, einen dritten und einen letzten Wunsch gibt. Und doch ist unser Leben notwendigerweise ständig auf Wünschen und Bedürfnissen gebaut, selbst wenn der einzige Wunsch „wünschen" heißt. Wünsche ich etwas, oder wünsche ich nur zu wünschen?

5.1.9 Die „Spaltungs"-Methode

Manchmal tritt im Spiel zu Tage, dass es eine Diskrepanz zwischen den erklärten Wünschen der Figur und den eigenen Wünschen gibt. Die Spaltungs-Methode beruht darauf, den inneren Monolog vom äußeren Dialog und vom vorgeführten Wunsch zu trennen. Zuerst werden die Schauspieler gebeten, über mehrere Minuten ihre Gedanken in Worte zu fassen, während sie das Bild in eingefrorenem Zustand beibehalten. Dann werden sie gebeten, miteinander in Dialog zu treten, soweit dies ohne Bewegung möglich ist. Zuletzt müssen sie mit Hilfe einer stummen physischen Aktion versuchen, ihre Wünsche in Form eines bewegten, körperlichen Bildes in die Realität zu übertragen.

5.1.10 Die „Für Taube spielen"-Methode

Diese Technik ist besonders nützlich, wenn eine Szene auf Kosten von Aktion oder physischem Ausdruck zu sehr durch sprachliche Mittel geprägt ist. In diesem Fall hat man oft den Eindruck, die Szene würde sich nur als Hörspiel eignen. Beim „Für Taube Spiel" wiederholen die Schauspieler die Improvisation einer Szene so klar wie möglich, als ob sie sich einem tauben Publikum verständlich machen müssten. Die Gesten werden signifikanter, dichter, intensiver, denn die Schauspieler versuchen nun, ohne Worte und nur durch körpersprachliche Mittel auszudrücken, was vorher verbal mitgeteilt wurde – durch die Art der Bewegungen, die Auswahl der Objekte und den Umgang mit ihnen, die Dauer und das Tempo der Aktionen. Wenn wir keine Worte benutzen können, wird unsere Körpersprache zwangsläufig ausdrucksvoller.

5.2 Die Improvisation

Die meisten Techniken des „Regenbogens der Wünsche" beginnen mit einer Improvisation. Die Komplexität und der Reichtum der darauf folgenden Bildarbeit hängen von der Komplexität der ersten Improvisation ab. Damit dieser erste wichtige Schritt sich so dynamisch wie möglich entwickelt, sollte die Spielleitung einige Vorkehrungen treffen.
1. Die jeweilige Hauptperson muss jeden ihrer Mitspieler selbst aussuchen. Sie sollte es also nicht dabei belassen, sich nur „zwei Männer, zwei Frauen". zu wünschen. Nein, es ist Sache des Protagonisten, eine bestimmte Frau und einen bestimmten Mann auszuwählen. Die Spielleitung kann viel aus dem Verlauf dieser Wahl ablesen: Welche Schauspieler wurden gewählt und welche nicht? Wurde die Wahl schnell getroffen oder hat sie länger gedauert? Hat der Protagonist zwischen zwei Schauspielern geschwankt? Hat er eine Frau für ei-

ne Männerrolle gewählt? Warum? Während dieser Auswahlphase kann die Körpersprache des Protagonisten als eine Art Schreiben verstanden und auch gelesen werden.
2. Der Protagonist muss die Funktion eines Dramaturgen und Spielleiters ausüben. Er muss das Szenario zusammenstellen, die Konflikte und die psychologischen Charakteristika der Figuren aufzeigen und die Markierungspunkte der Szene vorgeben, wobei die Schauspieler den Anweisungen des Protagonisten genauestens folgen sollten.
3. Wenn sich die Improvisation als theatralisch schwach erweist (wenn zum Beispiel eine Gruppe Schauspieler lediglich einander an einem Tisch gegenübersitzt) muss der Spielleiter auf animierende Weise viele Fragen stellen: über den Ort der Handlung und seine Umgebung, über die Bewegung der Figuren, ihre Gewohnheiten, ihr Leben, ihre Beschäftigungen.
Dabei sind die Bewegungen besonders wichtig. Was machen die Figuren, während sie reden? Wandern sie umher? Wie ist es, während sie arbeiten? Wann und wie freuen sie sich?
Oft sind die Rituale der Unterdrückung in Bewegungen am stärksten verankert. Aus diesem Grund sollten die Akteure die Bühne bewusst betreten, denn bereits der Auftritt hat Signalwirkung.
Um die Anfangsimprovisation mit Details anzureichern, kann man die Schauspieler und Protagonisten auch bitten, auf die „Für Taube spielen"-Methode zurückzugreifen, also ohne Worte zu spielen. Diese Art der Probe kann Figuren und Szene beredter machen, da sie die Gesten, Bewegungen und Gesichtsausdrücke vergrößert.
4. Die Spielleitung muss vor allem darauf achten, dass jeder die Absichten und Bedürfnisse seiner Figur genau kennt. Theater basiert auf Konflikt und Aktion. Es reicht nicht, wenn ein Schauspieler nur etwas vorzeigt, vielmehr muss er etwas tun. Dabei hilft die Frage: Was will die einzelne Figur? Diese Frage ist absolut wesentlich, selbst wenn es das Bestreben der Rolle ist, nichts zu wollen.

5.3 Identifikation, Wiedererkennen und Resonanz

Viele der im zweiten Teil des Buches vorgestellten Techniken zielen auf die Konstruktion von Bildern, mal vom Protagonisten, mal von anderen Teilnehmern.
Um einen Komplex von Bildern zu dynamisieren, müssen die Schauspieler, die die Bilder herstellen sollen, starke und intensive Gefühle zum Geschehen entwickeln. Ich glaube, dass es im Hinblick auf die Ziele unserer Arbeit nur drei Arten von Beziehungen zwischen Schauspieler und Bild gibt, die zu fruchtbaren und kreativen Resultaten führen können:

Identifikation
Wir benutzen den Begriff Identifikation, wenn der Schauspieler sagen kann: „Ja, ich bin genau so." Identifikation ist die stärkste der drei Schauspieler-Bild-Beziehungen, denn sie speist sich aus der eigenen Persönlichkeit des Akteurs, seiner eigenen Sensibilität.
Das Bild bzw. die Rolle kann dadurch eher belebt werden als durch vages Wissen, das auf der Sensibilität anderer beruht.

Wiedererkennen
„So bin ich nicht, aber ich kenne diese Art von Person genau." In diesem Fall wird der Schauspieler durch seine Kenntnis eines „anderen" mobilisiert, durch Erfahrungen aus dem realen Leben, die er mit einem „anderen" gemacht hat. Er wird nicht durch eine direkte Beziehung zum Bild angeregt, sondern durch die Beziehung zu diesem „anderen", den/das er gut kennt. Diese Beziehung wird um so intensiver sein, wenn der Schauspieler eine oppositionelle Beziehung zu dem Bild bzw. zu der Figur hat, das/die er zu kennen oder wieder zu erkennen glaubt.

Resonanz
Resonanz ist der diffuseste, aber dadurch nicht unwesentlichere Typus der Schauspieler-Bild-Beziehungen. Resonanz ist extrem nützlich für bestimmte Techniken, die besonders ungewisse Beziehungen untersuchen und sich mit einer Art „Zufallssuche" beschäftigen. Von dieser Art der Beziehung kann man sprechen, wenn das Bild oder die Figur im Schauspieler Gefühle und Empfindungen weckt, die er nur vage identifizieren oder benennen kann. „Er ist so, aber er könnte auch anders sein." „Ich bin nicht so, aber so wäre ich gerne." „Es könnte schlimmer sein". „Ich weiß nicht, aber ich habe das Gefühl ..." und so weiter.
Die hier genannten drei Arten von Beziehungen zum Bild werden umso effektiver, je intensiver sie sind. Identifikation ist nicht wichtiger als Resonanz oder als Wiedererkennen. Alle drei sind hilfreich und werden zu Ergebnissen und Entdeckungen führen, die von Intensität und Leidenschaft abhängen, mit der der Schauspieler sich dem Bild oder der Figur widmet.

5.4 Die vier Formen der Katharsis

Wir sprechen von Katharsis, so als wäre sie in all ihren Formen gleich. Es gibt jedoch wesentliche Unterschiede, die sogar im Gegensatz zueinander stehen können.
Katharsis bedeutet im Griechischen Reinigung und Läuterung. Und genau darin liegt die einzige Ähnlichkeit zwischen den verschiedenen Katharsisformen. Das Individuum oder die Gruppe reinigt sich selbst von einem Element, das das innere Gleichgewicht stört.

Die Unterschiede der verschiedenen Katharsisbegriffe liegen darin, welche Aspekte jeweils gereinigt oder eliminiert werden. Für mich existieren vier Begriffe von Katharsis: die medizinische Sicht, die aristotelische Auffassung, die von Moreno vertretene Sicht und die Katharsis, wie sie im Theater der Unterdrückten verstanden wird (einschließlich der Techniken des „Polizisten im Kopf", deren integraler Bestandteil die Katharsis ist).

Medizinische Katharsis

Die medizinische Katharsis will die Ursachen physischer, psychologischer oder psychosomatischer Leiden von Individuen eliminieren. Sie will beseitigen, was seinen Ursprung innerhalb oder außerhalb des Individuums hat und dieses krank macht. Wenn ich z. B. etwas Ungesundes esse oder wenn ich Gift nehme, wird eine Reinigung im Austreiben dieses giftigen Elements bestehen und meine Gesundheit wird wieder hergestellt sein. Für jede Krankheit suchen wir die geeignete Medizin oder das Gegengift, um die Krankheit zu eliminieren und so unsere Körper zu reinigen oder unsere Seele zu trösten.
So sprach schon Aristoteles von „rhythmischer Katharsis". Der Arzt musste den „Rhythmus" der mentalen Krankheit seines Patienten aufdecken und ihn dann veranlassen, in diesem Rhythmus – von Musikinstrumenten begleitet – zu singen und zu tanzen. Man glaubte daran, dass dieser rhythmische Paroxysmus den durcheinander geratenen psychischen Rhythmus wieder in Fluss bringen und den Patienten zu Gleichgewicht und Ruhe führen könnte. Während die medizinische Katharsis (besonders durch Abführmittel) auf die Physis wirken soll, will die rhythmische Katharsis auf die Psyche einwirken (letztere wird auch von Moreno aufgegriffen).

Die Katharsis nach Moreno

Moreno hat sein Verständnis von Katharsis plastisch am berühmten Fall von Barbara dargestellt, einer Schauspielerin mit aufbrausendem, leidenschaftlichem Charakter, die außerhalb der Bühne aufkeimende Hassgefühle und Ausbrüche nicht kontrollieren konnte. Ihre Beziehungen zu anderen Menschen, insbesondere zu ihrem Mann, wurden immer schwieriger.
Barbara war Schauspielerin in Morenos Gruppe. Eines Tages sollte sie eine aufbrausende, leidenschaftliche Prostituierte spielen. Allein die Aufgabe, einen solchen Charakter zu spielen, der in einem Punkt identisch mit ihr war, reinigte sie von ihrer Heftigkeit und ihrem Hass, dem Grund ihrer Leiden. Endlich konnte sie ein soziales Leben führen, was sie sich immer gewünscht, aber bis dahin nicht erreicht hatte.

In der „Katharsis nach Moreno" wird eine Art Gift beseitigt. Man kann sagen, dass das Ziel das Glück des Individuums ist (in diesem exemplarischen Fall das von Barbara und ihren Nächsten).

Aristotelische Katharsis

Die aristotelische Katharsis ist eine tragische. Wie in meinen Studien im Theater der Unterdrückten gezeigt, braucht sie das Theater als Voraussetzung. Die Zuschauer einer griechischen Tragödie (übrigens auch die Zuschauer eines Hollywood-Westerns) durchleben einen Prozess, der mit der Erhöhung ihrer eigenen tragischen Fehler beginnt (gr. *hamartia*), die mit denen des Protagonisten, des Helden, übereinstimmen. Darauf folgt die *peripeteia*, der Umschlag des durch die Eingangsüberhöhung hervorgerufenen Glücks (Ödipus wird König, Bonnie und Clyde berauben erfolgreich Banken) in Unglück (Ödipus entdeckt sein Schicksal, Bonnie und Clyde haben Ärger mit der Polizei). Dieser Prozess endet mit der Beichte der Fehler *(anagnorisis)* – die mitleidsvoll von den Zuschauern aufgenommen wird und die dadurch ihre eigene Schuld *(mea culpa)* spüren – sowie mit der Katastrophe (Ödipus' Erblindung, der Tod von Bonnie und Clyde).
In der aristotelischen Katharsis wird immer die Tendenz des Helden eliminiert, das Gesetz zu verletzen, ganz gleich ob menschliches oder göttliches. Am Ausgangspunkt stellt Antigone die Rechte der Familie über das Gesetz des Staates. Oedipus will seinem Schicksal *(moira)* trotzen. Im klassischen Western wollen die unglücklichen Indianer General Custers Gesetze übertreten. Und was passiert all diesen Menschen? Sie scheitern! Dies versetzt die Zuschauer in Furcht, so dass sie sich der Katharsis überlassen, das heißt, sie reinigen sich von ihrem Wunsch nach Veränderung, da sie in der Fiktion diese Verwandlung schon erfahren haben. Das klassisch-konventionelle Theater will also durch den kathartischen Effekt der Entmachtung und Beruhigung das Individuum an die Gesellschaft binden. Für diejenigen, die mit den Werten der Gesellschaft übereinstimmen, ist diese Form der Katharsis offensichtlich sinnvoll. Aber stimmen wir mit allen Werten der Gesellschaft überein?

Katharsis im Theater der Unterdrückten

Im konventionellen Theater wird die Aktion des Schauspielers (oder der Figur) beobachtet. Beim Theater der Unterdrückten gibt es keine Zuschauer im Sinne von „spectare = sehen". Hier bedeutet zuschauen, eingreifender Mitspieler, selbst zur Handlung bereit zu sein. Bereits die Vorbereitung auf eigenes Handeln ist eine Handlung.

Im konventionellen Theater gibt es den Code des Nichteingreifens der Zuschauer; dagegen fordert das Theater der Unterdrückten das Publikum zur Intervention auf.

Im konventionellen Theater präsentieren wir Bilder der Welt zu Kontemplationszwecken. Im Theater der Unterdrückten hingegen werden Bilder präsentiert, damit sie zerstört und durch andere ersetzt werden können. Im ersten Fall ist die dramatische Handlung eine „fiktionale" Handlung, die eine „echte" Handlung ersetzt. Im zweiten Fall ist die auf der Bühne gezeigte Handlung eine Möglichkeit und die eingreifenden Zuschauer sind aufgefordert, neue Alternativen zu erfinden, die kein Ersatz für reales Handeln, aber immerhin Probehandlungen sind, die dem Handeln in der Realität vorausgehen.

In der konventionellen theatralischen Beziehung agiert der Schauspieler an meiner Stelle, aber nicht in meinem Namen. In einer Vorstellung des Theaters der Unterdrückten kann jeder eingreifen. Auch das Nichteingreifen ist schon eine Form der Intervention. Ich beschließe, auf die Bühne zu gehen, aber ich kann mich auch entscheiden, das nicht zu tun. Ich bin es, der entscheidet. Die Menschen, die auf die Bühne gehen, um ihre Alternativen zu probieren, gehen dort in meinem Namen hin und nicht an meiner Stelle. Ich bin genauso wie sie ein Zuschauer der neuen Art, ein Zuschauspieler. Ich sehe und ich handle.

Das Ziel des Theaters der Unterdrückten ist nicht Ruhe und Ausgeglichenheit, sondern ein Ungleichgewicht, das den Weg für eine Handlung vorbereitet. Sein Ziel ist die Dynamisierung. Diese Dynamisierung und die Handlung, die daraus resultiert (von einem Zuschauspieler im Namen aller in Gang gebracht) zerstört alle Blockaden, die ein ähnliches Handeln (im Alltag) verhinderten. Das heißt, sie reinigt die Zuschauspieler und produziert eine besondere Katharsis: Die Katharsis von den schädlichen Blockaden! Und die ist sehr willkommen!

Die Praxis

1. Die prospektiven Techniken

1.1 Das Bild der Bilder

Diese Methode sollte vor allem zu Beginn der Arbeit mit einer neuen Gruppe eingesetzt werden. Sie ist zudem hilfreich für die periodische Selbsteinschätzung einer Gruppe. Die Technik „Bild der Bilder" knüpft Beziehungen zwischen individuellen Einzelproblemen und kollektiven Problemen, die in einer Gruppe bestehen.

Erste Phase: Die individuellen Bilder
Die Teilnehmer bilden Gruppen von vier oder fünf Personen. Alle Mitspieler sollen innerhalb eines kurzen Zeitraums ein Bild einer Unterdrückung (die zur Zeit besteht oder die wieder geschehen könnte) herstellen. Dieses Bild kann realistisch, allegorisch oder surrealistisch sein. Das einzig Wichtige ist, dass es vom Protagonisten, von der jeweiligen Hauptperson, als wahr empfunden wird.
Der jeweilige Protagonist konstruiert sein Bild und nimmt dabei seinen Platz im Bild als Unterdrücker ein. Er darf während des Herstellungsprozesses des Bildes nicht sprechen. Vielmehr sollte er, um sich den anderen verständlich zu machen, die Spiegelsprache verwenden, also selbst die Geste oder den Gesichtsausdruck demonstrieren, den er wieder finden möchte. Oder er kann die Modelliersprache benutzen, also die anderen Schauspieler mit seinen Händen – wie ein Bildhauer seine Skulptur – formen. Das Sprechverbot ist notwendig, damit alle Mitspieler das Bild in seiner Komplexität wirklich wahrnehmen können, denn wenn ein Bild in Worte übersetzt wird, werden alle möglichen Interpretationen auf eine Einzige reduziert und dabei seine Polysemie (Mehrdeutigkeit) zerstört.
Der Protagonist muss seine eigene Position des Unterdrückten im Bild einnehmen und zugleich die anderen Teilnehmer in die Position rücken (sei es als Unterdrücker oder als Verbündeter), die er sich wünscht.
Während dieser ersten Phase konstruiert jedes der vier oder fünf Gruppenmitglieder nacheinander sein eigenes Bild zum gleichen Thema, wobei diejenigen, die schon modelliert wurden, nicht versuchen sollten, auf den Prozess Einfluss zu nehmen.

Zweite Phase: Die Parade der Bilder
In der zweiten Phase trifft sich die gesamte Gruppe wieder. Jede Kleingruppe geht nacheinander auf die Bühne und wiederholt vor aller Augen ihre Bildentwürfe noch einmal.

Bei jedem Bild bittet die Spielleitung die beobachtenden Gruppen um objektive und subjektive Kommentare. Werden subjektive Kommentare ausgesprochen, sollte die Spielleitung betonen, dass diese auf individuellen Wahrnehmungen, Gefühlen und Erinnerungen beruhen, die durch das Bild geweckt wurden.

Wenn beispielsweise im gezeigten Bild eine Person sitzt oder steht, ist das eine objektive Tatsache, die aber auf subjektiv verschiedene Weise aufgefasst werden kann. Das ist der Grund, warum der Spielleiter eine Unterscheidung zwischen Beobachtungen des Typs „Ich sehe dies oder das" (Dinge, die jeder sehen kann) und des Typs „Das sieht mir aus wie" oder „Mir scheint, dass ..." treffen muss.

Nachdem alle Bilder vor der ganzen Gruppe paradiert sind, versuchen Spielleitung und Teilnehmer die gemeinsamen Faktoren in den unterschiedlichen Bildern herauszustellen. Je nach Homogenität der Gruppe ähneln sich viele Gesten, Ausdrücke oder physische Beziehungen.

Dritte Phase: Das Bild der Bilder
Danach soll die Gruppe ein Gesamtbild formen, das die wesentlichen Elemente aller Einzelbilder enthält.

Um diesen Prozess zu unterstützen, kann man mit dem Bild des Hauptunterdrückten beginnen. Die Teilnehmer sollen dann nacheinander ihre Bilder des Unterdrückten zeigen und dann das Bild auswählen, das alle übrigen Bilder am besten repräsentiert (also nicht das vollkommenste, beste oder schönste, sondern das – aus nicht weiter zu erklärenden Gründen – am ehesten passende). Es können aber auch zwei Bilder als repräsentativ ausgewählt werden, wenn sie zwei wesentliche Versionen oder Charakteristika des Hauptunterdrückten ausdrücken.

Als nächstes werden um das Bild des Hauptunterdrückten nacheinander Bilder erstellt, die zu diesem in Verbindung stehen, das Tableau vollenden und die wichtigen Elemente aus den übrigen Bildern hervorheben. Es sollten jedoch nicht zu viele Bilder hinzuaddiert werden – es geht zwar um Komplexität, aber nicht um Komplikation.

Vierte Phase: Die Dynamisierung
Um das Bild der Bilder zu dynamisieren muss der Spielleiter die Beziehung des jeweiligen Spielers zu seinem Bild überprüfen.
1. Die Ausgangsfrage lautet daher, ob sich alle Teilnehmer mit ihren Bildern innerhalb des Gesamtbildes identifizieren können. Wer dies bejahen kann, bleibt bei seinem Bild. Wer dies eher verneint, wird gefragt, ob er sich mit den Bildern der Mitspieler identifizieren kann, die ihrerseits Mühe haben, sich in ihrem Bild wieder zu finden. Auf diesem Weg können die Teilnehmer innerhalb der Bilder ersetzt oder getauscht werden.

2. Falls dennoch einige Bilder übrig bleiben, mit denen sich keiner der Teilnehmer identifiziert, fragt der Spielleiter die Betreffenden, ob sie die Bilder oder Charaktere wieder erkennen. Die Akteure, die ihre Bilder wieder erkennen, bleiben im Bild. Wenn immer noch einige Bilder oder Charaktere nicht wieder erkannt werden (was wenig wahrscheinlich ist), stellt der Spielleiter den anderen Mitgliedern der Gruppe dieselbe Frage.
3. Wenn im seltensten Fall ein oder zwei Bilder nicht erkannt worden sind, fragt der Spielleiter wie immer zuerst die Schauspieler im Bild und dann den Rest, ob sie irgendeine Resonanz spüren.
Nachdem diese Teilnehmer/Bild-Beziehungen festgestellt worden sind, folgen die drei Formen der Dynamisierung.

Die erste Dynamisierung: Der innere Monolog
Ungefähr drei Minuten lang (die gewährte Zeit hängt von der Kreativität der Gruppe ab) sollen alle Akteure, die das nächste Bild herstellen sollen, ohne Unterbrechung die Gedanken ihrer Figuren in diesem speziellen Moment äußern. Ohne sich zu bewegen, benennen sie in einem ununterbrochenen Redefluss alles, was ihnen zur Situation der von ihnen dargestellten Figur in den Sinn kommt. Diese Phase liefert viel Stoff für die Bilderherstellung.

Zweite Dynamisierung: *Der Dialog*
Für weitere drei Minuten können die Schauspieler mit einem fingierten Partner in einen Dialog treten, allerdings ohne auf Bewegung/Körpersprache zurückzugreifen.

Dritte Dynamisierung: *Wunsch in Aktion*
Nun bewegen sich die Spieler sehr langsam, in Zeitlupe und ohne ein Wort zu äußern oder Geräusche zu verwenden, durch den Raum. Dabei versuchen sie, die Wünsche ihrer Figur zu demonstrieren. Diese Phase der Dynamisierung kann ebenfalls einige Minuten dauern.

Alziras Drohung

Im September 1988 haben wir in Rio de Janeiro das „Bild der Bilder" mit einer Gruppe von zwanzig Leuten angewandt. Wir gelangten zu einem Gesamtbild, in welchem der Hauptunterdrückte im Zentrum der Szene auf dem Boden saß. Er war unfähig zu gehen, da er die Hände zwischen die Beine gepresst hatte und so der Fähigkeit der Selbstverteidigung oder des Angriffs beraubt war. Seine Augen waren auf den Boden geheftet und nahmen nichts von dem wahr, was um ihn herum geschah. Diese drei Elemente tauchen sehr oft in den Bildern von Unterdrückten auf: Beine, die nicht gehen, Hände, die nichts fassen können, Augen, die nicht sehen. Alle Bilder, die um dieses Bild gruppiert werden, sind Bilder, die der Unterdrückte sich vorstellt, die er aber nicht wirklich sehen kann.

Um diese Zentralfigur herum errichteten die Teilnehmer eine wahre Mauer von Statuen:
1. Jemanden, der den Hauptunterdrückten direkt anschaut und anklagend einen Finger auf ihn richtet.
2. Jemanden, der fortgeht oder zumindest in eine andere Richtung schaut.
3. Zwei Leute, die sich zärtlich umarmen. Sie sind Außenseiter, die nicht in die Handlung der anderen verwickelt sind.
4. Eine Person, die hinter dem Hauptunterdrückten steht und die Hände auf seinen Kopf legt, als wollte sie ihn niederdrücken.
5. Eine andere Person, die dabei ist, ihm einen Tritt zu versetzen, aber noch keinen Kontakt hat.
6. Eine Autoritätsperson, die offensichtlich eine Rede hält.
7. Eine Frau (verkörpert durch Alzira) in der Haltung von jemandem, der fortgehen will und mit einem Blick, der zwischen Verzweiflung und Drohung schwankt.

Dies sind die Bilder, die die meisten in der Gruppe angesprochen haben und die am häufigsten, in ähnlicher Form, in den individuellen Bildern aufgetaucht waren. Die Gruppe fand die Figur 1 (mit dem Zeigefinger) sowie die Figur 6 (den Redner) am ärgerlichsten und störendsten, da sie die schlimmsten Unterdrücker repräsentierten. Die brutaler wirkenden Figuren 4 und 5 wurden zwar als aggressiv aber nicht als wirkliche Unterdrücker wahrgenommen, denn sie waren nicht internalisiert worden und die Furcht vor ihnen war eine rein physische. Die Figuren 2 und 3 lösten Irritationen aus, da sie das taten, was der Unterdrückte der Gruppe tun wollte, aber sich nicht traute, nämlich zu gehen oder zu lieben.

Am Ende war es das letzte Bild – Alzira, die gehen wollte, aber blieb, verzweifelt und zur gleichen Zeit drohend – mit dem sich die Mehrheit der Teilnehmer identifizierte. Alzira war ihnen näher als der Hauptunterdrückte, in dem sie sich selbst erkannt hatten (wir haben Beine, aber wir gehen nicht fort, wir haben Hände, aber wir halten nichts, wir haben Augen und wir sehen nicht). Alzira jedoch bewegte alle am meisten.

Wir gingen die drei Stationen der Dynamisierung durch. Im inneren Monolog hatte der Schauspieler, der das Bild des Unterdrückten verkörpern sollte, große Schwierigkeiten, etwas anderes zu sagen als „Nein": „Nein, ich möchte nicht. Ich will nicht gehen, Ich kann nicht, ich will nicht." Die übrigen sechs Bilder, die die Mauer bildeten, boten als inneren Monolog an:
1. „Ich muss ihn erschrecken, denn wenn er sich fürchtet, wird er mir gehorchen."
2. „Gedanken an die Zukunft: eine andere Arbeit, ein anderes Land, Freunde, ein neues Leben."
3. Liebesgedanken
4. „Ah, wenn ich nur wirklich auf ihm sitzen könnte."
5. Gedanken an physische Gewalt.
6. Narzisstische Selbstbetrachtung.

Das siebte Bild war in den ersten beiden Phasen der Dynamisierung absolut kohärent und sagte mehr oder weniger das, was man von ihm erwartet hätte (allerdings überraschte es uns in der dritten Dynamisierung, wie wir noch sehen werden). In dieser Phase zeigte die Figur den Hass, den sie gegen „diese Leute" empfand, ihre Unfähigkeit, sich solch mittelmäßigen Leu-

ten anzupassen, ihre Anti-Konformität, ihr Bedürfnis zu gehen, zu fliehen – egal wohin.
Die zweite Phase der Dynamisierung stellte sich folgendermaßen dar:
Eins beschuldigte den Unterdrückten, dilettantisch, unfähig, schwach und leer zu sein.
Zwei rief jemandem, den wir nicht sehen konnten, etwas zu und redete angeregt mit einem anderen, den wir nicht hören konnten, bis sie gemeinsam fortgingen.
Das Paar (drei) sprach von Liebe, wie es in seiner Situation normal ist.
Vier sprach seine Gedanken laut aus: „Ah, wenn ich doch nur könnte …" Dies fanden wir seltsam, denn da seine Hände nur wenige Zentimeter vom Hals des Unterdrückten entfernt waren, als ob er ihn erdrosseln wollte, hörte sich das „Ah wenn ich doch nur könnte …" eher wie ein „Ah, wenn ich doch nur wollte …" an.
Fünf zeigte aggressiven Größenwahn: „Das ist der Erste, ich werde an ihm ein Exempel statuieren, aber danach trete ich euch alle in den Hintern."
Sechs sagte: „Ihr hört mir nicht zu, also muss ich wohl andere Saiten aufziehen, damit ihr mich anseht und mir zuhört."
Alzira folgte immer noch ihrem Gedankengang, drohte zu gehen, sagte, wie unmöglich und abscheulich es für sie sei, zu bleiben. Sie sagte, dass – wenn sie ginge – die anderen unter ihrer Abwesenheit leiden würden und dass alles, was sie täten, um sie zu halten, umsonst wäre, denn sie hätte definitiv beschlossen zu gehen, heute, jetzt!
In der dritten Phase der Dynamisierung setzten alle Charaktere wie abgesprochen ihre Wünsche in Handlung, in Bewegung um:
Eins zeigte drohender als zuvor mit dem Finger auf den Unterdrückten.
Zwei ging aus dem Raum.
Das Paar (drei) rollte miteinander auf dem Boden.
Vier wich mit Gesten, die immer noch das Erdrosseln des Unterdrückten ausdrückten, an die Wand zurück, als ob in Wirklichkeit er der Bedrohte wäre.
Fünf rannte fort, offensichtlich zu Tode erschrocken.
Sechs stieg auf den Tisch, als ob er abheben wollte, um zu fliegen und um von diesem Aussichtspunkt aus alles zu sehen sowie sich von seiner Allgegenwärtigkeit überzeugen zu können. Und Alzira? Nun, Alzira drückte mit Gesten ihre Drohung zu gehen aus. Sie war aber unfähig, einen einzigen Schritt irgendwohin zu tun, eingefroren in eine physische Unbeweglichkeit, die in absolutem Gegensatz zu ihrer Drohung stand.
Als die dritte Dynamisierung vorbei war, fragte ich Alzira:
„Dein Wunsch ist also zu bleiben?"
„Nein, mein Wunsch ist weder zu bleiben noch zu gehen. Ich will drohen. Das ist meine Waffe. Wenn ich ginge, könnte ich nicht mehr drohen, weil ich ja weg wäre. Darum bleibe ich: nicht, weil ich nicht weg will, sondern weil ich intensiv diese Drohung benutzen will. Das habe ich herausgefunden …"
Viele Teilnehmer bestätigten, dass sie sich oft in genau dieser Situation befänden, eine Handlung anzudrohen, die sie in Wirklichkeit nicht ausführen wollten, wie z. B. einen Freund oder eine Gruppe zu verlassen. Alzira erzählte:
„Einmal habe ich damit gedroht, mich umzubringen. Ich sagte meinem Mann immer, dass ich eines Tages als Selbstmörderin enden würde. Zuerst entsetzte ihn das. Und mich auch. Ich

litt sehr, weil in meinem Kopf alles durcheinander war und allein wegen meiner Drohungen glaubte ich schließlich selbst an sie und sie entsetzten auch mich. Es ging bis zu dem Punkt, dass ich diese Drohung so oft benutzt hatte, dass mein Mann mir nicht mehr glaubte; meine Drohungen hatten immer weniger Einfluss auf ihn oder vielleicht hatte er sich auch damit abgefunden, Witwer zu werden.
Als ich merkte, dass die Selbstmorddrohung keine Wirkung mehr hatte, dass er anfing, sich darüber lustig zu machen, hatte ich keine Alternative, als wirklich einen Selbstmordversuch zu machen. Glücklicherweise waren die Tabletten nicht stark genug oder ich hatte nicht genug, jedenfalls ging der Versuch daneben."
Ich war nicht einverstanden:
„Im Gegenteil, der Selbstmordversuch war ein Erfolg. Wenn wir uns über das, was wir bisher gesagt haben, einig sind, wenn wir uns über das Verstehen dessen einig sind, was wir heute gesehen haben, müssen wir erkennen, dass der Selbstmordversuch nicht als Selbstmord gedacht war. Er war ein Versuch. Er ist sehr gut ausgegangen und vielleicht war er – ohne dass du es gemerkt hast – sehr gut ausgeführt. Du hast eine Tablette gewählt, die möglicherweise nicht stark genug war, du hast einige dieser Tabletten genommen, aber wohl nicht viele; es war gerade genug für einen Selbstmordversuch, aber nicht genug, um dein Leben wirklich in Gefahr zu bringen. Und du hast bekommen, was du wolltest: dein Mann bekam wieder Angst vor deinen Drohungen. Habe ich Recht?"
„Er hatte eine Mordsangst."
Das Gefährliche an „erfolgreichen" Selbstmordversuchen ist ihre Unsicherheit. Wieviel Tabletten braucht man? Welche Tablette ist die tödliche? Letztlich ist die beste Art, mit solchen Versuchen umzugehen, sie zu lassen.
Der Selbstmordversuch und die Drohung zu gehen sind charakteristisch für einen recht geläufigen psychologischen Mechanismus. Ein Mensch liebt und hasst eine Situation zugleich; er erfreut sich am Unglücklichsein, er genießt seinen Schmerz. Es ist schwer für ihn, auszubrechen, weil ihm die Situation Schmerz und Freude bereitet. Wir sind in der Lage, uns am Schmerz zu erfreuen, das Leiden zu genießen.
Wie sah es nun mit dem bedauernswerten Bild des Hauptunterdrückten aus? Es blieb da, halb verlassen. Es wurde kaum beachtet. Aber uns allen schien es, als wären dieses Bild und Alzira ein und dasselbe Bild, das eine unbeweglich, das andere in Bewegung. Das Bild des Unterdrückten deprimierte uns. Wenn wir schon Hände haben, warum halten wir nichts fest? Wenn wir Füße haben, warum gehen wir nicht? Wenn wir Augen haben, warum schauen wir auf den Boden? Das Bild Alziras aber schmerzte uns: Warum bleiben wir stets auf der Stelle, sogar wenn wir gehen?
Die dritte Phase der Dynamisierung – wenn die Charaktere ihre Wünsche in Bewegungen einbetten – bereitete uns eine Überraschung. Das Bild als Ganzes explodierte, jeder Charakter bewegte sich in eine andere Richtung. Wir sahen mit eigenen Augen, dass jedes Bild selbstbezogen war, sich an sich selbst erfreute, sich auf sich selbst begrenzte. In diesem Bild der Bilder wie auch in den anfänglichen Bildern, gab es keine richtige Struktur: All die Statuen standen einfach nebeneinander, aber nicht in einem Dialog miteinander. Es war ein großes Bild vieler kleiner Einsamkeiten.

Die Frauen, die Luciano an den Beinen festhielten

Im Oktober 1988 passierte in Kassel etwas Ähnliches. In der Vorbereitungsphase konstruierte der Teilnehmer Luciano ein Bild mit sich selbst im Zentrum und versuchte energisch, sich aus der Umklammerung von drei Frauen zu befreien, die ihn an den Beinen festhielten. Dieses Bild löste sich in das Bild der Bilder auf, aber am Ende fragte Luciano, ob wir dieselbe Sequenz zusätzlich auch mit seinem individuellen Bild vollziehen könnten. Wir waren einverstanden.

Im inneren Monolog sprach Luciano von seiner Verzweiflung darüber, nicht fortgehen zu können, weil ihn die drei Frauen an den Beinen festhielten. Im Dialog bat Luciano sie unaufhörlich, ihn loszulassen. Aber in der Phase „Wunsch in Aktion" mussten die drei Frauen sich physisch sehr anstrengen, Luciano festzuhalten (eine Anstrengung, über die sie sich in den vorhergehenden Phasen schon beklagt hatten); sie ließen ihn sofort los, um fortzugehen. Luciano, der sich bis dahin fortwährend über seine menschlichen Fesseln beklagt hatte, zögerte keine Sekunde. Er rannte hinter ihnen her und versuchte, sie zu zwingen, ihn weiter festzuhalten.

„Ich wollte mich weiter über diese Frauen, die mich an den Beinen hielten, beklagen können. Als sie mich losließen, war ich wütend, weil ich mich nicht mehr beklagen konnte. Im Monolog und im Dialog sagte ich, dass sie mich loslassen sollten, aber eigentlich wollte ich das Gegenteil. In der Phase ,Wunsch in Aktion' musste ich tun, was ich wirklich tun wollte. Ich glaube, weil ich mich nicht über mein Vergnügen freute, wollte ich zumindest mein Leiden genießen."

Diese Beobachtung Lucianos löste die folgende Reaktion bei Brigitte aus:

„Aber über welches Vergnügen redest du? In den meisten individuellen Bildern haben wir Menschen gesehen, die weggehen wollten, ohne wirklich zu wissen, wohin. Luciano, du selbst hast versucht, wegzulaufen, aber du hattest die Mauer vor dir. Wohin wolltest du laufen? Wir haben sogar drastischere Bilder gesehen, wie z. B. mein Bild, mit verschränkten Armen, die Augen auf den Boden gerichtet, auf dem Boden sitzend. Es ist komisch, dass wir als Gruppenbild das Bild eines Unterdrückten gewählt haben, der nirgendwo hingeht, der inaktiv und unterwürfig ist."

Das war richtig. Die meisten Bilder von Unterdrückten, die von den Betroffenen selbst gemacht werden, sind Bilder der Resignation und nicht der Niederlage in einem Kampf. In Brigittes Fall war das sogar noch offensichtlicher als sie gesagt hatte: Ihre Hände bedeckten ihre Augen. Obwohl die Augen verborgen waren, waren sie immer noch gesenkt und schauten auf den Boden. Und ihre Beine waren gekreuzt. Warum? Warum nicht hinschauen, warum nicht sehen?

Um ihre Augen zu schützen, zog sie es vor, nicht zu sehen. Wir konnten objektiv feststellen, dass Brigitte nicht sehen konnte. Und wir konnten ihr im Bild zeigen, welchen Eindruck ihr Bild auf uns machte.

Wir können verschiedene Techniken benutzen, mit oder ohne Sprache, unbeweglich oder dynamisch, kurz: Wir können aus Gefühltem oder Erlebtem Theater machen und ohne Worte sprechen. Besser noch: Indem wir uns entscheiden, keine Wörter zu benutzen, indem wir Theater der Unterdrückten spielen, machen wir Theater, machen wir Kunst, denn Kunst ist eine ästhetische Sprache, eine Sprache der Sinne.

Es ist wahr, dass der Körper von verschränkten Armen beschützt werden kann und auch, dass Hände, die die Augen verbergen, diese schützen können. Fäuste, die in einer kämpferischen Haltung geschüttelt werden, hätten eine ähnliche Schutzfunktion. Das können wir kategorisch feststellen. Aber nur Brigitte allein weiß, warum sie die eine und nicht die andere dieser Formen des Schutzes wählte.
Brigitte dachte einen Moment nach und rekapitulierte:
„Wir haben drei Bilder des Hauptunterdrückten gesehen: meines, auf dem Boden, ohne etwas zu sehen, ohne zu gehen, ohne etwas mit den Händen zu tun; Lucianos, der floh oder vorgab zu fliehen. Aber da war noch eins, das auch wiederkam: Der Körper, der vorausging, den Kopf zurückgewandt. Es wirkte wie jemand, der fliehen, aber nicht fortgehen will, der woanders hingehen möchte, aber nicht weg von hier, jemand, der weit weggehen will, während er doch ganz nah bleibt."
Dies waren die drei Hauptbilder. Alle drei hatten ein gemeinsames Charakteristikum: Der Unterdrückte hatte eine Beziehung zu den Bildern, die in seiner Nähe waren, aber kein entferntes Ziel. Es war, als ob er nur das reale Bild, nicht das ideale Bild sehen könnte, als ob es im realen Bild nichts Erstrebenswertes gäbe, keine idealen Ziele: „Ich will das nicht? Was will ich dann? Ich weiß nicht ..." Das Verb „wollen" fürchtet sich vor einem direkten Objekt. Handlungslosigkeit, Im-Kreis-gehen, Unfähigkeit, eine aggressive Situation zu durchbrechen, dies sind im Allgemeinen die Konsequenzen aus dem Nicht-Vorhandensein von Idealbildern. Es ist so viel einfacher zu gehen, wenn wir wissen, wohin ... Der spanische Dichter Antonio Machado schrieb:
„Caminante el camino no existe, el camino lo hace el caminante al caminar.", was man übersetzen kann mit: „Die Straße existiert nicht, der Reisende erschafft die Straße erst, indem er reist."

1.2 Das Bild des Wortes

Dies ist eine der ersten Techniken, die ich im Theater der Bilder benutzte. Sie besteht daraus, ein Wort zu finden, das sehr bedeutsam für die jeweilige Gruppe ist und dann die Teilnehmer zu bitten, mit körpersprachlichen Mitteln ein entsprechendes Bild zu erfinden. Das Wort kann ein Land, eine Region, einen Beruf, einen Zustand, eine historische Persönlichkeit oder ein kürzliches Ereignis bezeichnen. Es kann ein Substantiv oder Adjektiv sein.
Die Gruppe bildet einen Kreis und alle Mitglieder zeigen gleichzeitig ihre Bilder; dann gruppieren sie sich neu in Bildfamilien, die sich ähneln; abwechselnd spricht jede Familie die Wörter, die ihr zu dem betreffenden Bild einfallen, laut aus (diese Technik wird ausführlicher in meinem Buch „Theater der Unterdrückten, Spiele für Schauspieler und Nicht-Schauspieler, Frankfurt/M. 1989" beschrieben).
Die Bilder können mit dem eigenen Körper, mit dem eines anderen oder mit sovielen Körpern und Gegenständen wie möglich konstruiert werden.

1.3 Bild und Gegenbild

Diese Technik hat eine mobilisierende Wirkung, weil sie direkt oder indirekt die ganze Gruppe einbezieht. Sie hat auch den Vorteil, die Gruppe und jedes ihrer Mitglieder auf eine klarere Erläuterung der Probleme vorzubereiten, die sie diskutieren oder analysieren wollen.

Erste Phase: Die Geschichten
Der Spielleiter erklärt die Technik und fragt, welcher der Teilnehmer die Geschichte einer Unterdrückung erzählen möchte, die er erlitten hat und von der Gruppe bearbeitet sehen will. Das Ideal in dieser ersten Phase ist, dass die Hälfte der Teilnehmer anbietet, ihre Geschichte zu erzählen. Die Gruppe teilt sich dann in die, die Geschichten erzählen wollen (die Protagonisten oder Piloten), und die, die zuhören wollen (die Kopiloten). Jeder Pilot wählt seinen Kopiloten selbst aus und die Paare verteilen sich anschließend im Raum. Die Piloten erzählen dann leise ihren Kopiloten eine Geschichte. Es ist wichtig, dass Protagonist und Kopilot ihre Augen geschlossen haben, denn wenn Ersterer seine Augen öffnen würde, würde er die mimischen Reaktionen des Kopiloten wahrnehmen, was seine Erzählung wiederum beeinflussen könnte. Dadurch würde sich seine Konzentration mehr auf die Anwesenheit des Kopiloten richten als auf seine Geschichte und dadurch wäre er daran gehindert, sie noch einmal in aller Tiefe zu erleben.
Es ist genauso wichtig, dass auch der Kopilot seine Augen geschlossen hat, damit er sich nicht auf den Protagonisten konzentriert, sondern auf dessen Geschichte, die er dann umfassender aufnehmen kann.
Wenn die Fantasie des zuhörenden Kopiloten nicht ausreichend stimuliert werden sollte, kann und muss er auf neutrale Weise Fragen stellen: „Wann? Wie? Wo? Farbe? Temperatur? Wie sah das Haus aus? Waren Leute da? Wohin bist du gegangen? Warum hast du aufgehört? Warum hast du nicht dies oder das getan? Wurde Gewalt angewendet?"
Der Kopilot kann fragen, was er will, aber er darf dabei den Piloten nicht von seiner Hauptaufgabe ablenken: der Erinnerung an alle Details, die er braucht, um das fragliche Ereignis zu beschreiben und wieder zu erleben.
Wir betonen in dieser ersten Phase die Idee von einem Kopiloten, der dieselbe Reise wie der Pilot machen und nicht die Rolle des Beobachters oder gar Voyeurs einnehmen sollte. Seine Fragen dienen daher auch dazu, dass er selbst die Szene erleben, also ähnliche Eindrücke und Gefühle wie der Pilot entwickeln kann.
Der Spielleiter gibt den Paaren ausreichend Zeit. Eine Viertelstunde ist in den meisten Fällen genug. Nicht alle Paare werden die gleiche Zeit brauchen. Wenn der Spielleiter sieht, dass die meisten die Übung beendet haben, sollte er dies den anderen mitteilen, ihnen aber noch ein paar Minuten zur Verfü-

gung stellen, damit die Geschichten nicht von außen unterbrochen werden. Man sollte tunlichst vermeiden, die Gefühle von Erzählern oder Zuhörern zu verletzen.

Zweite Phase: Die Gestaltung zweier Bilder
Nach der Erzählphase treffen sich alle im Plenum wieder und der Spielleiter fragt, welche Paare in der Lage gewesen sind, klare und starke Bilder für ihre Geschichte zu finden.
Wenn sich das erste Paar meldet, beginnt die zweite Phase: Rücken an Rücken, so dass eine gegenseitige Beobachtung ausgeschlossen ist, konstruieren Pilot und Kopilot jeder für sich ein Bild der Unterdrückung mit Hilfe aller verfügbaren Gegenstände und/oder mit Hilfe anderer Teilnehmer, wobei alles in das Vokabular dieser visuellen Sprache aufgenommen werden kann. Ein wesentlicher Teil der Gruppe sollte unbedingt als Beobachter fungieren.
Der Pilot konstruiert das Bild der Geschichte, die er erzählt hat, der Kopilot das Bild der Geschichte, die er gehört hat. Es müssen keine realistischen oder glaubwürdigen Bilder erfunden werden, sondern lebendige und subjektive Umsetzungen ihres inneren Erlebens. Es ist keine Fotoreportage eines Ereignisses beabsichtigt, sondern seine poetische Bearbeitung, also Wahrheit statt Oberflächlichkeit. Rücken an Rücken, ohne das Bild zu sehen, das der andere erstellt, konstruieren die Akteure ihre Bilder und begeben sich zuletzt selbst hinein, der Protagonist-Pilot in seine eigene Position, der Kopilot in die Position des (unterdrückten) Erzählers, wie er sie verstanden hat.

Dritte Phase: Beobachtungen zu beiden Bildern
Danach sollte ein Austausch über Beobachtungen von Ähnlichkeiten und Unterschieden zwischen den Bildern angeregt werden und zwar besonders in Bezug auf die folgenden Bereiche: Die Position der Protagonisten-Figur (in Beziehung zu sich selbst und zu anderen), die Entfernungen zwischen den Figuren, die Anwesenheit/Abwesenheit einer Figur und die Anzahl der versammelten Figuren.
Dabei gibt es die objektive Ebene der Beobachtung, über die man nicht diskutieren kann (weil dies alle gesehen haben) und die subjektive Ebene, die mit Bemerkungen wie „Mir scheint, dass ..." umrissen wird.
Es ist sehr aufschlussreich, zu hören, was die beiden Bilder-Konstrukteure über ihr selbst hergestelltes Bild sowie über das des anderen zu sagen haben. Diese Phase kann auch neugierig machen, nach der wahren Geschichte hinter den Bildern zu fragen, wobei der Spielleiter entsprechenden Fragen Einhalt gebieten sollte. Diese Striktheit erlaubt uns, mit der eigenen Realität des Bildes zu arbeiten, das wir vor uns sehen und nicht mit dem Bild der Realität, die nur dem Paar Pilot-Kopilot bekannt ist. Wenn wir die reale Geschichte kennen würden, würde diese Phase zwangsläufig verfälscht, denn sie verlöre

ihre analytische Tiefe und der Austausch von Ideen liefe auf eine Serie von Vermutungen, auf eine Art Gesellschaftsspiel hinaus.

Vierte Phase: Die Dynamisierungen
Die Dynamisierungen können ganz verschieden sein, je nach Art der Bilder und entsprechendem Gruppeninteresse.

a) Die drei Wünsche
Zuerst sollte man die Methode der drei Wünsche benutzen. Der Protagonist nutzt die Gelegenheit zur fiktiven Erfüllung von drei Wünschen und verändert sein Bild dreimal im Hinblick darauf, was er wirklich will. Der Kopilot als Protagonist in seinem eigenen Bild kann entweder ausdrücken, was er für die Wünsche des Protagonisten hält oder deutlich machen, was dieser sich seiner Meinung nach wünschen sollte. Am Ende dieser Phase koordiniert die Spielleitung wieder einen Austausch zwischen beiden Partnern – auch im Hinblick auf den eingeschlagenen Weg und die Reihenfolge der Entscheidungen.
Wie zuvor sollte dies immer sowohl auf der objektiven als auch auf der subjektiven Ebene geschehen, also entweder nach dem Motto „das passierte auf diese oder jene Art, wir haben es alle gesehen" oder nach dem Motto „das schien mir dies oder das zu bedeuten". Niemand interpretiert, aber jeder darf seine Projektionen ausdrücken.

b) Die Überprüfung der Wünsche
Der Spielleiter bittet Pilot und Ko-Pilot in ihre Ausgangspositionen zurückzukehren. Dann sollen beide in Zeitlupe in ihren eigenen Bildern agieren und versuchen, die gleichen Bewegungen und Variationen wie bei der Dynamisierung der drei Wünsche auszuführen. Aber diesmal versuchen auch die übrigen beteiligten Mitspieler, herauszufinden, wen sie verkörpern und übereinstimmend mit ihren eigenen Gefühlen zu handeln.
Die betreffenden Mitspieler sollen also nun ein Eigenleben entwickeln und sich – immer noch in Zeitlupe agierend – entweder den Wünschen des Protagonisten in den Weg stellen oder diese unterstützen, falls sie aus ihrer Sicht verbündete Charaktere darstellen. Danach sollte ein erneuter Austausch von Ideen und Eindrücken stattfinden.

c) Die Piloten tauschen die Plätze
Nachdem jeder zu den ursprünglichen Bildern zurückgekehrt ist, bittet der Spielleiter den Protagonisten sowie den Kopiloten, die Plätze zu tauschen, sodass jeder nun genau in dem Bild platziert ist, das vorher vom anderen besetzt war. In diesen neuen Positionen werden die beiden vorigen Dynamisierungen wiederholt. Möglicherweise enthält das Bild des Kopiloten mehr Wahrheit, als das des Protagonisten.

Der Tanz mit dem Kopiloten
In Kassel wollte eine Frau namens Berta Bild und Gegenbild gleichzeitig darstellen. Ich wies sie darauf hin, dass sie das Bild herstellen müsse, was ihrer Sicht der Geschichte entspräche, dass aber das Gegenbild von ihrer Kopilotin (Martha) konstruiert werden müsse. Daher bat ich beide, ihre eigenen Bilder zu entwickeln. Martha, die Kopilotin, konstruierte sofort ihr Bild mit Hilfe einige Mitspieler: Zwei Männer arbeiteten (sie malten Bilder) und sprachen miteinander hinter einer hohen Mauer aus Tischen. Martha selbst stellte Berta (die Protagonistin) dar, die durch die Mauer aus Tischen daran gehindert wurde, mit den Männern Kontakt aufzunehmen (und umgekehrt). Berta war sehr unschlüssig. Sie brauchte lange, um Teilnehmer für ihr Bild auszuwählen und schließlich sah sie uns an und sagte, dass sie niemanden benötigte.
Wir diskutierten die offensichtlichen Unterschiede:
Wenn wir Bertas Bild ansahen, mussten wir uns auf sie konzentrieren, weil sie allein agierte und nur sie selbst war. Martha hingegen versuchte, in ihrem Bild jemanden zu sehen, der sie nicht sehen konnte. Berta hatte nicht den Wunsch, irgendjemanden zu sehen. Sie wollte von allen gesehen werden. Wir fingen mit der Sequenz der drei Wünsche an.
Martha führte ohne zu zögern folgende Wünsche aus:
1. Sie schob die Tische auseinander, wie jemand, der eine Tür öffnet oder eine Mauer niederreißt.
2. Sie drehte die Gesichter der Männer, so dass diese sie ansahen.
3. Sie küsste die beiden Männer und setzte sich zu ihnen auf den Boden.
Bei Berta war alles anders:
1. Sie vollführte einige nervöse Gesten, machte ein paar unzufriedene Geräusche, aber stand unbeweglich auf der Stelle und blieb allein.
2. Sie nahm drei Zuschauer bei der Hand, führte sie auf die Bühne, setzte sie einander gegenüber und blieb allein, außerhalb des Dreiecks; sie sah sich um, aber fand nichts zu tun.
3. Sie nahm die drei Männer und zerstörte das Dreieck, indem sie sie nebeneinander setzte und so zwei Zuschauergruppen für sich selbst schuf: uns und die drei Männer vor uns.
Wir diskutierten, was wir sahen. Auf der einen Seite war Martha, die beide Männer küsste; war das der Wunsch, den sie Berta zuschrieb oder war es ihr eigener? Auf der anderen Seite war Berta, die vor zwei Zuschauergruppen spielte.
Ich entschied, meine Rolle als gute Fee weiterzuspielen und gestattete ihnen drei weitere Wünsche. Beide waren verblüfft über dieses unerwartete Angebot. Martha, die Kopilotin hielt inne, aber Berta machte – immer noch aufgeregt – weiter. Ihre Wünsche:
4. Wunsch: In einem Anfall von Gewalttätigkeit stieß sie einen der Männer zu Boden, zögerte aber bei den anderen in dem Moment, als sie sie umstoßen wollte und hatte während der restlichen Zeit eine angespannte, drohende Haltung.
5. Wunsch: Sie gab ihre aggressive Haltung auf und fing an, ganz für sich allein zu tanzen.
6. Wunsch: In einer schnellen Bewegung stieß sie die beiden anderen Männer zu Boden, brach in den Raum der Kopilotin ein, zerstörte das Gegenbild, nahm Martha bei der Hand und sah sie von oben bis unten an, als ob sie sie abschätzen wollte … und die Sekunden verstrichen und ihr sechster Wunsch näherte sich seinem Ende …

„Gib mir noch einen Wunsch!", bat sie wie im Fieber.
Ich dachte einen Moment darüber nach, was ihre Erregung noch erhöhte.
„Los! Gib mir noch einen!"
Ich gestattete ihr diesen siebten Wunsch. Berta sah Martha an, die wie gelähmt dastand, lächelte sie an, umarmte sie und begann, fröhlich mit ihr zu tanzen oder besser herumzuwirbeln und die Männer im Gegenbild zu erschrecken, indem sie sie anrempelte. Immer noch mit ihrer Kopilotin tanzend drang sie wie ein Elefant im Porzellanladen in unseren Zuschauerraum ein und ließ sich – ohne uns wahrzunehmen – auf uns fallen.
„Fandet ihr es gut?", fragte sie ängstlich.
Ich erklärte ihr, dass wir nicht die Zuschauer eines Theaterstückes oder einer Show wären, die man gut oder schlecht finden könne. Die „Tanzshow", die sie uns geboten hatte, sei das unwesentlichste Element ihrer Szene gewesen sei. Wesentlicher sei es hingegen, dass sie uns etwas „angeboten" habe. Berta hatte uns den Tanz, die Aggression und das Gewicht ihres eigenen Körpers „angeboten", und das war nicht gerade wenig! Sie hatte uns etwas angeboten, um das wir nicht gebeten hatten. Sie war an uns nicht interessiert, sondern gab uns das, was sie uns geben wollte. Sie stopfte uns quasi ihre Geschenke in den Mund und wir mussten sie hinunterschlucken. Sie kümmerte sich genauso wenig um unsere Wünsche wie sie sich in ihrem Bild um unsere Anwesenheit gekümmert hatte, als sie sich allein darstellte.
Berta hatte ihr fehlendes Interesse an denen gezeigt, die sie eigentlich für sich interessieren wollte, wie ein Filmstar, der sein Publikum liebt, aber nicht die Menschen, aus denen es besteht. Wir schützten uns andererseits vor dieser Aggression wie die beiden Männer im Gegenbild und bauten Barrikaden auf: die Männer eine Barrikade aus Tischen, wir eine Barrikade aus Wörtern.
In Bertas erstem Bild, waren die anderen Menschen so weit weg, dass sie diese nicht auf die Bühne holte. Aber da waren wir, die anderen Menschen, die Zuschauer, die in ihrer Nähe waren und die sie ebenfalls nicht sah. Sie sah uns nicht, aber sie wollte, dass wir sie sähen.
Dieser Wunsch, von denen gesehen zu werden, die man nicht sehen will, wurde in Marthas Gegenbild auf ästhetische Weise entlarvt. Allerdings zeigte die Kopilotin nicht Bertas, sondern ihre eigenen Wünsche, nämlich das Bedürfnis, mit anderen zusammen zu sein.
Die Menschen, die im Gegenbild und in Bertas letzten Wünschen auftauchen, waren allesamt Männer. Die Frauen in der Gruppe wurden völlig übersehen. Berta hatte ihr Publikum aus Männern zusammengestellt, war in die Gruppe der Männer im Gegenbild eingebrochen und hatte sich selbstverliebt mit Martha im Arm auf die Männer im Zuschauerraum geworfen.
Obwohl sie ihre Eigenliebe aus der Begegnung mit Männern bezog, richtete sie trotzdem ihre Aggressionen auf die Männer. Sie war über die Passivität der Männer verärgert, die durch die Spielregeln der Technik ‚Bild und Gegenbild' zustandekam, das sie sie als Gleichgültigkeit gegenüber ihrer Person empfand.

Lord Byron: Zeit zu gehen

In einem seiner schönsten Gedichte sagt Lord Byron: „Es gibt eine Zeit zu gehen, sogar wenn es keinen sicheren Ort gibt, wohin man gehen kann." Das ist wahr. Oft fühlen wir die dringende Notwendigkeit fortzugehen. Wohin? Wir wissen es nicht. Wir wissen nur, dass wir auf-

brechen müssen. Aber wenn man nicht weiß, wohin, fällt das Gehen schwer. In Graz schlug der Teilnehmer Paulo im Oktober 1988 ein Bild vor, an dem er arbeiten wollte: Eine Frau hinter einem Tisch versuchte ihn zu fangen. Die Teilnehmer bestanden darauf, diese Frau „die Mutter" zu nennen, was aber nicht die Möglichkeit ausschloss, dass sie auch „die Ehefrau" oder „die Schwester" hätte sein können. Allerdings verkörperte die Darstellerin in diesem Bild wahrhaftig die Inkarnation einer „Mutter".
Das Bild bestand nur aus diesen drei Elementen: einem Tisch in der Mitte, der als Hindernis und Mittel der Trennung diente, der aber auch die Körper von Paulo und seiner „Mutter" in einem einzigen Bild vereinte. Hermann, der Kopilot, konstruierte das gleiche Bild.
Ich bat sie beide, „zooming out" zu probieren: Wie in einem Film, wo die Kamera zurückgeht, wird das Blickfeld vergrößert und zeigt andere Charaktere oder Kulissen.
Ohne viel nachzudenken stellte Kopilot Hermann drei Figuren vor das Bild des Protagonisten Paulo (gespielt von Hermann), zwei Mädchen und einen Jungen, als ob sie gerade wegliefen. Nach vielem Nachdenken nahm Paulo niemanden in sein Bild. Er änderte nur die Richtung seines Blicks: statt zur weiter entfernten Wand zu schauen, blickte er jetzt zum Fenster, das ein wenig näher war.
Wir setzten anschließend die Methode der drei Wünsche ein:
Hermann vergaß sofort die „Mutter" und ging zu den drei anderen Figuren. Er umarmte die beiden Mädchen, aber schloss den Jungen aus. Danach verließ er die Gruppe und ging weiter.
Paulo sah zurück und fixierte seine Mutter mit einem stählernen Blick. Dann blickte er zum Fenster, um schließlich dort hinzugehen und sah hinaus.
Hermann wählte die Tür beim Eingang, der voller Menschen war.
Paulo wählte die Fenster, die auf die Leere blickten. Er wollte weg von dem Ort, wo er war. Er untersuchte diesen Ort, hatte eine Beziehung zu der Person, die er verlassen wollte und war sich seiner selbst in diesem Raum bewusst. Als Paulo nach draußen sah, blickte er in die Unendlichkeit, in die Leere, wo nichts und niemand war.
Hermann wollte lieber mit einem Ziel vor Augen weggehen. Zuerst ging er zielstrebig zur Gruppe, dann nahm er Kontakt zu den Frauen auf und schließlich fuhr er fort mit seiner Reise zu einem Ort, wo es Menschen gab.
Der Bezugspunkt des einen war und blieb genau die Situation, die er eigentlich verändern wollte, die ihn aber gefangen hielt. Der andere projizierte seinen Wunsch weiter weg und benutzte seine Energien nicht dazu, von etwas Naheliegendem wegzukommen, sondern etwas Entferntes zu erreichen. Der eine bewegte sich dynamisch fort, der andere schaute lediglich zurück. Es gibt eine Zeit zu gehen ...

1.4 Das Kaleidoskop-Bild

Diese Technik versucht Ungenauigkeiten, Ambivalenzen und Mehrdeutigkeiten zu nutzen, die sich mit der Wahrnehmung einer Szene oder eines Ereignisses verbinden können. Manchmal müssen wir die genauen Grenzen einer Szene kennen und uns ihrer „Einmaligkeit" oder „Eindeutigkeit" versichern. Manchmal sollten wir allerdings nicht nach den Abgrenzungslinien suchen, sondern Nebulöses, Überlagerungen und Doppeldeutigkeiten aufspüren, weil im Reich der Vermutungen und des Unbestimmten ein Wissen verborgen ist, das auf ästhetische Weise entdeckt, gesehen und gefühlt werden kann. Ich möchte wiederholen, dass dieser Effekt (was für einen therapeutischen Effekt das Theater der Unterdrückten auch haben mag) allein durch sinnlich-ästhetische Mittel erreicht wird, weil das Medium, mit dem wir uns beschäftigen, die Kunst ist.

Die Kaleidoskop-Technik beschäftigt sich daher mit dem Zufälligen und Ungewissen. Sie arbeitet mit Rohmaterial, mit Spreu und Weizen, mit unbehauenem Marmor, aus dem die Gesichtszüge einer Statue erscheinen. Dabei ist es nicht wichtig zu entscheiden, dass etwas genau dies ist und nicht das, denn: Etwas ist dies und zugleich auch noch etwas anderes.

Erste Phase: Die Improvisation
Der Protagonist „schreibt" und „inszeniert" seine Geschichte, in der er sich selbst spielt. Er gruppiert andere Schauspieler hinzu, die genau seinen Anweisungen folgen und innerhalb der auferlegten Grenzen auch selbst Dinge hinzu erfinden können, die (wie bei jeder Improvisation) der eigenen Lebenserfahrung entstammen. Die Szene sollte letztlich auf einen Dialog von Protagonist und Antagonist hinauslaufen.

Zweite Phase: Die Gestaltung der Bilder
Die anderen Teilnehmer schaffen nun Bilder des Körperausdrucks zu Erinnerunen, Emotionen oder Ideen, die durch die Szene und die Figuren bei ihnen angeregt wurden. Dabei sollen zwei Arten von Bildern hergestellt werden: die, die sich auf den Protagonisten, und die, die sich auf den oder die Antagonisten beziehen.

Die Bilder, die als Antwort auf die erste Improvisation konstruiert werden, sollten Standbilder, also unbewegliche Statuen, sein.

Sie können auch auf der Basis von Resonanz und nicht nur durch Identifikation oder Wiedererkennen entstehen. Zur Erinnerung: Identifikation geschieht, wenn der Teilnehmer denkt, fühlt und sagt: „Er ist wie ich, ich bin so"; Wiedererkennen geschieht, wenn er denkt, fühlt und sagt: „Diese Person bin ich nicht, aber ich weiß, wer er ist, ich kenne Leute wie ihn." Im ersten Fall wird er als Protagonist (oder als dessen Bild) sich selbst auf der Bühne spielen, seine eigenen Emotionen durchleben. Im zweiten Fall wird er „interpretieren", d. h. den Teil seiner selbst leben, der ins Spiel gebracht wird.

Bei der Resonanz gibt es einen höheren Grad an Ungenauigkeit. Hier sagt der Teilnehmer: „Das erinnert mich an die und die Person, an das Ereignis, diese Situation, jenes Gefühl; für mich sieht das so aus". Oder auch: „Das hätte anders sein können, er hätte in dieser Art spielen müssen; wenn er dies getan hätte, wäre alles anders gekommen." Resonanz kann natürlich Identifikation und Wiedererkennen einschließen.

Dritte Phase: Paare und ihre Zeugen
Jedes der Standbilder sucht nun seine Ergänzung. So können sich die beiden Schauspieler (Protagonist und Antagonist) des jeweiligen Bildes weiterhin als Paar zusammenschließen oder auch mit jeweils einem anderen ein neues Paar bilden (bei identischer Wahl einer Person entscheidet die letztere darüber, mit wem sie eine neue Paarkonstellation herstellen will). Es sollten wenigstens fünf (neue) Paare entstehen, damit ein gutes Kaleidoskop möglich ist.
Jedes Paar wird von einem Zeugen begleitet. Dieser Zeuge hat eine Doppelfunktion: den ästhetischen Raum zu verstärken sowie den Prozess zu beobachten. Der Zeuge intensiviert den ästhetischen Raum, weil den beiden Akteuren durch seine Anwesenheit bewusst ist, dass sie von anderer Seite wahrgenommen werden. Sie leben die Szene daher nicht nur, sondern demonstrieren sie zugleich vor einem Zeugen.

Vierte Phase: Der Jahrmarkt
In dieser vierten Phase improvisieren die jeweiligen Paare simultan im selben Raum ihre Szene vor Zeugen.
Die Simultanität des Spiels befreit die Schauspieler vom übermäßigen Druck eines Publikums und erlaubt ihnen, in einem Schonraum zu agieren. Sie spielen in abgeschiedener Intimität, denn die anderen Teilnehmer sind mit ihren eigenen Szenen beschäftigt, aber sie werden auch von den Zeugen beobachtet, die ihre abgeschiedene Intimität teilen. Bevor die Improvisation beginnt, benutzt jedes Paar sein Bild als Ausgangspunkt und entscheidet 1. wo die Szene stattfinden wird; 2. wen sie jeweils darstellen und 3. was sie voneinander wollen.
Protagonist und Antagonist der ursprünglichen Szene dürfen auf diesem „Jahrmarkt" herumwandern. Der Spielleiter und ein anderer Teilnehmer, der weder Schauspieler noch Zeuge ist, sollten die gleichzeitig improvisierenden Paare beobachten. Aber vor allem müssen sie beobachten, wie der Protagonist das Spiel der Paare verfolgt: seine Bewegungen von einer Szene zur nächsten, die Dauer seiner Beobachtungen sowie seine Körperbewegungen, die für sich genommen ein „Diskurs", ein „Schreiben" sind und die danach „gelesen" werden können (sodass der Protagonist erkennen kann, was er getan hat und auf welche Weise er es tat).
Dieser „Jahrmarkt" schlägt fast unausweichlich in einen Tumult um. Um zuviel Verwirrung zu vermeiden, bittet der Spielleiter in diesem Fall alle, mit der „Sachte sachte"-Methode weiterzuarbeiten, um ihre Wahrnehmungen und Emotionen zu vertiefen.

Fünfte Phase: Die Reimprovisationen
Nach dem „Jahrmarkt" schließen sich die Reimprovisationen an. Jedes Paar tritt vor der gesamten Gruppe auf. Zunächst berichtet der Zeuge alles, was er gesehen und gespürt hat.
Die Akteure dürfen in dieser Phase nicht sprechen. Danach reimprovisiert das Paar die Szene und versucht dieses Mal, intensiver zu zeigen, was es zuvor improvisiert hatte. Das Ziel ist, entweder die Aussage des Zeugen zu bestätigen oder zu widerlegen und mit Hilfe dieser vergrößerten Improvisation eine entgegengesetzte Richtung einzuschlagen.
Und so muss nacheinander jedes Paar nach den jeweiligen Zeugenaussagen vor der Gruppe agieren. Am Ende jeder Reimprovisation können alle, auch die Schauspieler, über ihre Wahrnehmungen und Empfindungen sprechen.

Sechste Phase: Die Diskussion
Der Spielleiter eröffnet dann die Diskussion über die Gesamtheit der gemachten Erfahrungen. Die Diskussionen, die direkt nach den Reimprovisationen stattfinden, werden sich hauptsächlich um die Dinge drehen, die jeder gerade gesehen hat und sind vielleicht nicht auf die Gesamtheit der Improvisationen bezogen.

Der Hauptmann im Spiegel
Im April 1989 arbeitete ich in Bern in der Schweiz mit einer Gruppe von Therapeuten, Erziehern sowie anderen und stellte dabei die Kaleidoskop-Technik vor. Zunächst meldete sich niemand, der an einem Erlebnis arbeiten wollte. Schließlich fasste sich Dominique ein Herz.
„Ich kann eine Geschichte erzählen, aber ich brauche einen Spiegel, einen großen Spiegel und hier gibt es keinen."
Ich schlug vor, dass wir die Wand als einen Spiegel benutzen könnten, aber diese Idee stellte ihn nicht zufrieden. Ein Teilnehmer erinnerte sich, dass einer der Vorhänge einen riesigen Spiegel verdeckte. Wir rannten dorthin und fanden tatsächlich einen schönen alten Spiegel mit einem imposant vergoldeten Rahmen. Ich sollte vielleicht erwähnen, dass wir in der Halle eines wunderschönen mittelalterlichen Schlosses arbeiteten.
Dominique sah den Spiegel an.
„Ja ... der Spiegel, an den ich denke, war fast genauso. Vielleicht noch ein bisschen größer."
Ich fragte ihn, ob er vor dem wirklichen Spiegel improvisieren wollte oder vor der Wand als einem Spiegel. Er zog dann doch die Wand vor und ich war froh darüber, denn es würde ihm zweifellos leichter fallen, seine Erinnerungen und Emotionen auf eine undurchsichtige Wand zu projizieren. Ich bat ihn, zunächst den Schauspieler auszuwählen, der sein Antagonist sein würde. Dominique wählte einen kleinen, dünnen Mann, dem er seine Anweisungen gab und die Improvisation begann.
Es wurde eine heftige Szene. Wie alle Schweizer musste Dominique bis zum 50. Lebensjahr einige Tage im Jahr Militärdienst leisten, denn die Schweizer Armee hat sehr wenige Berufs-

soldaten und Offiziere in ihren Reihen. Dominique erzählte uns, wie er eines Tages in das Büro des Hauptmanns gerufen wurde, um für ein kleineres Vergehen gerügt zu werden. Der Hauptmann befahl ihm, in den Spiegel zu sehen und sie beide, Dominique und den Hauptmann, im Spiegel anzuschauen. Dann sollte er militärisch grüßen, während er in den Spiegel schaute.
„Was siehst du dort?"
„Ich sehe mich selbst."
„Nein! Du siehst nicht dich, du siehst einen Soldaten! Sieh genau hin, hier bist du nicht du selbst! Hier bist du ein Soldat! Ein Soldat der Schweizer Armee! Und was siehst du noch?"
„Ich sehe dich."
„Nein! Du siehst nicht mich, du siehst einen Hauptmann. Sieh dir die Streifen an: Der Mann da ist ein Hauptmann in der Schweizer Armee!"
„Ja, mon capitaine."
„Ich weiß nicht, was du draußen machst, welchen Beruf du hast, das interessiert mich auch überhaupt nicht! Ich weiß nur, dass du hier drin bloß ein Wehrdienstleistender bist. Hast du das verstanden, Soldat? Hier bist du ein unbedeutender Soldat, ein Niemand, und ich bin dein Hauptmann, ein Hauptmann in der Schweizer Armee! Hast du das verstanden, du kleiner Wehrdienst-Niemand?"
„Ja, Herr Hauptmann."
Die anschließende Szene verlief so: Dominique nahm sich zurück in seiner Eigenschaft als Wehrdienst-Niemand und der Hauptmann schwelgte in seiner Rolle als schneidiger Profi-Hauptmann in der Schweizer Armee. Die Szene wurde ein paarmal gespielt, wobei der Hauptmann seine Überlegenheit zunehmend auszuspielen versuchte.
Wir kamen zur Resonanz-Phase. Die Szene hatte bei allen Teilnehmern eine große Resonanz gehabt. Fast alle wollten zeigen, wie sie die Szene zwischen Dominique und dem Hauptmann erlebt hatten. Sie teilten sich in Paare auf, andere boten sich als Zeugen an, wir machten den „Jahrmarkt", hörten den Zeugen zu und die Szenen wurden erneut improvisiert. Drei Improvisationen wurden ausgewählt, die am repräsentativsten für die morbide Beziehung zwischen dem Hauptmann und Dominique waren:
1. Der Hauptmann zwang Dominique eine Beziehung auf, die sexuelle Symbolhaftigkeit barg. Er stolzierte wie ein sexuelles Objekt vor ihm auf und ab, prächtig in seiner Uniform mit den Streifen. Er zeigte alle seine Tugenden im Gegensatz zur Minderwertigkeit des Soldaten – eine Art Fräulein Julie aus August Strindbergs gleichnamigem Drama.
Der Hauptmann stolzierte wie ein Pfau, der ein Rad schlägt. Der eigentliche Anlass, Dominique zu rügen, kümmerte ihn nicht. Er wollte vor allem bewundert und erhoben werden.
Er brauchte die Anwesenheit des Soldaten, um an seine sich selbst vorgetäuschte Schönheit glauben zu können. Der Schauspieler, der den Hauptmann spielte, vollführte sogar ein paar kleine Tanzschritte, wie in einem Ballett, in dem er die Ballerina war.
2. Der Hauptmann drängte sich Dominique auf sadistische Weise auf. Bei jeder Gelegenheit wiederholte er die Beinamen, die am meisten verwundeten: „minderwertig", „Tunichtgut" und „Soldat". Gleichzeitig stellte er Dominiques Verwundbarkeit auf die Probe: „Draußen kannst du sein, wer immer du willst; hier drinnen bist du nichts, und es ist sogar gesetzlich

geregelt, dass du jedes Jahr hierhin kommen musst. Und weil du jedes Jahr hierhin kommen musst und weil du hier drin niemand bist, kann man sich darüber streiten, ob du nicht vielleicht draußen auch ein Niemand bist." Die Szene wurde fast zu einer Art physischer Folter.
3. Der Hauptmann befand sich in seiner Midlifecrisis und brauchte Dominique, um seine eigene Identität als Hauptmann zu bestätigen. Er brauchte ein untergeordnetes Wesen, um festzustellen, dass er wirklich ein Hauptmann war und dass er eine Hauptmann-Soldat-Beziehung leben konnte, in der er nicht Soldat, sondern Hauptmann war. Er verhielt sich wie ein Schauspieler, der sich sein Kostüm anzieht und sich im Spiegel betrachtet, um seine Rolle besser fühlen und spielen zu können.
Andere Resonanzen wurden gezeigt, manche aus der Perspektive des Hauptmanns, andere aus der Dominiques, aber die oben erwähnten berührten am meisten, besonders die letzte. Warum gerade die letzte?
Die Schweiz ist das einzige Land der Welt, das dazu verurteilt ist, friedlich zu leben, da hier die Währungen der ganzen Welt zirkulieren. Kein Land hat Interesse daran, dass die Schweiz in den Krieg zieht, denn dann würde sie die Neutralität ihrer Banken aufgeben müssen. Während des Zweiten Weltkrieges töteten sich ganze Armeen und mordeten millionenfach. Ihre Neutralität ersparte der Schweiz die Schrecken des Krieges, die Massaker, das systematische Abschlachten, die methodische Vernichtung. Die Ströme von Blut flossen an der unbefleckten Schweiz und ihren vollen, versiegelten Tresoren vorbei.
Und trotzdem brauchten und brauchen die Schweizer die Gewissheit, dass sie in einem Land leben und nicht in einer Art riesiger Wall Street. Um sich selbst als Land sehen zu können, muss die Schweiz wie ein normales Land aussehen. Da alle Länder über eine Armee verfügen, muss auch die Schweiz eine Armee haben, obwohl sie überflüssig ist. Wofür ist eine Armee gut, die nie in den Krieg zieht? Wozu Schlachten planen, die niemals gekämpft werden? Warum mühevoll Taktiken und Strategien entwerfen, die im Papierkorb landen?
Wenn man diese Hintergründe bedenkt, ist es verständlich, wenn Schweizer Hauptmänner nicht an die Karriere eines Offiziers glauben können. Ebenso können sich die Admiräle der Flotten von Paraguay oder Bolivien nicht für richtige Seeleute halten. Wenn man nie zur See fährt, ist man kein Seemann; wenn man nie Krieg führt, ist man kein Soldat; wenn Menschen sich nie lieben, können sie sich auch nicht für Liebende halten.
Es ist vielleicht seltsam, aber alle, die an der Szene arbeiteten, dachten primär an den Hauptmann, was jedoch Dominique nicht kümmerte, denn er meinte, dass er bei der Arbeit viel gelernt hätte. Wir dachten über die Szene nach und fragten uns, ob der Hauptmann psychotisch war, unfähig, seine Identität anzunehmen oder ob er doch ein klar denkender Mann war, der fähig war, ein Nicht-Hauptmann zu sein, ein Seemann zu Lande. Ein richtiges Gewehr in der Hand machte ihn noch lange nicht zu einem richtigen Soldaten. Wenn alle Waffen der Schweizer Armee wie durch Zauberhand in Spielzeug verwandelt würden, bedeutete das für die jüngste Geschichte der Schweiz keinen Unterschied.
Die Schweiz ist ein kleines Land und voller Gegensätze. Sie hat nicht nur vier offizielle Landessprachen, sondern jeder Kanton hat darüber hinaus eine eigene Rechtsprechung, die manchmal sogar nationalen Prinzipien zuwiderhandelt (so haben z. B. in einem Kanton die Frauen keinen Wahlrecht). Ordnung ist notwendig, in der Schweiz mehr als in irgendeinem

anderen Land. Unordnung ist erlaubt, solange sie wohl geordnet ist. Der Karneval in Basel fängt an festgesetzten Tagen der Woche exakt um fünf Uhr morgens an und hört genau um zwölf Uhr mittags auf. Nicht ein paar Minuten nach zwölf, um zwölf. Nach zwölf ist er verboten. Kehren wir zu unserer Szene zurück. Indem der Hauptmann den jungen Soldaten zwang, sein Spiegelbild anzuschauen, indem er ihn also aufforderte, seine Uniform anzusehen, während er sprach, konnte er in die intimsten Bereiche seines Unbewussten eindringen und sie (zer)stören. Er zwang den Soldaten, sich zu seinen frühesten Sinneswahrnehmungen und kindlichen Gefühlen, zu seinen primären Ängsten und Gewissheiten zurückzuentwickeln.

Tatsächlich spielt der Spiegel eine wesentliche Rolle bei der Herausbildung der kindlichen Identität. Für das Kind ist alles im Grunde ungewiss, unsicher und beängstigend. Dies gilt selbst für sich regelmäßig wiederholende Dinge, denn auch wiederkehrende Abläufe werden vom Kind immer – auf verhängnisvolle Weise – zum ersten, letzten und einzigen Mal wahrgenommen: Wenn die Sonne untergeht, beginnt für das Kind ewige Nacht; wenn die Mutter nicht da ist, ist sie für immer tot; Hunger ist die Vorahnung des Todes. Das Kind weiß nicht, dass sich alles wiederholt oder wiederholen kann. Es weiß weder, was wir bestimmen können, noch was uns bestimmt. Für das Kind sind dies alles Phänomene, die keinem Gesetz gehorchen. Das Kind kennt die für Erwachsene gültigen Gesetzmäßigkeiten noch nicht.

Nichtsdestoweniger entdeckt das Kind vor dem Spiegel seine erste Identität, seine erste Macht, seine erste gewollte Wiederholung. Es lernt, dass sich durch sein Zutun Dinge wiederholen können. Es sieht sich selbst, sein Bild im Spiegel, gleich bleibend. Es macht eine Geste, das Bild wiederholt sie. Es lächelt und sieht sein Lächeln. „Ich bin er und er ist ich, aber ich gebe die Befehle. Ich hebe meine Hand und mein Spiegelbild hebt seine, ich lache, er lacht. Ich schließe meine Augen und das Bild verschwindet. Ich bin er, aber ich gebe die Befehle, ich bin der Boss, der Hauptmann. Ich bin der Hauptmann für mein Bild, das mir gehorcht." Indem es den Spiegel durchdringt, lernt das Kind zu befehlen, Subjekt zu sein, denn es befiehlt seinem Spiegelbild. Von da zum Theater ist es nur ein kleiner Schritt. Statt sich selbst im Spiegel zu sehen, sieht man sich „auf der Bühne" und sieht sich direkt. Der Spiegel ist die erste Phase auf dem Weg dorthin.

Die schreckliche Grausamkeit des Hauptmanns bestand darin, in dieses Spiegelbild einzudringen und die Grenzen des Spiegels, das Unbewusste des Soldaten, zu überschreiten. Und einmal drinnen, im reflektierten Bild und in Dominiques Unbewusstem, nahm er ihm die einzige Macht, die wir alle besitzen, nämlich die Macht, *zu sein*. Indem Dominique gezwungen wurde, sich selbst im Spiegel anzusehen (seine primäre und wichtigste Eroberung als fantasiebegabtes menschliches Wesen) wurde ihm seine Souveränität geraubt und er hörte auf, zu sein. Er wurde zu einem Wesen, das der Hauptmann verlangte – das heißt, er war nicht mehr die Person, die er sein wollte. Durch den militärischen Gruß war seine Macht genommen, seinem eigenen Bild zu befehlen und dadurch wurde Dominiques Intimität zutiefst verletzt.

Diese scheinbar harmlose Bestrafung ähnelt Foltermethoden, die auf die Verneinung der Identität des Folteropfers zielen. Wenn Folterer ihre Opfer zwingen, sich auszuziehen, liegt ihnen der Gedanke fern, etwa die Kleidung vor dem bevorstehenden Blutvergießen zu schützen. Sie wollen vielmehr, dass wir das Gewand, das uns bedeckt, das wir in freier Wahl ausgesucht haben und das nun ein Teil von uns ist, ablegen.

Die Folterer wollen, dass wir zu unserer animalisch-physischen Identität zurückkehren, die anfällig für Schmerz und Verwundungen ist. Das Folteropfer muss alles ablegen, was es zum Individuum macht, muss seine Geschichte abstreifen und aus dem historisch gewordenen Individuum mit all seinen Niederlagen und Erfolgen, mit Beruf und Familie, Nachbarn und Freunden, entsteht ein bloßer menschlicher Körper mit Kopf, Rumpf und Gliedmaßen – empfindlich und verwundbar. Andere Elemente kommen in dieser Beziehung Folterer-Opfer offensichtlich noch dazu, Elemente einer sexuellen Natur: der nackte Körper als Quelle des größten Vergnügens und der größten Qualen.

Die Zerstörung der Identität des Opfers war das Ziel der Folter, die während der letzten diktatorischen Regierungen in vielen lateinamerikanischen Ländern angewandt wurde: Die Folterer vergewaltigten die Ehefrauen vor den Augen ihrer Männer. Sie hofften so, die Identität des Opfers als „Ehemann", „Gefährte" oder „Familienoberhaupt" zu zerstören. Aus diesem Grund folterten sie auch den Sohn vor den Augen des Vaters. Oder noch schrecklicher und tragischer: Sie zwangen ein Familienmitglied, ein anderes zu foltern.

„Was du draußen bist, interessiert mich nicht. Hier bist du nur ein Soldat", sagte der Hauptmann. Die Person, die Ingenieur sein wollte, verlor dadurch ihre berufliche Identität. Die Person, die einen Namen hatte, wurde eine Nummer, irgendeine Nummer, willkürlich, soviel oder wenig wert wie irgendein anderer. Was er „draußen" war, war egal, weil er „hier drinnen" immer ein Soldat sein würde und einmal im Jahr würde er von „draußen" nach „drinnen" wechseln müssen. Was er „hier drinnen" war, wurde zu seiner wahren Identität, und was er „draußen" war, wurde als Schein, Trick oder bloße Theatervorstellung deklariert. Dadurch wurde das Spiegelbild zur Wahrheit erklärt.

Vor dem Spiegel gab der Hauptmann die Befehle. „Du bist nicht du selbst! Du bist der Soldat, den wir im Spiegel sehen. Du bist er, aber er befiehlt dir und er ist unter meinem Befehl!" Ganz das Gegenteil dessen, was Dominique als ein Kind über sich gelernt hatte.

All diese Gedanken wurden angeregt mit Hilfe einer ästhetisch-theatralischen Dynamisierung verschiedener Bilder, die als Früchte der Resonanz von den Teilnehmern in der Improvisationsphase entworfen worden waren. Diese Resonanzen waren auf ästhetischem Wege und nicht durch Worte angeregt worden. Was Dominique entdeckte und lernte und was wir alle mit ihm lernten, wurde mit den Mitteln des Theaters angeregt, also durch Bilder, Töne, Farben, Wörter, Rhythmen, Melodien und Bewegungen.

„Es war, als ob die Kaserne plötzlich da war, wie in einem Traum", sagte Dominique. „Aber diesmal wart ihr bei mir und ich war wach. So konnte ich in meinen Traum eintreten wie in einen Spiegel und der Traum erschreckte mich nicht länger. Hier gab ich die Befehle und konnte so alles besser verstehen."

Es wird kommen ...

In Bern schlug Mathilde eine Szene vor, in der ihr Mann sich weigerte, sich an der Erziehung ihrer gemeinsamen Tochter finanziell zu beteiligen, aber trotzdem das Recht einforderte, diese zu sehen, wann immer er wollte.

Während der Resonanz-Phase dürfen die Teilnehmer Bilder von all dem zeigen, was für sie „Resonanz" hat, und deshalb nennen wir diese Technik auch kaleidoskopisch. Sie können

z. B. Folgendes zeigen:
1. Was sie an Stelle des Protagonisten getan hätten.
2. Was sie gerne den Protagonisten hätten tun sehen.
3. Unterlassene Handlungen des Protagonisten, was seine Position schwächte.
4. Bilder des Antagonisten, seiner Macht und seiner Waffen.
5. Eigene Erinnerungen an ähnliche Situationen.

Dank dieser Palette an möglichen Reaktionen zeigten zwei junge Frauen eine starke, energische Mathilde, die sich weigerte, ihrem Mann irgendwelche Rechte zuzugestehen, wenn er nicht auch seinen Pflichten nachkam. Diese Bilder waren Ausdruck eines winzigen, versteckten Elementes in Mathildes Verhalten, das aber noch nicht Bestandteil ihres Auftretens war. Eine der Hypothesen des Theaters der Unterdrückten ist, dass die ästhetische Aneignung von Wissen bereits der Beginn einer Veränderung sein kann. Als die Improvisation vorbei war, fragte ich die beiden jungen Frauen, ob sie glaubten, dass Mathilde „so wäre", wie sie sie gezeigt hätten. Sie bejahten dies und als ich Mathilde die gleiche Frage stellte, antwortete sie: „Noch nicht, aber es wird kommen …"

1.5 Die Bilder des Bildes

Diese Technik sollte nicht mit dem „Bild der Bilder" verwechselt werden, wo wir versuchen, ein einziges, synthetisches Bild aller Bilder zu kreieren, die von den Teilnehmern entworfen worden sind. Hier geht es um das gegenteilige Prinzip: Die Teilnehmer müssen ausgehend von einem einzigen Originalbild verschiedene neue Bilder entwickeln.

Erste Phase: Die Improvisation
Hier geschieht eine normale Improvisation, in der der Protagonist den Teilnehmern erklärt, wie sie improvisieren sollten, und jedem Spieler Impulse gibt zu Motivation und Charakter der von ihm zu verkörpernden Figur.

Zweite Phase: Die Gestaltung der Bilder
Nach der Improvisation entwerfen drei bis fünf Teilnehmer nacheinander ein Bild darüber, wie sie die Szene wahrgenommen haben und setzen dabei die gleichen Schauspieler ein, die bereits in der Originalimprovisation beteiligt waren. Wenn der erste Teilnehmer sein Bild aufgebaut hat, improvisieren die Schauspieler davon ausgehend noch einmal dieselbe Szene. Jeder Schauspieler kann alle Bewegungen ausführen, die er will, solange er nicht das Bild von Grund auf ändert oder die Beziehung zwischen seinem und den anderen Bildern. Die Struktur der Szene sollte unverändert bleiben.
Derselbe Ablauf wird dann in der gleichen Weise von einem zweiten Teilnehmer ausgeführt, der sein Bild entwirft, das Grundlage einer weiteren Improvisation ist (usw. bis zum letzten Bild). Wir haben so die gleiche Ori-

ginalimprovisation mehrere Male – den Bildern entsprechend, die die Teilnehmer entworfen haben – reimprovisiert. Jede neue Improvisation wird die Ausgangsszene in einem neuen Licht erscheinen lassen. Die gleichen Wörter, die gleichen Sätze nehmen eine neue Bedeutung an, manchmal kaum verändert, manchmal absolut gegensätzlich zum Tenor der Originalimprovisation. Die Wörter ändern ihre Bedeutung, weil das vermittelnde Bild verändert ist und dadurch den Wörtern eine andere Farbe verliehen wird.

DIE PRAXIS

Von Juli bis August 1989 leitete ich in Rio de Janeiro einen Workshop mit Studenten und Dozenten der New York University, bei dem eine Frau namens Mary folgende Geschichte vorschlug: Ihr Freund sollte wegen Drogengebrauchs vor Gericht erscheinen – ihrer Meinung nach aufgrund einer falschen Anschuldigung. Mary war bereit, als Zeugin für die Verteidigung auszusagen. Ihre Eltern waren darüber beunruhigt und hatten sie gebeten, die Angelegenheit mit ihnen zu besprechen. Es kam zu einem Treffen mit ihren Eltern und ihrem Bruder.

Erste Improvisation: Der Vater entdeckt, dass Mary seit mehr als einem Jahr mit ihrem Freund zusammengelebt hat. Er ist geschockt, als er erfährt, dass seine Tochter keine unschuldige Jungfrau mehr ist, sondern eine Frau (oje, diese Dinge geschehen sogar in den Vereinigten Staaten ...). Der Sohn schaltet sich sofort ein und unterstützt seinen Vater. Mary fragt ihren Bruder, ob er schon mit einer Frau zusammengelebt hätte. Der Bruder bejaht dies, ergänzt aber, dass er weder diese Frau noch jede andere, die mit ihm vor der Ehe zusammengelebt hat, heiraten würde. Mary sucht die Unterstützung ihrer Mutter, die jedoch nur daran denkt, Tee und Kekse zu servieren und alle bittet, sich zu beruhigen und nicht so zu schreien. Sie versucht, das Thema zu wechseln, nämlich über das Wetter und die Nachbarn zu reden. Paradoxerweise erreicht sie damit nur, alle anderen zu verärgern.

Die weiteren Improvisationen zeigten Vater und Sohn als Bollwerk gegen Mary; den Sohn, der sich dem Vater anpasste, den Vater, wie er aus dem Fenster schaute, gehen wollte, aber bleiben musste sowie vor allem Marys immense Feindseligkeit gegenüber ihrem Bruder. Mary konnte Mutter und Vater verlassen, sie konnte ihr Leben vor ihnen geheim halten, sie konnte sie sogar ignorieren. Aber mit ihrem Bruder war es vollkommen anders. Sie konnte ihm nicht vergeben. Er war in ihrem Alter, ein Teil derselben Umgebung, er hatte Freunde, die wie sie dachten und er wurde zum Verräter. Mary konnte ihm seine Furcht vor dem Vater nicht nachsehen, da ihn diese Furcht Ideen unterstützen ließ, an die er eigentlich nicht glaubte.

Ich schlug eine neue Improvisation vor: Mary trifft allein auf ihren Vater. Es mag seltsam klingen, aber nun ging alles besser. Der Vater wollte zwar das Treffen in ein Polizeiverhör drehen, kam aber niemals dazu. Offenbar meinte er, nur vor der kompletten Familie den gestrengen Vater spielen zu müssen, denn nun – allein mit seiner Tochter – verhielt er sich nicht mehr wie ein autoritäres Familienoberhaupt. Das Gespräch verlief ruhig, ohne plötzliche emotionelle Ausbrüche und es war Zeit genug, Gedanken auszutauschen sowie gegenseitiges Verständnis zu entwickeln. In der ersten Improvisation hatte Mary die Feindseligkeit in ihrer Beziehung zu ihrem Vater analysieren wollen; in der letzten wurde ihr ausschließlicher Antagonismus zu ihrem Bruder offensichtlich; hier lag der wirkliche Konflikt. Es schien, dass die komplette Familie einen weitaus aggressiveren Umgang mit Mary pflegte, als wenn ein einzelnes Familienmitglied auf Mary traf. Die Familie war mehr als die Summe ihrer Teile.

1.6 Das projizierte Bild

Ich habe diese ältere Technik bereits in „Theater der Unterdrückten, Übungen und Spiele für Schauspieler und Nicht-Schauspieler" im Detail beschrieben. Es geht darum, ein dynamisches Bild zu konstruieren. Dann werden die Teilnehmer gebeten, ein Forum zu veranstalten, in dem jede Person ihre eigenen Gefühle in die Szene projiziert und dann schweigend, aber immer noch im dynamischen Bild, Lösungen und Alternativen erprobt. Ursprünglich nutzten wir diese Technik mit einem synthetischen Bild als Ausgangspunkt. Vor kurzem habe ich begonnen, sie ausgehend von irgendeinem Bild zu benutzen, das ein Teilnehmer konstruiert hat, um seine Geschichte ohne Worte und nur durch das Bild zu erzählen. Weil Bilder mehrdeutig sind, sich also mit dem Bezeichnenden unterschiedliche Inhalte verbinden können, lernt man immer etwas aus der Erfahrung anderer.

1.7 Das Bild der Stunde

Diese vorausschauende Technik ist sehr einfach und sehr nützlich für die rasche Mobilisierung einer Gruppe (auch in ästhetischer Hinsicht).

Erste Phase: Das Spiel
Die Spielleitung bittet die Gruppe, durch den Raum zu gehen. Von Zeit zu Zeit gibt sie drei verschiedene Instruktionen: 1. „Zeit"; 2. „Bild"; 3. „Handlung". Der „Zeit"-Impuls ist eine aufeinander folgende Sequenz von Tages- oder Nachtzeiten. Manchmal wird diese Zeit auch exakt benannt: Mittag, zwei Uhr, vier Uhr, zehn Uhr etc. Ein andermal ist sie vage: am Ende des Nachmittags, abends, früh morgens, nachts etc. Die Spielleitung kann auch, wenn sie es für wichtig hält, den Wochentag angeben (Samstagnacht, Sonntagnachmittag) oder sogar ein bestimmtes Datum in Erinnerung rufen: sechs Uhr abends am Wahltag, am Morgen deines Geburtstags, viertel vor Zwölf am Silvesterabend oder auch ein einzigartiges Datum.
Der Spielleiter gibt also eine Zeit vor und die Teilnehmer stellen sich darauf ein. Dann gibt er den Impuls „Bild!", und alle Teilnehmer nehmen gleichzeitig das Bild dessen an, was sie zu jener Zeit und an jenem Tag normalerweise tun. Schließlich sagt der Spielleiter „Handlung!", und die Teilnehmer beginnen den Dialog mit den (imaginären) Figuren, mit denen sie zu jener Zeit und an jenem Tag in Beziehung stehen. Jeder Schauspieler bleibt ohne Kontakt zu

den anderen Schauspielern und ist versunken in seine persönliche Welt. Beim Befehl „Stopp!", hören alle auf und bereiten sich auf die nächste Phase vor.

Zweite Phase: Die Diskussion
Der Spielleiter konzentriert die Diskussion auf das innere Geschehen sowie auf Ähnlichkeiten. An welchem Punkt fühlte man sich auf dem Höhepunkt seiner Macht? An welchem Punkt ließ die Energie nach? Welches waren die aufregendsten Momente? Wann fühlten sich die Akteure am mobilsten und wann am entspanntesten? Welche Beziehung hatten sie zu anderen Menschen? Welche Handlungsphasen waren aus ihnen selbst heraus motiviert und welche waren durch Impulse von außen gelenkt? Wann fühlten sie sich unter Zwang, wann fühlten sie sich glücklich? Wann fühlte jede Person dasselbe wie die anderen und wann fühlten sie sich einzigartig?

1.8 Die rituelle Geste

Ein Schauspieler macht eine Bewegung, die ein Teil eines alltäglichen Rituals wiedergibt und hört am entscheidenden Punkt auf. Die anderen Spieler sollen die begonnene Szene nur mit Hilfe von Körpersprache beenden. Danach fragt der Spielleiter die Akteure, wo sie jeweils zu sein und was sie zu tun glaubten. Bei einer relativ homogenen Gruppe wird es einen hohen Grad von Wiedererkennung geben, weil es sich wahrscheinlich um bekannte Rituale handelt. Bei weniger homogenen Gruppen kann es viele Varianten geben. Hier wird beispielsweise der eine Teilnehmer denken, er wäre bei der Arbeit im Büro, wohingegen ein anderer glaubt, in der Schule zu sein.

Sozialer Code, Ritual und Ritus
Auf der rechten oder linken Seite der Straße zu gehen, ist ein sozialer Code. Ein Ritual ist eine Folge von Bewegungen, Dialogen, Handlungen, die wir jeden Tag ausführen, ohne dass wir mit Leib und Seele dabei sind. Rituale mechanisieren uns. Meist werden sie unbewusst vollzogen und sind nicht leicht erkennbar. Ein Ritus ist ein bewusstes Schauspiel, das gesehen werden will, wie die Amtseinführung eines Präsidenten oder eine Hochzeit.

Erste Phase: Das Modell
Modell und Ausgangspunkt unserer Untersuchung ist hier das statische Bild einer rituellen Geste sowie der reziproken Gesten, die andere Schauspieler noch hinzugefügt haben.

Zweite Phase: Die Dynamisierung
In der Phase der Dynamisierung fügen wir verschiedene Schritte und Varia-

tionen hinzu, um unsere theatralische Untersuchung fortzusetzen. Vor allem aber machen wir das bislang statische Bild lebendig.

1.9 Rituale und Masken

Rituale setzen uns allen Verhaltensmasken auf. Wir tragen bestimmte Masken, um bestimmte Rituale durchzuführen. Indem wir diese Masken erkennen, können wir die Rituale durchbrechen.

1.10 Verschiedene Bilder von Unterdrückung

Verschiedene Bilder von Unterdrückung werden von den Mitgliedern der Gruppe kreiert und dann gleichzeitig dynamisiert, um ihren gegenseitigen Einfluss zu beobachten. Manchmal liegen die Lösungen unserer Probleme außerhalb unserer Bilder, nicht in ihnen.

1.11 Verschiedene Bilder des Glücks

Die Teilnehmer erfinden verschiedene Bilder von Glück und nehmen ihre bevorzugten Positionen im Bild ein. Dann wird der Effekt der Dynamisierung dieser Bilder beobachtet. Wie sieht Glück aus?
Ist die Vorstellung von Glück des einen mit der Vorstellung eines anderen vereinbar? Hängt das Glück des einen vom Unglück des anderen ab?
Wir wissen öfter als wir glauben, was uns eigentlich unterdrückt oder quält und was wir daher überwinden wollen. Allerdings wissen wir viel seltener, was wir wirklich wollen. Wir brauchen daher Träume, die nicht die Realität ersetzen wollen, sondern uns helfen, eine Vorstellung von der Zukunft zu entwickeln.

1.12 Das rotierende Bild

Die Technik des rotierenden Bildes wird im Kapitel über die introspektiven Techniken, speziell „Leinwand-Bilder", genauer beschrieben. Im Wesentlichen wird dabei eine Szene untersucht, indem Figuren und Zuschauer rotieren. Jeder Zuschauer porträtiert den Protagonisten oder Antagonisten, so wie er sie jeweils wahrgenommen hat. Bei jedem Wechsel wird die (Ausgangs-) Szene neu improvisiert.

1.13 Das Bild des Übergangs

Zuerst erfindet die Gruppe das „reale" Bild zu einem Problem und danach ein „ideales" Wunsch-Bild gegenüber der Realität. Dann kehrt jeder Teilnehmer zum „realen" Bild zurück und versucht, ein „Bild des Übergangs" vom ersten zum zweiten Bild darzustellen. Die gefundenen Lösungen sollten frei diskutiert werden.

1.14 Das Bild der Gruppe

Dieselbe Technik kann auch bei Bildern zur Gruppensituation angewandt werden. Zuerst stellen einzelne Teilnehmer (reale) Bilder zu ihrer Wahrnehmung der Gruppe her, wobei sie sich selbst in das Bild mit einfügen. Im Anschluss konstruieren sie ihr Idealbild der Gruppe. Danach versuchen sie den Übergang vom Ist- zum Wunschzustand darzustellen.

1.15 Rashomon

Diese Technik basiert auf Akira Kurosawas gleichnamigem Film, in dem die Geschichte einer Vergewaltigung aus fünf verschiedenen Blickwinkeln erzählt wird: dem des Täters, des Opfers, der Zeugen etc. Diese Methode ist besonders nützlich, wenn eine Szene mit mehreren Leuten analysiert werden soll, von denen alle verschiedene Ansichten darüber haben, was geschehen ist.

Erste Phase: Die Improvisation
Am Anfang steht eine Improvisation, wobei die Besetzung und die Anleitung dem Protagonisten obliegt, der vorher die Geschichte erzählt hat. Die Szene sollte nicht mehr als fünf Figuren enthalten.

Zweite Phase: Die Bilder des Protagonisten
Der Protagonist ergänzt innerhalb der Szene Bilder dazu, wie er die Figuren wahrgenommen hat. Danach setzt er sein eigenes Bild in Beziehung zu den anderen. Die entstehenden Szenen sollten subjektiv gefärbt, extrem zugespitzt und symbolisch sein. Die Ausgangsszene sollte also immer wieder verändert und nicht lediglich wiederholt werden.

Dritte Phase: Die Reimprovisation
Die Szene wird aus dem Blickwinkel des Protagonisten reimprovisiert, indem

man den Umrissen der Originalimprovisation folgt. Es werden maskenhafte Elemente hinzuaddiert. Bewegung auf der Bühne ist möglich, aber ohne dabei die wesentlichen Elemente des Bildes zu verlieren.

Vierte Phase: Die anderen Charaktere zeigen ihre Bilder
Danach entwerfen die übrigen Darsteller nacheinander – ähnlich wie vorher der Protagonist – Bilder, die zeigen sollen, wie die von ihnen dargestellte Figur die anderen beteiligten Figuren wahrnehmen könnte und platzieren sich auch selbst im Bild. Nach jedem neuen Bildentwurf wird die Szene reimprovisiert.

Bei einem Workshop 1994 in England zeigte eine junge Asiatin in einer Szene, wie sie mit ihrem weißen Freund zum ersten Mal dessen Eltern besuchte. In der Originalimprovisation gingen die Figuren auf peinliche Weise recht höflich miteinander um. Die Eltern des Freundes waren bemüht, keinen Fehler zu machen. Sie waren wegen der kulturellen Unterschiede ziemlich misstrauisch und verhielten sich eher reserviert als herzlich.
Im Bild der Protagonistin geht der Freund auf Distanz zum Tisch, dreht allen den Rücken zu und legt die Hände über die Ohren. Der Vater ist ein Menschenfresser, der die asiatische Protagonistin überragt und auf sie herunterstarrt. Die Mutter hält, mit ausgestreckten Armen, Distanz, um sich zu schützen, da sie offenbar Angst hat, sich mit etwas anzustecken.
Andere Versionen waren gleichermaßen entlarvend. In der Version des Vaters kniete die Mutter und bekreuzigte sich, die asiatische Frau stand bei ihrem Freund und hatte ein Bein um ihn gelegt, wie eine räuberische indische Göttin.
Der Vater selbst stand wie ein Wachposten da, um seine Familie zu beschützen. Er wirkte wie ein Kolonialpionier aus der britischen Oberherrschaft in Indien, der bereit war, die „Eingeborenen" zu bekämpfen, sobald er das Weiße in ihren Augen sah.
Diese Technik kann als eine Probentechnik für jede Art Theater benutzt werden. Wie die Technik „Das Bild der Gruppe" kann sie aber auch für die Analyse der Gruppe eingesetzt werden und zwar besonders dann, wenn diese Schwierigkeiten mit bestimmten Regeln hat. Sie kann die Teilnehmer dazu befähigen, sich selbst aus dem Blickwinkel der anderen zu sehen.

DIE PRAXIS

2. Die introspektiven Techniken

2.1 Das Bild des Antagonisten

Diese Technik kann nur bezogen auf das Studium einer Beziehung zwischen zwei Menschen angewandt werden. Auch wenn die Situation, die die jeweilige Hauptperson analysieren will, andere Personen beinhaltet, sollte dennoch – um den Sachverhalt mit Hilfe dieser Technik studieren zu können – die Aufmerksamkeit auf dem Hauptkonflikt Protagonist versus Antagonist liegen.

Erste Phase: Das Bild von sich selbst
Diese Methode kann sowohl bei einem als auch bei vier oder fünf Protagonisten (und zwar mit Hilfe des „Jahrmarkt"-Verfahrens) eingesetzt werden. Bei letzterer Ausgangslage konzentrieren wir uns sowohl auf das simultane Studium jedes Individuums als auch auf die Gruppe, die von den betreffenden Protagonisten repräsentiert wird. Wir stellen hier die Version im „Jahrmarkt"-Verfahren vor, wobei die Vorgehensweise bei einem Protagonisten im Grundsatz ähnlich ist.
Die Gruppe einigt sich auf ein Thema wie Eifersucht oder Unentschlossenheit. Wenn ich mit einer Gruppe zum ersten Mal arbeite, schlage ich oft „Angst" als Thema vor, weil ich glaube, dass uns gerade die Furcht in die Unterdrückung einwilligen lässt.
Ein furchtloser Mann kann zwar ausgelöscht, aber niemals unterdrückt werden. Man erzählt die Geschichte, dass Che Guevara unter Arrest, verwundet und entwaffnet, von einem Offizier der bolivianischen Armee mit Respektlosigkeit behandelt wurde. Ohne zu zögern spuckte er in dessen Gesicht. Selbst als Che Guevara entwaffnet und eingesperrt war, zeigte er keine Furcht. Umgeben von seinen Feinden bewies er Mut. Kurze Zeit später wurde er ermordet. Die Zahl derjenigen unter uns, die einen solchen Grad von Heldenhaftigkeit zeigen können, ist sicherlich spärlich. Weil wir keine Helden sind, haben wir Angst. Aus Furcht, unsere Jobs zu verlieren, unterwerfen wir uns indiskutablen Arbeitsbedingungen. Aus Furcht, die Liebe oder Freundschaft einer Person zu verlieren, ertragen wir inakzeptable Umstände. Aus Angst vor dem Tod halten wir unzumutbare Lebensbedingungen aus. Wir haben pausenlos vor etwas Angst, manchmal mehr, manchmal weniger, wobei uns unsere Furcht oft gar nicht bewusst ist.
Nehmen wir also an, Furcht wäre das gewählte Thema. Der Spielleiter bittet dann die Teilnehmer, mit dem Gesicht nach außen einen Kreis zu bilden. In dieser Position sollen sie aus ihrer Erfahrungswelt eine Situation mit einem

Antagonisten auswählen, vor dem sie Angst haben. Die Situation sollte sehr konkret und anschaulich sein, also eine Konfrontation von Angesicht zu Angesicht, damit nicht in vagen, abstrakten Begriffen über Furcht nachgedacht wird. Es geht um konkrete Ängste, die von einem bestimmten Mitglied der Gesellschaft hervorgerufen werden.
Sobald ein Teilnehmer eine konkrete soziale Situation gefunden hat, die von Furcht gekennzeichnet ist, muss er diese gegenüber dem imaginären Antagonisten in ein körperliches Bild umsetzen.
Danach drehen sich alle Protagonisten zum Kreisinnern zurück. Erst auf einen Impuls der Spielleitung zeigen sie simultan ihre Bilder, damit keine gegenseitige Beeinflussung möglich ist.

Zweite Phase: Die Zusammensetzung von Bildfamilien
Nun bittet die Spielleitung die Akteure, näher zu den Bildern zu rücken, die ihren eigenen ähneln und zu den anderen auf Distanz zu gehen. Auf diesem Wege können kleine Bildfamilien entstehen, allerdings nicht mehr als fünf, damit die Aufmerksamkeit der Teilnehmer nicht zu sehr geteilt wird.

Dritte Phase: Die Wahl der Bilder
Nun sollen alle Teilnehmer ein Bild aus jeder Bildfamilie auswählen. Nicht das „beste" Bild ist gefragt – denn dies ist kein Wettbewerb –, sondern eines, das bis zu einem gewissen Grad alle anderen Bilder derselben Familie synthetisiert oder symbolisiert. Das gewählte Bild sollte also die meisten wahrnehmbaren Elemente aus der gesamten Bildfamilie enthalten. Dennoch wird diese Wahl immer subjektiv motiviert sein und auch von der Einfühlsamkeit der Gruppe abhängen. Es bleiben auf diese Weise drei, vier oder fünf Bilder übrig, die für diesen Moment die Synthese aller Bilder zum Thema Furcht darstellen.

Vierte Phase: Die Dynamisierung
Diese Phase dauert relativ lange. Sie sollte sich Schritt für Schritt in dieser Reihenfolge entfalten:
1. Zunächst sollen sich die Bilder vor die Gruppe begeben. Diese stellt dann über das, was sie sieht, Beobachtungen an. Die betreffenden Kommentare sollten – auch wenn sie widersprüchlich sind – auf einfache Aussagen beschränkt bleiben. Wir führen keine umfassende Diskussion, weil wir nicht zu einer bestimmten Schlussfolgerung kommen wollen. Jede Person sollte einfach ihre Gefühle in Beziehung zu den Bildern benennen, während der Spielleiter die Aufmerksamkeit der Gruppe auf objektive Details lenkt, wie z. B. die Hände tun dies, die Augen sind auf dies oder das gerichtet (oder nicht), der Körper ist in dieser oder jener Stellung … Auch diese Methode will nicht zur Interpretation, sondern zur Wahrnehmung dessen, was wir sehen, anregen.

2. Im Anschluss daran sollen die Akteure ihren Bildern eine sich wiederholende Bewegung verleihen, die durch Tempo und Rhythmus ihre eigene Angstempfindung verstärkt.
3. Der Spielleiter bittet danach die Schauspieler-Bilder, ihren rhythmischen Bildern Aussagen hinzuzufügen, die die Gedanken ihrer Figur ausdrücken. Bei der ersten Runde müssen alle ihre Gedanken gleichzeitig aussprechen, damit eine gegenseitige Beeinflussung ausgeschlossen ist. Dann sprechen die Spieler nacheinander ihren Satz, so dass sie von der ganzen Gruppe zu vernehmen sind. Auf diese Weise werden in den ersten drei Phasen die Komponenten Bild, Rhythmus und Sprache berücksichtigt.
4. An dieser Stelle soll nun jeder Protagonist eine Metamorphose vornehmen. Der Protagonist hatte uns ein bestimmtes Bild mit einem spezifischen Rhythmus und einem bestimmten Satz vorgestellt, weil er in diesem konkreten Augenblick einen bestimmten Antagonisten vor sich hatte. Deshalb soll nun untersucht werden, welches Bild der Protagonist von seinem Antagonisten hat, indem er sein eigenes Bild sehr langsam in das des Antagonisten verwandelt. Wir sehen, wie nun ganz allmählich jede Person in das Bild ihres Unterdrückers gleitet.
5. Nun wird jeder Schauspieler aufgefordert, seinem Bild des Antagonisten eine sich wiederholende rhythmische Bewegung zu geben und dann einen oder mehrere Sätze zu äußern, die für diesen Moment die Gedanken des Antagonisten wiedergeben könnten. Die Akteure sollten konkrete Gedanken suchen, keine Allgemeinheiten oder Abstraktionen. Wie vorher bei den Protagonisten sehen wir nun Bilder der Antagonisten verbunden mit bestimmten Rhythmen und Sätzen.

Fünfte Phase: Identifikation oder Wiedererkennen
Der Spielleiter fragt, wer in der Gruppe sich in dem einen oder anderen Bild der Unterdrücker wieder erkennt (was allerdings relativ selten vorkommt). Aber auch wer sich mit einem der Antagonisten-Bilder identifiziert, weil er jemanden hierin erkannt hat, der ihm Schmerz verursacht (hat), soll den Schauspieler in diesem Bild ersetzen. Der Protagonist, der das Bild kreiert hat, geht dann zu seinem Originalbild, dem Bild des Unterdrückten, zurück. Wenn alle Antagonisten ersetzt worden sind, sind drei bis fünf Paare aus Protagonist und Antagonist, Unterdrücktem und Unterdrücker, entstanden. Die Schauspieler jedes Paares stellen sich einander gegenüber und wir kommen zur sechsten Phase.

Sechste Phase: Improvisationen in zwei Verfahren
Der Spielleiter gibt nacheinander vier Impulse:
1. „Bild!" Die Teilnehmer stehen einander gegenüber und nehmen die Position des Protagonisten und Antagonisten ein.

2. „Rhythmus!" Sie fügen ihrem Bild den Rhythmus hinzu.
3. „Satz!" Sie sprechen und wiederholen die Sätze, die sie zuvor gesagt haben.
4. „Aktion!" Die Paare beginnen gleichzeitig mit der Improvisation der Szene im Jahrmarkt-Verfahren. Dabei soll allerdings das Spiel über die Ursprungsszene hinausgehen, die quasi nur den Ausgangspunkt des Geschehens darstellt.

Die Neuerung besteht darin, dass sich der Protagonist von Unterdrückung und Furcht befreien und der Antagonist versuchen soll, zu zeigen, wie dieser Unterdrücker, den er kennt, handeln würde.

Während dieser Phase taucht für die Teilnehmer regelmäßig ein Problem auf, das aber eigentlich keines ist. Der Schauspieler, der den Antagonisten spielt, steckt in persönlichen Bezügen zu seiner Figur, denn er verkörpert jemanden, den er kennt. Er führt jemanden vor, der seinem eigenen Erfahrungsschatz und seinem Leben entstammt. Dieser Jemand ist oft dem Unterdrücker, den der Protagonist vor Augen hat, nur zu einem gewissen Grad ähnlich. Es gibt also kleinere oder größere Diskrepanzen zwischen den Antagonisten, die die beiden Schauspieler sich vorstellen. Der Protagonist hat vielleicht an seinen „Vater" gedacht, während der Schauspieler, der diesen „Vater" spielt (ohne es zu wissen), vielleicht an den Feldwebel in seiner Kaserne dachte. Daraus resultiert ein offensichtliches Aneinander-vorbei-reden, bei dem der eine Schauspieler „Vater!", ausruft und der andere „Soldat!", antwortet. In Wirklichkeit hat der Schauspieler-Antagonist den „Feldwebel"-Charakter nur aus dem „Vater"-Bild abgeleitet. Bilder sind mehrdeutig, darin liegt ihr Reichtum. Wir dürfen uns diesen Reichtum nicht versagen, indem wir ihn im Namen eines oberflächlichen Realismus oder aus einem Wunsch nach Echtheit als inkohärent bezeichnen. Die Schauspieler sollten sich daher hüten, diese (hilfreichen) Diskrepanzen in ihrer Improvisation zu nivellieren. Im Gegenteil, wenn solche Differenzen entstehen, befähigen sie die Teilnehmer dazu, die Szene, die Ausgangssituation, die Protagonisten sowie ihre und unsere eigenen Ängste umfassend zu erforschen.

Weil diese Methode eine starke Intensität und viel Konfliktstoff zu Tage fördert, löst sie meist nach ein paar Minuten eine explosive Konfrontation aus, in der diejenigen sich eher auf die Gewalttätigkeit im Spiel als auf die Dramaturgie konzentrieren. Der Spielleiter sollte dann die „Sachte sachte"-Methode vorschlagen. Dadurch können sich die Schauspieler, die durch den ersten Abschnitt der freien Improvisation zu sehr aufgeladen sind, für eine erhöhte Kreativität öffnen und mehr über ihre Beziehungen zueinander erfahren.

Siebte Phase: Die zweite Improvisation
Nach ein paar Minuten unterbricht die Leitung das Spiel und fordert die anderen Teilnehmer auf, die erste Gruppe der Antagonisten zu ersetzen und Formen von Unterdrückung auszuprobieren, die in der ersten Improvisation

nicht vorhanden waren. Der Protagonist wird so mit einer neuen „Waffe" oder „Strategie" aus dem Arsenal des Unterdrückers konfrontiert. Hier kann auch mit surrealistischen Mitteln experimentiert werden, auch wenn dies ein falscher Surrealismus ist, da es sich um eine andere reale Dimension des ersten Bildes handelt. Die Person, die ursprünglich „Vater" war und dann „Feldwebel" wurde, kann nun „Lehrer", „Priester", „älterer Bruder", „Boss" oder irgendeine andere Figur sein, die auf der Erfahrung des Antagonisten-Darstellers beruht.

Diese zweite Improvisation wird sowohl in der „normalen" als auch in der „Sachte sachte"-Methode durchgeführt. Eine dritte und vierte Improvisation kann angeschlossen werden, solange es noch Teilnehmer gibt, die andere Charakteristika desselben Antagonisten erkennen und die Möglichkeiten einer entsprechenden Konfrontation auf der Bühne selbst ausloten wollen.

Die vielfache Ersetzung des Antagonisten ist besonders dann zu empfehlen, wenn es nur einen einzigen Protagonisten gibt. In solch einem Fall kann sich der Protagonist auch auf den heißen Stuhl platzieren und nach einigen Improvisationen kann das Spiel dann mit anderen Ideen und Gefühlen wiederholt werden. Im Übrigen muss auch diese Technik nicht an dem Punkt zu Ende sein, wenn alle hier genannten Schritte vollzogen sind. Und umgekehrt müssen nicht alle Schritte durchlaufen werden, wenn einige für den spezifischen Fall als überflüssig erscheinen. Die Technik sollte im Hinblick auf die jeweiligen Bedürfnisse der Beteiligten angewandt werden und nicht umgekehrt.

Achte Phase: Der Austausch von Ideen
Der Spielleiter regt abschließend einen Austausch von Meinungen und Eindrücken der Teilnehmer im Hinblick auf die vorangegangene Arbeit an.

Furcht vor der Leere
Als wir in Genf mit dieser Technik arbeiteten, sagte eine junge Frau: „Es ist unmöglich. Ich kann kein Bild zur Furcht machen, weil ich keine konkreten Ängste habe. Alle meine Ängste sind abstrakt."

Ich ermunterte sie, einige ihrer „abstrakten" Ängste zu erläutern. Sie sprach von der Angst vor dem Tod, Angst vor der Zukunft, Angst vor der Unendlichkeit und schließlich sagte sie: „Aber es ist die Leere, die mich am meisten erschreckt."

Ich bat sie, ein Bild für Leere zu finden.

„Ich kann nicht. Leere ist Leere. Leere ist etwas, was nicht existiert. Wie kann ich ein Bild von etwas machen, das nicht existiert?"

„Dann mache ein Bild von dem, was nicht existiert – Ding oder Person – dessen Existenz du dir aber wünschst."

„Nein. Ich will immer noch das Bild der Leere …"

„Aber du hast gerade gesagt, du könntest es nicht machen."
„Ich kann es versuchen."
Sie kletterte auf die Fensterbank, die glücklicherweise nicht allzu hoch war.
„Siehst du? Das ist Leere für mich."
„Warum ‚das'? Es ist doch überhaupt nicht leer da draußen. Da gibt es einen Park und Bäume, Leute, die vorbeigehen, da ist der Boden, auf dem sie gehen. Da draußen ist keine Leere."
„Mir geht es nicht darum, was draußen ist. Die Leere ist genau hier, in diesem Raum."
Ich widersprach ihr: „Leere, hier drin? Aber hier sind wir, es gibt Stühle, Tische, Gegenstände. Der Raum ist voll. Vielleicht sind wir nicht gerade die Leute, die du hier sehen willst, aber wir sind hier."
„Das ist es. Ihr seid nicht die Leute, die ich hier sehen möchte."
„O. k. Wenn wir nicht die Person sind, die du hier sehen möchtest", sagte ich und wechselte unabsichtlich vom Plural zum Singular, „dann schlage ich vor, dass du das Bild der Person herstellst."
Sie zögerte einen Moment. Dann ging sie zu einem Teilnehmer aus der Gruppe, platzierte ihn ein paar Meter entfernt von sich, mit dem Rücken zu ihr. Dann ging sie zurück auf die Fensterbank.
„Siehst du? Er ist das Bild der Leere."
„Vielleicht. Aber es könnte auch sein, dass er das Bild von etwas ist, das du wünschst und das weit von dir entfernt ist. Es könnte sein, dass das Bild der Leere genau diese Leere ist, die Lücke, die dich von ihm trennt."
„Vielleicht."
„Du hast ein richtiges Bild gemacht. Es ist wie es ist, aber es ist nicht, wie du es gerne haben möchtest. Ich schlage vor, du machst ein ideales Bild, so wie du es gerne hättest."
Sie kam von der Fensterbank herunter, zog den Teilnehmer zu sich heran und kletterte huckepack auf ihn.
„Ist das dein ideales Bild?"
„Ja."
„Dann lass uns zu dem realen Bild zurückkehren."
Sie ging wieder auf die Fensterbank, der junge Mann bewegte sich von ihr weg, drehte ihr den Rücken zu, und das Bild der Leere erschien wieder.
„Dein Bild der Leere ist also, huckepack auf dem Rücken eines jungen Mannes zu sitzen, gegen seinen Willen. Damit ist dein Konflikt klar umrissen, einfacher als ‚Ich kann kein Bild der Leere machen, weil die Leere nicht existiert.' Was nicht existiert, ist seine Einwilligung, dass du alles mit ihm tun darfst, was du gerne mit ihm tun möchtest. Wir können sehr gut mit diesem Bild arbeiten, genauso gut wie mit einem anderen Bild, einem Bild, das du „konkreter" nennen würdest. Dieses hier ist konkret genug."
In der Tat waren wir sehr gut in der Lage, das Problem dieser jungen Frau zu analysieren, die huckepack auf jungen Männern sitzen wollte, während das diese ihrerseits aber überhaupt nicht wollten. Ihr Bild war demnach genauso gut wie ein anderes, ein weniger realistisches Bild gewesen wäre.

2.2 Das analytische Bild

Das analytische Bild ist eine der intensivsten und komplexesten Techniken, die im Theater der Unterdrückten möglich sind. Diese Methode sollte nicht benutzt werden, wenn der Protagonist sich nicht von Grund auf dazu bereit fühlt. Er sollte nicht unter irgendeinem Druck stehen, durch alle hier genannten Phasen gehen zu müssen. Er kann jederzeit aufhören, wann immer er will.

Erste Phase: Die Improvisation
Eine normale Improvisation: Der Protagonist wählt die Schauspieler aus, die versuchen müssen, Figuren nach seinen Vorgaben zu verkörpern. Diese Technik ist am effektivsten, wenn die Situation von nur zwei Charakteren dargestellt wird, nämlich von einer Hauptfigur und ihrem Antagonisten. Mit dieser Methode kann zudem auch gearbeitet werden, wenn der Protagonist von der betreffenden Situation noch keine klare Vorstellung hat, diese ihm verwirrend erscheint oder er nicht weiß, was er will.

Zweite Phase: Die Gestaltung der Bilder
Die Gruppe muss sich von der Improvisation stimulieren lassen, aber dabei dürfen die Teilnehmer nicht wie Zuschauer oder Konsumenten reagieren, die lachen und applaudieren. Sie müssen sich vielmehr still in die Stimmung von Zuschauspielern versetzen, die bereit sind, einzugreifen. Sie sollten sich von den Stimuli der Szene physisch inspirieren und ihre Wahrnehmung sensibilisieren lassen. Am Ende der Improvisation sollen die Zuschauer selbst Bilder dazu finden, was sie gesehen und erfahren haben: zuerst zur Spielweise des Protagonisten, dann zu der des Antagonisten. Die Bilder sollten das Ergebnis der Beobachtung von verborgenen Details im Verhalten des einen oder anderen Charakters sein. Dies können zum Beispiel Details sein, die die Schwächen des Protagonisten oder die Waffen des Antagonisten entlarven. Falls die Ausgangsszene die Unterdrückter-Unterdrücker-Beziehung nicht klar dargestellt haben sollte, könnten die neuen Bilder Dinge zeigen, die zwar versteckt, aber trotzdem für die Teilnehmer wahrnehmbar waren.
Die neuen Bilder sollten nicht realistisch sein, weil eine Reproduktion dessen, was im Vorfeld bereits zu sehen war, keinen interessiert. Sie sollten vielmehr zeigen, was für den einzelnen Teilnehmer durch seine Sympathie für bzw. Identifikation mit dem Protagonisten oder Antagonisten sichtbar wurde. Die Bilder können metaphorisch, surrealistisch, expressionistisch, vergrößert oder deformiert sein. Alles ist möglich – vorausgesetzt, dass sie real sind und als wahr empfunden werden. Um die Methode in ihrer ganzen Bandbreite nutzen zu können, ist die Herstellung von fünf Bildern zu jeder der beiden Figuren sinnvoll.

Dritte Phase: Die Paarbildung
Wenn von den Zuschauspielern alle Bilder erstellt worden sind, sucht jeder Spieler sein Pendant in einem Bild der Gegengruppe. So bilden sich mehrere Paare (Protagonisten und Antagonisten) aus sich ergänzenden Bildern, die zu den beiden Figuren entstanden sind, wobei sie mehr von subjektiven Eindrücken als von objektiven Überlegungen geleitet sein sollen.

Vierte Phase: Die Reimprovisationen
Nachdem die Paare gebildet wurden, soll jedes innerhalb einer kurzen Zeitspanne die Szene reimprovisieren. Dabei sollten die Zuschauspieler die Grundstruktur ihres ursprünglichen Ausgangsbildes unbedingt beibehalten. Wenn wir beispielsweise in einem Zuschauspieler-Bild den Protagonisten in der Haltung eines Boxers gesehen haben, muss der betreffende Zuschauspieler diese Haltung während der ganzen Improvisation beibehalten. Er kann umhergehen, aber er darf das Bild in nichts Wesentlichem verändern. Die neue Szene hat die Funktion eines Filters, weil vieles, was der Akteur gezeigt hat, von dieser Szene dekodiert wird. Sie ist die vergrößerte Visualisierung der Verhaltenselemente bei Protagonist oder Antagonist.
In den Reimprovisationen dürfen die Zuschauspieler nicht nur sagen, was sie während ihrer ersten Improvisation gesagt haben, sondern auch alles, von dem sie glauben, dass es mit dem Gesagten vereinbar ist, oder alles, was sie für den Subtext, den inneren Monolog der Figuren halten. Hier kann sich das Erinnerte und das Vorgestellte vermischen. Der Protagonist und der Antagonist wohnen der Reimprovisation bei.

Fünfte Phase: Der Protagonist übernimmt die Bilder
Am Ende der Reimprovisationen kehren die Paare für eine weitere Improvisation auf die Bühne zurück, in der sie nacheinander so genau wie möglich Wörter, Gesten und Bewegungen ihrer ersten Improvisation nachspielen müssen. Der Protagonist, der Zeuge der ersten Improvisation war, stellt sich nun neben sein Bild und wiederholt wie ein Echo alles, was das Schauspieler-Bild sagt und tut.
Das Schauspieler-Bild hat ein vergrößertes Bild kreiert, nachdem es von einem einzigen Detail oder irgendeinem Aspekt des Protagonisten-Verhaltens „mimetisiert" worden war. Nun ist es umgekehrt: Der Protagonist soll von diesem Bild „mimetisiert" werden, das aus der ursprünglichen Mimetisierung entstanden ist. Der Protagonist wird also nun das selbst „mimetisieren", was er im Zuschauspieler provoziert hat. Er versucht, das ihm zugeschriebene Verhalten zu vergrößern. Dabei wird das jeweilige Detail das ganze Bild so stark verändern, als ob er eine Karikatur seiner selbst wäre.
Allerdings soll im Gegensatz zur Karikatur (die etwas Offenkundiges übertreibt) das auf die Spitze getrieben werden, was vorher verborgen war.

Nach einer kurzen Zeitspanne ruft der Spielleiter: „Komm raus!" Daraufhin verlässt das Schauspieler-Bild die Szene und wird durch den Protagonisten ersetzt. Dieser tritt nun allein dem Schauspieler-Bild des Antagonisten gegenüber. Es ist sehr wichtig, dass der Protagonist beim gleichen Bild bleibt, also so agiert wie das Schauspieler-Bild, das er vorher ersetzt hat. Nach kurzer Zeit ruft der Spielleiter: „Ihr dürft wechseln!" Der Protagonist kann nun im Bild bleiben, wenn es ihm gefällt, und damit improvisieren.

Wenn er aber glaubt, dass dieses Bild nicht förderlich ist, weil es ihn im Kampf gegen den Antagonisten schwächt, kann er langsam eine Metamorphose ausführen und sich in ein völlig anderes Bild verwandeln, das seiner Ansicht nach für die Konfrontation geeigneter ist und dem Wunschbild seiner selbst am ehesten entspricht. Diese fünfte Phase sollte mit allen Bild-Paaren wiederholt werden.

Sechste Phase: Der Protagonist misst sich gleichzeitig mit allen Bildern des Antagonisten

Der Protagonist kommt auf die Bühne zurück, aber diesmal muss er sich mit allen Bildern des Antagonisten gleichzeitig messen. Die Antagonisten-Bilder improvisieren alle gleichzeitig, als ob sie eine Person wären (denn sie sind ja auch in Wirklichkeit Ausdruck verschiedener Aspekte einer einzigen Person). Die Bilder können alle gleichzeitig sprechen, aber niemals miteinander. Der Protagonist kann sich zugleich an alle wenden (als ob sie für eine einzige Person stehen) oder sich nur einem einzigen Antagonisten-Bild zuwenden. In jedem Fall gibt der Spielleiter am Ende dieser Sequenz dem Protagonisten eine Zusammenfassung seiner Bewegungen, seiner Gewissheiten und seines Zögerns während seiner Konfrontation mit dem einen oder anderen Bild. Seine Bewegungen können wie eine Schrift gelesen werden.

Siebte Phase: Der Antagonist misst sich gleichzeitig mit allen Bildern des Protagonisten

Das Schauspieler-Bild des Antagonisten misst sich mit den Bildern des Protagonisten nach dem gleichen oben beschriebenen Muster. Der Protagonist muss die Szene beobachten und versuchen, genau festzustellen, welches Bild ihn schwächt, welches ihn stärkt und warum es das tut.

Achte Phase: Weitere Improvisation

Protagonist und Antagonist improvisieren die Szene erneut.
Die Originalszene hatte die Geschichte einer Unterdrückung erzählt, die der Protagonist nun in der neuen Szene – mit Hilfe der Bilder, die er gesehen und erfahren hat – versuchsweise durchbrechen soll. Die Schauspieler, deren Bilder der Protagonist als schädlich für sein Verhalten empfindet, müssen sich in Hörweite stellen. Ihre Aufgabe ist es, den Protagonisten jedes Mal zu war-

nen, wenn er in die schädlichen Bilder zurückfällt. Sie warnen ihn mit einem Ausruf wie „Oh oh!". Der Protagonist, der so auf seinen „Rückfall" hingewiesen wurde, muss versuchen, die Metamorphose aus der fünften Phase auszuführen.

Neunte Phase: Der Austausch von Ideen
Die Spielleitung koordiniert wie immer den Austausch von Eindrücken und Beobachtungen zwischen allen Teilnehmern.

Im Theater sind sogar die Lügen wahr
In Köln schlug ein Mann mit Namen Christian im Oktober 1987 eine Szene vor, die ein Zusammentreffen zwischen ihm und seiner Freundin darstellte. Er erzählte uns, dass sie sich immer stritten und dass er nie herausgefunden hat, warum. Wir machten das „Analytische Bild". In der ersten Improvisation fiel uns auf, dass die beiden Liebenden sich nie ansahen. Sie sprachen, ohne sich anzusehen, keiner bezog den anderen ein. Sie waren 50 Zentimeter voneinander entfernt, manchmal sogar näher, aber sie sahen sich nicht. Die körperliche Abwesenheit des anderen war so weit ausgeprägt, dass sie genauso gut am Telefon hätten reden können. Am Ende der Improvisation schuf die Gruppe fünf Bilder von jedem Charakter. Zuerst Christians Bilder:
1. Christian als „Indianer" in einem Western, der tanzt, Stammeslieder singt und sich um seine Freundin dreht, als ob sie ein Lagerfeuer wäre.
2. Christian als Marmorstatue mit erhobenen Armen auf einem Sockel, der in den Himmel starrt und die Haltung eines Mannes hat, der sich für anziehend, elegant und heldenhaft hält.
3. Christian als ein schmollendes Kind, eine Heulsuse, der sich an Mutters Rockzipfeln festhält und am Daumen lutscht.
4. Christian, grimmig, der mit zwei anklagenden Fingern auf die Welt zeigt, um sie für alle seine Schwierigkeiten anzuklagen. Christian, der unschuldige Ankläger.
5. Christian, krank und müde auf dem Boden sitzend, die Hand auf dem Magen, traurig.
Dann sahen wir die Bilder seiner Freundin:
1. Die Freundin schaut aus dem Fenster.
2. Die Freundin sitzt breitbeinig auf einem Stuhl, mit dem Rücken zu Christian.
3. Die Freundin lächelt Christian an, aber ohne ihn anzusehen.
4. Die Freundin sitzt weinend in einer Ecke des Zimmers auf dem Boden.
5. Die Freundin masturbiert.
Anschließend bildeten wir die Paare zu Protagonist und Antagonist. Hier die Kombinationen, zu denen wir spontan kamen:
1. Christian, der Indianer, der singend um seine Freundin herumtanzt, die breitbeinig auf dem Stuhl sitzt. Obwohl er sie nicht ansieht, bereitet er sich darauf vor, sie zu töten, während sie, obwohl in Gefahr, auf einen Retter wartet.
2. Christian, als Statue, spielt die Szene (von Szene kann allerdings kaum die Rede sein) mit einer Freundin, die aus dem Fenster in die Weite blickt.

3. Baby Christian mit der lachenden Freundin, die sich über ihn lustig macht.
4. Der grimmige Christian mit den Ankläger-Fingern vor der masturbierenden Freundin.
5. Christian, müde und krank, der in der einen Ecke des Raumes auf dem Boden sitzt, seine weinende Freundin in der anderen Ecke.

Christian schien fasziniert von diesen Improvisationen zu sein, bemerkenswerterweise mit Ausnahme der letzten, für die er sich kaum interessierte. Sogar die dritte Szene, die wir schwer erträglich fanden, beobachtete er mit großem Spaß, ich würde sogar sagen, mit Zufriedenheit. Aber die Szene, die er am enthusiastischsten aufnahm, war „Christian als Indianer", die einzige Szene, in der er klarer als in allen anderen, seine Freundin ansieht.

Dann kam der Moment, in dem Christian nacheinander jedes dieser fünf Bilder übernehmen sollte, um weiter an ihnen zu arbeiten oder sie zu verwerfen, ganz wie er wollte. Er verwarf kein einziges, sondern übertrieb sie alle maßlos, sobald die Originalschauspieler die Bühne verließen. Er schuf gewaltige Extreme von den Bildern, die ihn als Indianer, Statue, Baby und Ankläger zeigten. Es war gar nicht lustig, aber paradoxerweise schien er zu wollen, dass wir über ihn lachten. Zu seiner Enttäuschung lachten wir nicht. Im Gegenteil, wir erwarteten beklommen die fünfte Improvisation, in der Christian das müde und kranke Bild seiner selbst sein musste. Wenn er der Logik seiner Übertreibung folgte, dann musste er sicherlich sterben … Aber nein, Christian führte eine extrovertierte Müdigkeit, eine opernhafte Krankheit vor. Er war kurz davor, eine Arie aus La Traviata zu singen.

Am Ende fragte er: „Also, wie hat es euch gefallen?", als ob wir in einem normalen Theater wären, wo er am Premierenabend die Hauptrolle gespielt hatte.

„Das musst du sagen, du hast die Szene improvisiert, nicht wir. Wie hat es dir gefallen? Sag' uns, was du mochtest und was nicht."

Christian antwortete, dass er alles mochte, weil alles richtig war. Er sei wirklich so und zwar so sehr, dass „sogar wir" das nicht hätten sehen können.

„Du bist dies alles? Sogar das letzte Bild?"

„Sogar noch mehr …"

Sabine protestierte. Ihrer Meinung nach hatte Christian die ganze Zeit über gelogen.

„Er wollte Theater machen, eine Szene für uns spielen. Das ist nicht er. Wenn wir anderen eine Szene improvisieren, dann versetzen wir uns ganz hinein, wir regen uns auf, wir setzen uns aus, wir enthüllen uns. Christian nicht. Er lügt ununterbrochen, er täuscht nur vor. Meiner Meinung nach ist es nicht möglich, an dieser Szene zu arbeiten, es hat keinen Sinn."

Sie war wütend.

Alles, was Sabine sagte, war richtig, aber es war nicht die ganze Wahrheit. Es ist richtig, dass es durch Christians theatralische Wut sehr schwierig für uns war, die Beziehung zu seiner Freundin zu verstehen. Sogar die Schauspielerin, die diese verkörperte, meinte, er habe ihr so wenig Information oder Anleitung gegeben, dass man ihre Darstellung wohl nicht als gültig ansehen könne. Sie wisse nicht, wer die Freundin sei, weil er es nicht wisse.

„Das glaube ich nicht", sagte ich. „Wenn er dir so wenig Brauchbares gegeben hat, ist es sehr gut möglich, dass er seiner Freundin noch viel weniger gibt."

Es ist wahr, dass Christian seine eigene Persönlichkeit spielte, während die Schauspielerin die Persönlichkeit von jemandem spielte, die sie nicht kannte (was aber nicht ungewöhnlich für

eine Improvisation ist). Aber das Paar da vor uns lebte und erlebte eine Improvisation. Es ist richtig, dass Christian die ganze Zeit „log", wenn man sein theatralisches Getue überhaupt als Lüge bezeichnen kann. Er log, ja, aber er log wahrhaftig. Weil wir unsere Wahrnehmung durch die Lüge hatten trüben lassen, hinderte uns das daran, den Lügner in Aktion zu sehen. Wenn wir ihn jedoch wahrgenommen hätten, hätten wir den Lügner Christian beim Lügen gesehen. Christian „machte Theater", er erzählte wahrhaftig ein paar Lügen.
Möglicherweise waren die fünf Bilder von Christian von den Lügen beeinflusst, die er uns erzählt hatte, in Worten oder in der Originalimprovisation. Möglicherweise war er nicht wirklich so, wie er sich uns gezeigt hatte. Aber es ist wahr, dass er wollte, dass wir ihn so sähen.
Wenn er log, so schloss das entfernt die Existenz einer Wahrheit ein. Der Lügner will nicht nur das Falsche für das Richtige gelten lassen, er will auch eine Wahrheit verstecken.
Welche Wahrheit?
„Ich weiß, dass ich so bin, aber ich will nicht anders sein, ich will so bleiben. Ich bin so bei meiner Freundin und bei allen anderen. Wenn ich mich jemals ändern müsste, würden wir uns trennen. Wir wollen uns wirklich streiten und wir wollen uns so nah sein, dass wir uns nicht ansehen können. Na und?"
Christian konnte nicht aufhören zu reden – trotzig – weil er nicht wollte, dass wir ihm glaubten. Na und?
Nichts und, alles war prima. Was wir in seiner Rede erkennen konnten, war Exzess, Fülle, extreme Intensität, kurz: was er uns sehen lassen wollte. Und wenn er sagte, dass er so wäre, weil er so sein wollte, okay, lasst ihn so sein. Wir konnten gar nichts anderes tun. Bestenfalls konnten wir ihm vorschlagen, dass er, nur für seine eigene Erfahrung, die Szene ihrer Beziehung ein wenig ruhiger und weniger qualvoll spielen sollte. Ich schlug sogar vor, dass sie die Szene noch einmal improvisieren sollten. Christian weigerte sich: „Ich bin sehr müde." Ich drängte ihn. „Nein, ich will wirklich nicht. Ich fühle mich ein bisschen krank." Und er ging und setzte sich allein in eine Ecke des Raumes.
In der anderen Ecke des Raumes war niemand mehr. Die Schauspielerin saß mit dem Rest der Gruppe auf dem Boden. In gewisser Weise reproduzierten sie noch einmal das fünfte Paar.
Im Theater ist nicht das Problem, zu wissen, ob jemand lügt oder nicht. Das Problem ist, jemanden zu sehen, der gerade etwas tut (wenn dies auch gespielt ist). Sogar wenn der Protagonist lügt, ist die Handlung des Lügens immer wahr.

2.3 Der Kreis der Rituale und Masken

Wenn es wahr ist, dass die Rituale des täglichen Lebens jeden von uns zwingen, eine geeignete Maske aufzusetzen, die dann als Dämpfer der Zusammenstöße zwischen den Menschen funktioniert, dann muss es ebenso wahr sein, dass eine Weigerung, die (angemessene) Maske zu tragen, das Ritual beträchtlich modifizieren oder seine Inadäquatheit enthüllen kann. Tatsächlich gibt es heftige Konflikte zwischen dem Ritual und der Person und die Maske ist das Resultat dieser Auseinandersetzung.

Erste Phase: Die ritualisierten Improvisationen
Der Protagonist konstruiert mehrere unterschiedliche Szenen (mindestens vier, höchstens fünf). Jede Szene muss an einem anderen Ort im Raum „platziert" werden. Der Protagonist sollte sich in jeder szenischen Improvisation selbst spielen und die anderen Schauspieler über deren wesentliche Attribute informieren. Die Mitspieler haben zwar Spielräume, müssen aber diesen grundsätzlichen Instruktionen folgen. Der Protagonist sollte Szenen wählen, die verschiedene Unterdrückungen enthalten und in denen sein eigenes Verhalten bis zu einem gewissen Grad unterschiedlich und spezifisch ist. Er wird sich beispielsweise unterschiedlich gegenüber seiner Freundin, seinem Analytiker, seinem Vater oder dem Gemüsehändler an der Ecke verhalten. Jede Improvisation sollte einige Minuten dauern. Danach fragt der Spielleiter die beobachtende Gruppe, wie der Protagonist seine Szene entwickelt hat, was dessen auffallendsten Charakteristika waren und was für eine Maske er trug. Die Zuschauspieler sollten ihre Beobachtungen nicht verbal, sondern mittels Körperausdruck mitteilen. Nachdem die Zuschauspieler einige Bilder gezeigt haben, die von allen betrachtet worden sind, sollte die Gruppe jeweils ein Bild pro Szene für das folgende Spiel auswählen. Vor jeder Szene muss der Spielleiter den Protagonisten fragen, was er von jedem der anderen Charaktere will. So handelt er von innen heraus, anstatt nur zu zeigen, „wie er ist". Dies ist außerordentlich wichtig, denn ein Bühnencharakter basiert auf Aktion und nicht auf Reaktion. Der Schauspieler muss lieben, damit wir von ihm sagen können, das die dargestellte Figur ein Liebender ist. Er soll nicht den Liebenden zeigen, sondern eine Figur, die gerade liebt.
Wenn die erste Ritual-Szene beendet ist, geht der Protagonist weiter zur nächsten, während die Schauspieler der ersten passiv im Spielraum ihrer Szene bleiben. Die zweite Szene wird einige Minuten lang aktiviert und improvisiert, bis der Spielleiter der Gruppe Fragen zu den prinzipiellen und spezifischen Charakteristika des Protagonisten stellt. Und wie immer sollten die Antworten – statt in Worten – auf darstellerische Weise gegeben werden. Auf die gleiche Weise werden auch die noch ausstehenden Szenen behandelt.

Zweite Phase: Die Maske verstärken
Nach der ersten Serie von Improvisationen erstellt die Spielleitung für jede Ritualszene eine Liste der Charakteristika und Masken des Protagonisten, an die sich die Gruppe erinnert.
Danach bittet sie den Protagonisten, die Szenensequenz in der gleichen Reihenfolge noch einmal zu wiederholen und dabei die betreffenden Charakteristika und Masken zu übertreiben. Wo der Protagonist Zeichen von Großherzigkeit gezeigt hatte, muss er also noch freigebiger sein, wo er intolerant war, sollte er das Extrem der Intoleranz zeigen, wo er gewalttätig war, sollte er die Gewalt steigern.

Dritte Phase: Der Konflikt zwischen den Masken und Ritualen
Danach soll der Protagonist mit einer vergrößernden Maske, die mit einer bestimmten Szene korrespondiert, all die Szenen improvisieren, für die die betreffende Maske – oberflächlich betrachtet – inadäquat erscheint. Die Mitspieler in den jeweiligen Szenen sollten angemessen auf das neue Verhalten des Protagonisten reagieren. Daraus können wir schließen, „was passiert wäre, wenn ...".
In einem Workshop hatten wir einen Protagonisten auf der Psychiater-Couch, der im Zustand der Regression am Daumen lutschte. Dann, den Daumen immer noch im Mund, ging er los, um seine Freundin zu treffen. Dabei entdeckte er, dass seine Haltung die Situation nicht vereinfachte. Wenn er dieses „Daumenlutsch"-Verhalten im Verborgenen hatte, dann trug er es symbolisch bei den meisten seiner anderen Beziehungen immer noch mit sich herum. Er fand heraus, dass es immer so war („als ob ..."), sogar wenn er dieses Verhalten niemals bewusst bei seiner Freundin zeigte. In einem anderen Workshop tanzte eine Protagonistin mit ihren Freundinnen in wilder Ausgelassenheit in einer Disco. Mit derselben Extrovertiertheit traf sie sich mit ihren Eltern oder ging zur Arbeit in ein Restaurant oder beschäftigte sich mit ihren Kindern. Diese Maske der Freude verbesserte die Beziehungen zu den Eltern, den Kindern oder den Kunden. Aber ihre vergrößerte Maske der Niedergeschlagenheit die der Beziehung zu ihren Eltern entsprach, ließ ihre Energie abrupt abbrechen.
Diese Technik lässt den Protagonisten sehen, dass er ein multiples Wesen ist, denn Menschen, die immer und überall sie selbst sind, sind in der Tat selten. Wir verändern uns und manchmal tun wir dies, um uns einem Ritual anzupassen, das uns begrenzt und verbietet, uns selbst auszudrücken. In diesen Fällen funktioniert irgendetwas nicht und dieses Etwas ist entweder in uns selbst oder im Ritual. Um dies zu ändern, müssen wir diesem Phänomen zunächst auf ästhetisch-theatralische Weise begegnen.

2.4 Das Bild vom Chaos

Diese Technik ist der des „Kreises der Rituale und Masken" sehr ähnlich. Sie ist noch Gewinn bringender, wenn sie direkt nach dem „Bild der Stunde" angewandt wird. Hier sehen wir den Protagonisten in verschiedenen Momenten seines Lebens, in Momenten von größerer oder kleinerer Energie, von mehr oder weniger Interesse, von größerem oder kleinerem Vergnügen oder auch Kummer, in Momenten der Klarheit oder der Verwirrung. Mit Hilfe des Bildes vom Chaos versucht der Protagonist, seine Disparität, seine Gegensätzlichkeit zu sehen und das zu korrigieren oder umzustrukturieren, was seiner Meinung nach der Veränderung bedarf.

Erste Phase: Die Gestaltung der Bilder
Der Protagonist versucht, fünf (oder mehr) Bilder von sich selbst in fünf (oder mehr) verschiedenen Tagessituationen zu zeigen. Es sollen Situationen sein, in denen er sich auf fünf verschiedene Arten verhält, sich in fünf verschiedene Richtungen bewegt und fünf verschiedene Formen von Energie entfaltet. Er konstruiert nacheinander Bilder, die ihn und seinen Antagonisten in jedem dieser fünf Momente zeigen. Diese beiden Charaktere werden jedes Mal unmittelbar von zwei anderen ersetzt und die fünf Szenen dann gleichzeitig in der „Sachte sachte"-Methode improvisiert.

Zweite Phase: Der Jahrmarkt
Der Protagonist geht zwischen den Szenen umher, die simultan improvisiert werden. Jede Szene wird drei- bis viermal über eine Dauer von zwei bis drei Minuten durchlaufen. Nach jeder Improvisation gibt der Protagonist den Schauspielern ein paar Instruktionen, um ihr Verhalten in eine Richtung zu lenken, von der er glaubt, dass sie sein Bild zwischen diesen verschiedenen Szenen zu harmonisieren hilft. Wenn er es für nötig hält, kann er bei der letzten Improvisation jeden der Schauspieler-Protagonisten in einem Blitz-Forum ersetzen, um seine Idee der Ideal-Szene in der Praxis zu verdeutlichen.

Dritte Phase: Die Diskussion
Die Diskussion sollte herausstellen, was bei den verschiedenen Improvisationen geschah und sich besonders auf den Grad des Interesses konzentrieren, den der Protagonist der jeweiligen Szene entgegenbrachte.

2.5 Das Bild der „Polizisten im Kopf" und ihrer Antikörper

(Randnotiz: Diese Technik kann man am besten bei Szenen anwenden, in denen der Protagonist aus verständlichen oder unverständlichen Gründen gehindert ist, zu handeln. Es sind keine wirklichen „Polizisten" gemeint, die ihn daran hindern, sondern es sind polizistenartige Instanzen oder Wesen „im Kopf" – A. J.).

Erste Phase: Die Improvisation
Der Protagonist improvisiert die Originalszene mit den Schauspielern, die er braucht.

Zweite Phase: Die Gestaltung der Bilder
Nun soll der Protagonist mit den Teilnehmern, die nicht an der Improvisation beteiligt waren, Bilder der „Polizisten" formen, die in seiner Erinnerung

oder Vorstellung während der ersten Improvisation heimlich anwesend waren. Diese Bilder müssen konkrete Menschen repräsentieren, wirkliche, bekannte, vertraute Menschen, keine Abstraktionen wie „die Familie", sondern den Vater, die Mutter, die Tante; nicht „die Gesellschaft", sondern den Polizisten, den Boss, den Anwalt; nicht „die Kirche", sondern einen bestimmten Priester usw. Diese Figuren waren zwar für uns nicht sichtbar, als die Improvisation stattfand, aber sie waren im Kopf des Protagonisten präsent. Es sind genau die Figuren, die Ängste, Wünsche, Phobien oder Verärgerungen in ihm hervorrufen.

Im Anschluss daran fragt der Spielleiter die Teilnehmer, ob sie andere „Polizisten" im Kopf des Protagonisten entdeckt haben oder ob die Improvisation „Polizisten" in ihren eigenen Köpfen geweckt hat. Diese „Polizisten" sollten die Betreffenden in ein Bild umzusetzen versuchen. Auf diesem Wege können die Mitspieler Sympathien für den Protagonisten entwickeln. Der Protagonist hat das Recht, diese Bilder zu akzeptieren oder abzulehnen. Er sollte sie nur dann akzeptieren, wenn sie in ihm eine präzise Erinnerung an eine bestimmte Person wecken, denn die „Polizisten" sollten Menschen aus Fleisch und Blut sein, die wir kennen.

Dritte Phase: Die Anordnung der Konstellation
Nun soll der Protagonist die betreffenden „Statuen" in eine Art Konstellation bringen, in der er selbst eine zentrale Position einnimmt. In welcher Beziehung steht jede „Statue" zu ihm? Wie weit ist jede „Statue" von ihm entfernt? Schaut sie herein oder hinaus? Steht oder sitzt sie? Steht sie vor ihm, ihm gegenüber oder hinter ihm, nur aus dem Augenwinkel wahrnehmbar? Ist sie unerträglich nah oder fürchterlich weit weg? Und wie verhalten sich die Statuen zueinander? Können sich die unsichtbaren „Polizisten"-Figuren sehen oder verstecken sie sich? Gibt es Konflikte zwischen ihnen oder sind sie sich einig?

Bevor wir zur nächsten Phase übergehen, sollte die Aufmerksamkeit der Gruppe auf die objektiven Details der „Statuen" und der gesamten Konstellation sowie auf den Raum, in dem sich die sichtbaren Charaktere (die der Improvisation) und die unsichtbaren (die „Polizisten") befinden, gelenkt werden. Die Gruppe sollte auch Beobachtungen zu den Beziehungen zwischen Protagonist und Figuren anstellen. Der Spielleiter selbst sollte immer nur für sich selbst sprechen und sowohl den Protagonisten als auch die anderen Schauspieler anregen, ebenfalls für sich zu sprechen, auch wenn die Beobachtungen widersprüchlich sind. Wir sollten nicht versuchen, diese Widersprüche aufzulösen, sondern sie näher beleuchten. Wir sollten versuchen, die Bilder von einem objektiven Standpunkt zu betrachten und diese Objektivität (also das Unwiderlegbare wie: die Person im Bild sitzt oder steht) von der Projektion („Mein Eindruck ist, dass sie Angst hat", „Mir scheint, dass er verliebt ist" usw.) unterscheiden. Alles kann gesagt werden, solange immer auf den Unterschied zwischen „es ist" und „mir scheint" geachtet wird, zwischen dem, was außerhalb von mir existiert, und dem, was von meiner Wahrnehmung abhängt.

Vierte Phase: Die Information der Bilder
Dies ist vielleicht die schönste Phase dieser Technik, möglicherweise weil sie sehr theatralisch und bewegend zugleich ist. Der Protagonist soll sich nun den Bildern der unsichtbaren Charaktere (in welcher Reihenfolge auch immer) nähern und ihnen langsam, leise, aber deutlich etwas sagen, was auf die gemeinsame Vergangenheit des Protagonisten und der dargestellten Person anspielt. Jedes „Gespräch" muss mit dem Satz beginnen: „Erinnerst du dich noch, als ..." und schließen mit „und deshalb ...". Das heißt, das „Gespräch" muss ein wirkliches Ereignis heraufbeschwören, das zwischen den beiden geschehen ist oder von beiden beobachtet wurde und das Konsequenzen hatte, z. B.: „Papa, erinnerst du dich noch an den Tag, als du mich mit dem Gürtel geschlagen hast? Daran habe ich gemerkt, dass du ein schwacher Mensch bist ..." Der Schauspieler, der das Bild verkörpert, darf seine Reaktionen nicht zeigen. Er muss unbeweglich wie eine Wachspuppe bleiben. Auf diese „Statue" projiziert der Protagonist seine Erinnerungen und seine Gefühle. Mit Hilfe dieser Informationen ist der „Polizist"-Schauspieler in der Lage, seine Figur in der fünften Phase zu verkörpern.
Auf diese Weise erzählt der Protagonist jedem seine Erinnerungen, Gefühle, Ängste, Wünsche und Sorgen. Die anderen Teilnehmer müssen absolut still verharren, während dies passiert. Es sind Geheimnisse, die der Protagonist uns enthüllt und die wir mit Sympathie und Solidarität aufnehmen, aber nicht mit Applaus oder gar Zensur quittieren sollten.

Fünfte Phase: Die Reimprovisation mit den Bildern
Der Spielleiter schlägt vor, die Szene aus der ersten Phase zu reimprovisieren. Die Antagonisten sollten alles Notwendige dafür tun, dass die Szene in derselben Weise endet wie in der Anfangsimprovisation. Der Protagonist muss seinerseits versuchen, die Szene nach seinen Wünschen zu ändern.
Während sich die Improvisation zwischen Protagonist und Antagonist in einer wirklichkeitsnahen Spielweise vollzieht, können die Bilder der unsichtbaren „Polizisten" auf einer surrealistischen Ebene improvisieren, da sie nicht Teil der sichtbaren Realität sind. Die Statuen können alle Gedanken äußern, die ihnen in den Sinn kommen, und die durch die Informationen des Protagonisten oder auch durch ihre eigene Erfahrung inspiriert sind. Allerdings dürfen sich die Statuen auf keinen Fall im Raum bewegen. Sie sollten in einem leisen, fernen Ton sprechen, der aber für den Protagonisten noch zu hören ist. Nur der Protagonist kann die Bilder bewegen, er kann mit ihnen

machen, was immer er will, wobei diese ihm jedoch nicht gehorchen. Die Äußerung oder Geste „Geh weg!", hat beispielsweise keine entsprechenden Handlungen der Bilder zur Folge. Der Protagonist muss sie schon selbst wegtransportieren. Sollten sie jedoch auf diese Weise bewegt werden, müssen die Statuen einer inneren Tendenz folgend (dies ist eine Frage ihrer Motivation) in Zeitlupe zu ihren Anfangspositionen zurückkehren.

Wir haben also zwei Spielebenen: die realistische Arena, in der sich Protagonist und Schauspieler-Antagonisten bewegen, und die surrealistische Arena für Protagonist und Statuen. Der Protagonist ist der einzige, der auf beiden Ebenen agiert; die Schauspieler und die Bilder sind unfähig, miteinander zu kommunizieren.

Der Spielleiter sollte sensibel erspüren, wie viel Zeit der Protagonist benötigt, um sich von den „Polizisten"-Phantomen zu befreien, ohne sich zu sehr zu verausgaben, denn es ist für den Protagonisten sehr anstrengend, auf beiden Ebenen zu handeln. Er muss gleichzeitig in zwei Geschichten leben und zwei unterschiedliche Spielweisen praktizieren. Und mehr noch: Er sieht, dass trotz all seiner Anstrengungen die Geister eine Tendenz haben, zu ihren Plätzen zurückzukehren, um – genau wie im wirklichen Leben – dieselben Dinge zu wiederholen. Mit dieser Spannung kann man schwer leben, denn sie erfordert regelrechte emotionale Turnübungen. Es liegt in der Verantwortung der Spielleitung, dass diese Anstrengung nicht Grenzen überschreitet und das Spiel dadurch ineffektiv wird (Randnotiz: Es liegt aber auch in der pädagogischen Verantwortung, dass der Protagonist dabei nicht einem Übermaß an persönlicher Irritation ausgesetzt wird – J. W.).

Sechste Phase: Das Blitz-Forum
Der Spielleiter organisiert ein Blitz-Forum. Er bittet alle Teilnehmer, die dazu bereit sind, einer nach dem anderen auf die Bühne zu gehen, den Protagonisten zu ersetzen und ungefähr eine Minute lang eine Handlung auszuführen, die sie für effektiv gegen die „Polizisten"-Geister halten. Der Protagonist beobachtet diese Eingriffe. Weil das Blitz-Forum sehr rasch abläuft, birgt es den Vorteil, dass alle Zuschauspieler Eingriffe vornehmen können und gezwungen sind, schnell zum Punkt zu kommen. Der Protagonist wird dadurch mit einer Vielzahl von vollendeten oder unvollendeten Lösungen, guten oder schlechten, mehr oder weniger erfolgreichen sowie einer ganzen Palette von Gedanken, Empfindungen und Meinungen direkt konfrontiert.

Wenn dieses Blitz-Forum beendet ist, sollte der Protagonist wieder seine Position auf der Bühne einnehmen.

Siebte Phase: Die Erschaffung von Antikörpern
Während dieser Phase agiert der Protagonist nur auf der Ebene der „Polizisten", der surrealistischen Ebene. Und hier versucht er nun, ausgestattet mit

seinen eigenen Meinungen und Wünschen sowie gestärkt durch die Vorschläge des Blitz-Forums, den Teilnehmern zu verdeutlichen, wie seiner Meinung nach die „Polizisten" entwaffnet werden können. Weil er dies demonstrieren will, bekämpft er die Polizisten in einer vergrößerten, überzeichneten Weise. Sobald einer der Zuschauer seinen Weg, seine Handlungen und seine Argumente verstanden hat, ersetzt er den Protagonisten sofort in seinem Kampf gegen den betreffenden „Polizisten" und der Protagonist kann sich mit dem nächsten „Polizisten" auseinander setzen. Der erste „Polizist" sowie der Schauspieler, der den Protagonisten ersetzt hat, können entweder bis zur achten Phase am Bühnenrand warten oder mit der Improvisation fortfahren. Auf die gleiche Weise wird mit allen „Polizisten" verfahren, bis jeder von ihnen seinen Antikörper vor sich hat, und beide Seiten – ausgehend von ihrer ursprünglichen Form und den entsprechenden Vorgaben – eine komplexe Figur leben können.

Achte Phase: Der Jahrmarkt
(Randnotiz: Wie schon mehrfach betont, müssen nicht immer alle Phasen der hier vorgestellten Methoden durchlaufen werden und zudem können die jeweiligen Schritte im Hinblick auf den jeweils spezifischen Fall auch modifiziert werden. So ist es unter Umständen bei der Anwendung dieser Technik sinnvoller, die Jahrmarkt-Improvisationen nacheinander statt gleichzeitig durchzuführen. In diesem Fall haben die Teilnehmer jedes Bildes mehr Zeit für die Vorbereitung, können sich gegenseitig die Geschichten vermitteln, die sie zum Eingriff als Polizist oder als jemand anderes geführt haben und können dann eine dieser Geschichten spielen – A. J.)
Der Spielleiter muss in der Jahrmarkt-Phase beide Seiten animieren, die Spannung und Kreativität in der jeweiligen Szene zu erhöhen. Wenn die Teilnehmer wollen, können sie ein paar Augenblicke damit verbringen, ihre einzelne Szene vorzubereiten, bevor dann alle ihre Szene im Jahrmarkt-Stil simultan präsentieren. Der Protagonist kann über diesen „Jahrmarkt" gehen und je nach Interesse mehr oder weniger Zeit damit verbringen, die jeweilige Konfrontation zu beobachten. Die körperlichen Reaktionen des Protagonisten während dieses Jahrmarktspaziergangs sind sehr aufschlussreich und können wie ein Schriftstück gelesen werden.

Neunte Phase: Die Diskussion
Spielleitung und Teilnehmer sollten sich in dieser Phase über ihre „Lektüre" des Protagonisten-Schriftstücks austauschen. Dabei sind verschiedene Meinungen denkbar, da es sich hier um einen vielfachen Spiegel handelt. Es geht also nicht darum, zu einer Übereinstimmung zu kommen oder sich bei Meinungsverschiedenheiten durchzusetzen. Die Teilnehmer dürfen sich über Aktionen und Reaktionen des Protagonisten wundern und auch ihre eigene

Überraschung zeigen. Aber auch der Protagonist sollte von sich selbst überrascht sein. Er soll nicht von anderen beurteilt werden, sondern sich mit den Überraschungen konfrontieren, die er selbst ans Licht gebracht hat.

Gerade bei dieser Technik ist das Erstaunen das wesentliche Element der Aneignung von Wissen. Es geht darum, etwas Neues, Fremdes, Ungewöhnliches und damit Mögliches über sich zu lernen!

Veras Freunde

Die Technik „Polizist im Kopf" habe ich in den Workshops entwickelt, die ich jedes Jahr mit meiner Gruppe in Paris durchführte.

Bei einem solchen Workshop (eine Art Geburtsstunde dieser neuen Technik – J. W.) erzählte uns die Teilnehmerin Vera folgende Geschichte, die sie dann in einer Improvisation umsetzte: Sie hatte sich gerade von ihrem Mann getrennt. Die betreffende Situation spielte sich an ihrem Arbeitsplatz ab, wo sie sich mit ihren Kollegen zur Kaffeepause traf. Normalerweise waren Veras Kollegen nett. Aber an diesem Tag, als sie erstmalig nach Veras Trennung zusammenkamen, war alles anders.

Ein männlicher Kollege, Jean, erzählte ein paar Witze von zweifelhaftem Geschmack und bot schließlich kalt wie ein Fisch an, Veras Mann in ihrem Bett zu ersetzen. Nicht jeden Tag, aber immer, wenn sie ihn bräuchte und wenn er sich gut in Form fühle. Er sprach mit ihr wie ein Händler, der seine Dienste anbietet. „Frauen brauchen das und ein Freund in der Not ist ein wirklicher Freund." Sehr plausibel, oder?

Françoise hörte nicht auf zu erzählen, wie sehr sie verlassene Frauen bemitleidete, ohne Vera zu beachten, die ihr klarmachen wollte, dass sie weggegangen war, weil sie es nicht mehr ausgehalten hatte. Françoise war übervoll von Mitleid für die Situation, sie wollte den Schmerz teilen, den schrecklichen Kummer, der aber tatsächlich überhaupt nicht bestand.

Marie-Jose, ihre Chefin, machte Vera herunter. Für sie verlor das Team an Wert, weil nun eine Geschiedene in ihrer Mitte war. Die Witze waren genauso unerträglich wie die offene Aggression.

Vera schlug vor, die Szene mit Hilfe des Forumtheaters zu analysieren. Wir versuchten es, aber es funktionierte nicht. Die Szene war zwar stimulierend genug, denn es war wunderbar, wie die Schauspieler als Unterdrücker ihre „Loch Nesses" (ihre monsterhaften geheimen Wünsche – A. J.) auftauchen ließen, die frauenfeindlich und voller Vorurteile waren (Randnotiz: diese nennen wir „la France profonde", das wirkliche Frankreich).

Das Forum funktionierte deshalb nicht, weil eine Lösung unmöglich schien. Man konnte offenbar nichts tun. Alle Frauen, die Vera auf der Bühne ersetzten, schmissen früher oder später den Job hin, verließen die Bühne oder wandten physische Gewalt oder Magie an. (Randnotiz: Im Forumtheater wird eine Erfindung magisch genannt, wenn sie um des Erfolges willen die Gegebenheiten der Wirklichkeit verändert. Dies geschieht beispielsweise, wenn ein Zuschauspieler den Platz einer mittel- und arbeitslosen Person einnimmt und wie durch ein Wunder 100.000 DM in der Gosse findet. Wie alles im Forum, muss das Publikum entscheiden, was magisch ist und was nicht – A. J.)

An diesem Punkt verstand ich, dass ein Forum zwecklos war, weil Vera schon besiegt in die Szene kam. Sie war einer solchen Fülle von Aggressionen ausgesetzt, dass sie kaum Handlungsspielräume hatte. Vera war von vornherein besiegt, weil sie allein war.

Daher bat ich sie – und so entstand die Technik des „Polizisten im Kopf" – zu monologisieren. Einige Minuten lang sprach Vera daher ganz allein vor sich hin. Dann begann sie – wie im Delirium – einen Dialog mit den für uns unsichtbaren dramatis personae ihres Alltagslebens, mit ihren Eltern, Brüdern und Nachbarn. Wir hörten auf alles, was sie diesen unkörperlichen Wesen zu sagen hatte, Menschen, die nur sie allein vor sich sah. Ich bat sie schließlich, uns diese Gesprächspartner zu zeigen. Der Monolog ging jedoch weiter: Vera stand vor dem Spiegel und versuchte, sich schön zu machen. Aber da waren schon wieder die unsichtbaren „Polizisten", die ihr einflüsterten, dass eine verheiratete Frau sich nicht einfach scheiden lassen dürfte, wie wertlos sie dadurch sei, wie sie zur Hure würde usw. Vielleicht hatten ihre Familienmitglieder niemals so mit ihr gesprochen, aber dies waren Gedanken, die jene vielleicht im Hinblick auf eine andere Frau geäußert hatten. Tatsache ist, dass Vera die Erinnerung an diese familiären Verdammungen behalten hatte. Wir staunten über die Übereinstimmung mit der Szene: Alles, was ihre Kollegen während der Kaffeepause dachten, sagten oder taten war Teil der Gedanken, moralischen Werte und Urteile, die längst in Veras Kopf existierten. Dies waren die fest verankerten „Polizisten", die den Weg für äußerliche Aggression freimachten und Vera zugleich davon abhielten, ihre eigenen Gedanken zu äußern. Alles, was die Kollegen sagten, erwiderten die „Polizisten im Kopf": „Sie hat Recht, genau das ist es, Geschiedene sind wertlos."

Vera war nicht von den sichtbaren Antagonisten, den Kollegen, in die Ecke gedrängt worden, was bei allem Respekt auch ziemlich lächerlich wäre für eine moderne Französin aus Paris. Der Grund für ihre Niederlage war sie selbst, genauer das Wachsfiguren-Kabinett, der Friedhof, den sie im Kopf mit sich herumtrug: ihre einbalsamierten Polizisten.

Ein kleiner Junge, Henriques Freund

Auch ein Teilnehmer namens Henrique schuf Bilder seiner „Polizisten", aber stellte einen Beschützer mit hinein. Und das ging so: In der Anfangsimprovisation zeigte Henrique eine Szene, in der er seine Schwester bat, ihm eine Menge Geld zu leihen, nämlich 2.000 cruzados. (Randnotiz: Seit dies geschrieben wurde, hat die brasilianische Währung den Namen geändert und ist mindestens viermal abgewertet worden. Die brasilianische Inflation betrug damals ungefähr 70 % pro Monat, also können wir nicht genau wissen, wie viel Geld 2.000 cruzados waren. Wir nehmen also den Autor beim Wort: eine Menge – A. J.) Seine Schwester war reich und liebte ihn sehr. Im Grunde hatte sie die Mittel, um ihm das Geld zu leihen.

Henrique konstruierte mehrere Bilder. In allen beschuldigte man ihn, ein Tunichtgut, ein „Künstler" zu sein (man sollte erwähnen, dass Henrique Schauspieler war). Zwischen diese aggressiven Bilder platzierte er jedoch ein sehr zartes, sanftes Bild: Das Bild eines verschreckten kleinen Jungen, der auf dem Boden saß, dargestellt von der zartesten und sanftesten Teilnehmerin der Gruppe.

Während der vierten Phase, dem Anvertrauen von geheimen Erinnerungen gegenüber den „Polizisten", brachte Henrique jedem die Aggression in Erinnerung, mit der sie ihn unterwor-

fen hatten. Aber zu dem kleinen Jungen sagte er: „Erinnerst du dich an den Abend vor vielen, vielen Jahren …? Es goss in Strömen und wir waren allein im Haus und wir hatten Angst vor den Blitzen. Deshalb erinnere ich mich an dich, wann immer ich Angst habe."
Während der ganzen Improvisation verließ Henrique nie den kleinen Jungen. Als ich ihn bat, Antikörper zu konstruieren, schuf er für alle „Polizisten", aber nicht für den kleinen Jungen. Durch alle verschiedenen Phasen hindurch zeigte er sich unfähig, seine Schwester um das ganze Geld zu bitten, das er brauchte, und schließlich bat er sie um ein Zehntel der Summe. Dann verließ er die Bühne und nahm das Kind mit. Ich fragte ihn:
„Und was ist mit diesem Bild, willst du keinen Antikörper dafür kreieren?"
„Nein."
„Warum nicht?"
„Weil ich das bin."

Der „alte" Joachim und der phagozytische Polizist
(Randnotiz: Ein Phagozyt ist ein Leukozyt oder weißes Blutkörperchen, das unter bestimmten Bedingungen pathogene Mikroben durch einen Prozess interzellularer Verdauung absorbieren und zerstören kann und so vor Infektionen schützt. Boal bezieht sich hier eindeutig auf die griechische Wortwurzel, da dieser Phagozyt nicht immer eine wohlwollende Rolle spielt. – A. J.)
In Nürnberg erzählte uns ein Mann namens Joachim im Oktober 1988 eine Liebesgeschichte. Er liebte Clara, eine Frau, die zwanzig Jahre jünger war als er und die ihn zu lieben schien. Aber die beiden sahen sich nur, wenn sie von anderen Menschen umgeben waren. Er war Dozent und sie Studentin. Sie trafen sich nur an der Uni mitten unter anderen Dozenten und Studenten und sprachen über die Arbeit, das Studium, Probleme in der Uni, Streiks etc. Sie liebten sich, berührten aber nie intimere Themen. Sie wussten zwar, dass sie sich liebten, aber keiner war sich der Liebe des anderen sicher.
Eines Tages trafen sie sich rein zufällig in einer Bar. Das war die Szene, die Joachim uns erzählte. In der Uni sprachen sie sehr angeregt miteinander. In dieser Bar redeten sie jedoch kaum, jeder wartete darauf, dass der andere etwas sagte. Das Einzige, was ihnen schließlich über die Lippen kam, war:
„Was?"
„Wolltest du etwas sagen?"
„Ich habe nicht verstanden, was du gesagt hast."
„Was sagst du?"
Das war's. Dann verabschiedeten sie sich voneinander und jeder ging zu seinem Platz zurück und grübelte über alle unausgesprochenen Worte, alle nicht ausgedrückten Gefühle nach.
Joachim improvisierte die Szene. Dann bat ich ihn, das Bild der „Polizisten" in seinem Kopf zu konstruieren. Dies waren seine Bilder:
1. Ein junger Mann liegt zwischen Joachim und Clara auf dem Tisch, lacht und macht sich lustig über sie.
2. Ein Junge, der heult.
3. Ein ernster Mann, der ihn ansieht und mit dem Finger auf das vierte Bild zeigt.

4. Ein Mann, der mit einer intellektuellen Arbeit beschäftigt ist, liest und schreibt.
Ich fragte Joachim: „Gibt es nur Männer?"
„Nichts als Männer", antwortete er schnell wie der Blitz.
Ich fragte die Teilnehmer, ob sie andere „Polizisten" in Joachims Kopf wahrgenommen hätten. Dabei machte ich ihnen klar, dass sie sie nur gesehen haben konnten, wenn diese „Polizisten" auch in ihren eigenen Köpfen existierten.
Die nun entstehenden Bilder wurden alle von Joachim verworfen. Er erkannte nicht eines wieder. Jemand zeigte das Bild einer alten Frau, die Clara mit hartem, undurchdringlichem Gesicht ansah. „Ja, vielleicht ... Ich glaube, dass das gehen könnte", sagte er ohne Enthusiasmus. Schließlich aber kam ein sehr schönes Doppelbild, das alle sehr bewegte. Eine Teilnehmerin formte zuerst das Bild einer jungen Frau mit einem lächelnden, sanften Gesicht und mit offenen Armen und Beinen. Danach platzierte sie hinter diese eine andere Frau, die mit ihren Armen und einem Tischtuch, das sie im Raum gefunden hatte, das Gesicht der ersten völlig verbarg. Die beiden bildeten ein einziges widersprüchliches Bild. Die offenen Beine und Arme der ersten Frau strahlten (obwohl ihr Gesicht verborgen war) die sanfte Seite des Bildes aus. Während das Gesicht der zweiten Frau eine Maske der Obszönität war und einen Ausdruck von Spott und Impertinenz hatte. Ohne zu zögern rief Joachim ganz entschieden: „Das ist es! Das stimmt genau!"
Ein Teilnehmer wies darauf hin, dass es sich um einen „phagozytischen Polizisten" handelte. Die Frau mit dem spöttischen Lächeln hatte das Gesicht der sanften, zarten Frau „phagozytiert", verschlungen und ein Monster kreiert, dessen Kopf den Körper quälte.
„Genau das ist es, ein „phagozytischer Polizist"."
Joachim war fasziniert: „Seht sie an, sie frisst die andere Frau, sie hat schon den Kopf gefressen, bald frisst sie den Körper."
Ich unterbrach seinen Redefluss und bat ihn, zur nächsten Phase überzugehen, in der er mit den Bildern reden sollte. Er begann mit dem Bild des kleinen Jungen und erinnerte ihn an Augenblicke seiner eigenen Kindheit, seine einsamen und vergeblichen Tränen, die Tränen eines einsamen Kindes, das in seinem Raum eingeschlossen ist. Den ernsten Mann erinnerte er an Beschuldigungen wegen seiner Schularbeiten. Den sitzenden jungen Mann erinnerte er an einen sehr armen Kollegen, der vierundzwanzig Stunden am Tag studierte. Die Frau erinnerte er an Beschuldigungen seiner Mutter. Dann setzte er sich hin und sah, ohne sprechen zu können, die Frau mit dem verborgenen Gesicht an. Er blieb vor der „Spötterin" sitzen und fragte sie: „Soll ich das glauben, was du hier zeigst? Warum lügst du?"
Während der fünften Phase blieb Joachim unbeweglich sitzen und sprach weiter mit der Darstellerin der Clara wie in der ersten Improvisation. Das beschäftigte mich. Er hatte auf nichts reagiert, hatte nichts verändert. Als ich ihm dann das Blitz-Forum vorschlug, antwortete Joachim, das dies nicht nötig wäre.
„Warum nicht?", fragte ich.
„Weil ich schon weiß, was ich tun muss."
Das schien mir recht seltsam. Er sagte, er wüsste, was er tun sollte, aber er tat absolut nichts. Wie auch immer, ich kam seiner Bitte entgegen, denn die Teilnehmer rangieren bei mir vor den Techniken und ihren Teilschritten.

Daher schlug ich Joachim statt des Blitzforums vor, Antikörper zu kreieren. Er antwortete: „O. k., aber auf meine Art."

„Seine Art" war so seltsam, wie sie nur sein konnte. Er begann damit, die Charaktere zusammenzurufen, bat die Darstellerin des Jungen, lauter, stärker und heftiger zu weinen. Sie gehorchte und er nahm sie beim Arm und führte sie vor die Frau mit dem undurchdringlichen Gesicht. Er ließ den „kleinen Jungen" die Frau umarmen, trug ihm auf, noch lauter und stärker zu weinen und die Frau noch heftiger zu umarmen. Die Schauspielerin kam ihm entgegen und gehorchte. Sie machte ein noch teilnahmsloseres Gesicht, verlor aber dann all ihre Aggression und ging zur Verteidigung über, weil sie wegen der Schreie und Anfälle des Jungen besorgt war. Sie versuchte, den „kleinen Jungen" zu beruhigen.

Als nächstes nahm Joachim den anklagenden Mann bei der Hand und führte ihn zu dem gelehrten jungen Mann. Der ältere gab weiterhin Befehle: „Mach' weiter mit deinen Hausaufgaben!" (die der junge Student ohnehin erledigte). Somit hob der eine den anderen auf, wie die Frau das Kind im ersten Bilderpaar.

Joachim beschäftigte sich dann nicht mehr mit den vier, sich gegenseitig neutralisierenden Charakteren. Er lachte, als er sie beobachtete. Als er wieder Luft bekam, verunstaltete er das Monster. Wenn er vorher die vier Geister in Paaren versammelt hatte, machte er jetzt das Gegenteil. Er riss das Tischtuch vom Gesicht der jungen Frau mit den offenen Armen und Beinen und sah zum ersten Mal ihr Gesicht. Nachdem er die Fessel, die sie zusammenhielt, durchschnitten hatte, führte er die spöttische Frau fort, stieß sie in eine Ecke des Raumes, kam zurück zu der jungen Frau, legte sie hin und legte sich neben sie. Die junge Frau umarmte ihn und die beiden blieben da liegen, beobachteten die spöttische Frau, die sich unsicher fühlte und nicht wusste, was sie tun sollte. Nach einem Moment holte Joachim Clara, die an der Theke der Bar saß und legte sie neben sich, wobei er sich zwischen beide Frauen platzierte. Tatsächlich bildeten die einander ähnlichen Frauen ein homogenes Ganzes.

Ich wartete ab, um zu sehen, was passierte. Ich hatte zwar daran gedacht, die weiteren Schritte der Methode zu vollziehen, aber Joachim folgte seinem eigenen Weg und der war viel besser. Er fragte: „Kann ich es noch mal machen?" – „Sicher", sagte ich, und die Schauspieler nahmen wieder ihre Originalplätze ein.

Joachim tat dieselben Dinge und benutzte dieselben Gesten – fast. Denn als er das weinende Kind zu der Frau mit dem undurchdringlichen Gesicht schubste, forderte er: „Los! Friss sie! Beiß sie! Vertilge sie! Friss! Beiß ein Stück aus ihr heraus!", rief Joachim euphorisch.

Als nächstes war er der Trainer des zweiten Paares (ernster Mann/gelehrter Student). „Antworte nicht, lass ihn böse werden. Sag nichts, sieh ihn nicht an!" Darüber wurde der ernste Mann richtig böse, was Joachim glücklich und aufgeregt beobachtete. Er trieb den gelehrten jungen Mann noch mehr an: „Vertilge ihn, töte ihn, friss ihn!". Übererregt im vollständigen Gegensatz zu seinem üblichen Verhalten, wurde Joachims Stimme immer lauter. Einige Teilnehmer lachten freundlich darüber. Wir waren alle gespannt, wie die Szene enden würde.

Joachim wandte sich nun dem „Monster"-Paar zu. Die spöttische Frau stieß einen Schrei von komischer Furcht aus: „O. k., ich gehe von selbst!", und sie rannte in eine Ecke des Raumes. Joachim setzte sich dann neben das Mädchen mit den offenen Armen und Beinen. Sehr zärtlich schlang sie ihre Arme und Beine um ihn. Clara näherte sich und hielt ihn zärtlich von hin-

ten fest. Und für einen Augenblick blieben sie so, alle drei zusammen auf dem Boden. Ich sagte gar nichts. Schließlich sprach Joachim:
„Ich weiß, dass die Dinge in Wirklichkeit nicht so sind. Und doch sind sie so. Sie sind es und sie sind es nicht."
„In welcher Weise ‚so'?"
„Wenn ich Clara ansehe, sehe ich die andere Frau da und höre diese Männer. Ich habe eine wichtige Sache entdeckt. Ich habe viele Polizisten im Kopf, sehr viele. ich habe einige, die mir befehlen, den ganzen Tag zu arbeiten, andere, die mir sagen, dass ich alt werde, andere, die mich in die Defensive gegen dies oder das drücken. Es sind alle möglichen Arten von Polizisten. Mein Kopf ist wirklich eine Polizeistation. Er enthält noch viel mehr Polizisten, als ihr gesehen habt. Aber ich habe eine wichtige Sache entdeckt: Einige dieser Polizisten sind Phagozyten, sie haben die Fähigkeit, andere zu verschlingen. Sie sind Kannibalen und einige dieser Kannibalen haben ernsthaft Hunger. Was ich entdecken muss, ist, welches die guten Kannibalen sind und welche aufgefressen werden müssen."
Die Gruppe lachte ziemlich. Und Joachim fragte mich nach einigem Nachdenken:
„Glaubst du an die Existenz von Kannibalen-„Polizisten" im Kopf?"
„Ich glaube an alles, mein lieber Joachim, an alles."
Ich glaube an alles – besonders im Theater. Und ich glaube an all die Dinge, die dank des Theaters sichtbar werden können.

Beobachtungen
Die Technik „Polizist im Kopf" beinhaltet einige Schwierigkeiten.
1. So tendiert der Protagonist dazu, seine „Polizisten" einfach nur um sich herum zu versammeln, anstatt den besonderen Sinn der Figurenkonstellation für sich zu nutzen. Daher sollte die Spielleitung darauf bestehen, dass der Protagonist von Distanz, Perspektive und verschiedenen Höhen Gebrauch macht. Damit organisiert er die „Polizisten" entsprechend ihrer Neigungen und ihrem Widerwillen, anstatt sie einfach wie eine Mauer nebeneinander zu stellen. Man sollte solch eine „Mauer von Polizisten" nicht akzeptieren, wenn der Protagonist sie nicht selber absichtsvoll konstruiert. Wir beschäftigen uns damit, Theater zu machen, also müssen wir den ästhetischen Raum nutzen, der da ist. Wenn er nicht benutzt wird, wird er zu einem leeren Raum, was auch eine Bedeutung hat.
2. Der „Polizist" muss nicht notwendigerweise eine Pistole in der Hand oder einen erhobenen Zeigefinger haben. Er kann sich auch auf verführerische Art zeigen. Wir verstehen unter „Polizist" ein Bild, das an einem bestimmten Punkt einer Handlung in unseren Köpfen ist und uns entweder zwingt, das zu tun, was wir nicht tun wollen oder uns hindert, das zu tun, was wir gerne tun möchten. Seine Anwesenheit schwächt unsere eigenen Wünsche und stärkt die fremden „Polizisten"-Wünsche. Das kann durch Gewalt oder durch Verführung geschehen, durch Härte oder durch Sanftheit, durch Wort oder Geste, Kühnheit oder Ängstlichkeit.

3. Gelegentlich platziert der Protagonist – was für den Prozess bereichernd ist – in seiner Konstellation nicht nur die eigenen „Polizisten im Kopf", sondern auch die „Polizisten in den Köpfen seiner Polizisten". Diese sehr reichen Konstellationen tendieren zu Verwirrung. In solchen Fällen ist es notwendig, die „Sachte sachte"-Methode anzuwenden, damit eine klarere Sicht der Konflikte gewährleistet ist.
4. Manchmal wollen einige Teilnehmer einfach nur ihre Gedanken verbalisieren oder sie mit recht offensichtlichen Bildern illustrieren. Szenen und Bilder sollten jedoch nicht nur bloße Illustration eines Wortes oder eines Satzes sein. In diesen Fällen wäre es besser, die Wörter und Sätze einfach zu artikulieren. Ein theatralisches Bild, eine Szene sollte in einem ästhetischen Klima konstruiert werden, einem Klima von Gefühlen, Tönen und Bewegungen, aber nicht ausschließlich durch das Medium der Wörter.
5. Während der fünften Phase dieser Technik verbringt der Protagonist oft die meiste Zeit und Energie damit, gegen seine „Polizisten" zu kämpfen und beachtet den Antagonisten wenig. Dadurch wird enthüllt, was auch in Wirklichkeit passiert. Wir beschäftigen uns mehr mit den Verboten als mit unseren Wünschen. Aber vielleicht handelt der Protagonist ja auch in dieser Weise, um die wirklichen Antagonisten „nicht zu sehen".
Zudem ist die Theaterbühne einschüchternd. Daher sollte der Spielleiter dem Protagonisten helfen, sich auf ihr zu orientieren. Wenn aber der betreffende Akteur darauf besteht, seine Energien ausschließlich für seine „Polizisten" zu verausgaben, dann sollte das als ein deutliches Zeichen verstanden werden.

2.6 Das Bild der Zuschauer von den „Polizisten in den Köpfen"

Diese Technik ist identisch mit der vorhergehenden. Sie beinhaltet dieselben Phasen, abgesehen davon dass hier die Zuschauspieler von Anfang an eingreifen und die Bilder ihrer eigenen „Polizisten im Kopf" konstruieren. Die Projektionen können durch Identifikation, Wiedererkennen oder Resonanz ausgelöst werden.
Fast immer erkennt der Protagonist Teilnehmer-Bilder als seine eigenen, ganz einfach deshalb, weil eine gegenseitige Sympathie besteht.

2.7 Das Bild vom „Regenbogen der Wünsche"

Gefühle und Wünsche existieren in uns nicht als Reinzustand. Selbst die so reine Liebe zwischen Romeo und Julia ist nicht frei von Aggression oder Groll. Liebe und Hass, Trauer und Freude, Feigheit und Mut vermischen sich in immer anderen Relationen. Was im gesellschaftlichen Miteinander an die Oberfläche kommt, ist nur eine „Dominante" all dieser Kräfte, die in der menschlichen Seele wirken. Die Regenbogen-Methode kann helfen, Wünsche und Gefühle zu klären. Sie erlaubt dem Protagonisten, sich selbst nicht als einseitiges Wesen zu sehen, sondern als multiples Geschöpf, dessen Bild von einem Prisma reflektiert wird, das aus den anderen Teilnehmern besteht. Leidenschaften und Bedürfnisse des Protagonisten erscheinen hier in allen – für das bloße Auge nicht sichtbaren – Farben. Dies geschieht auf die gleiche Weise wie beim Sonnenlicht, wenn es durch den Regen fällt und sich in einen vielfarbigen Regenbogen verwandelt. Dem Satz „So hell wie der lichte Tag" halten wir entgegen: „Nein, so dunkel wie der lichte Tag, der lügt. So hell wie der Regenbogen, der uns die Wahrheit sagt."

Wie schon gesagt, weder die Abfolge der Schritte dieser Technik ist unveränderlich, noch muss jede Phase durchlaufen werden, wenn dies nicht angemessen ist. Technik und Einzelschritte sollten auf die mitwirkenden Personen abgestimmt werden.

Erste Phase: Die Improvisation
Auch diese Methode beginnt mit einer Improvisation, die vom Protagonisten „geschrieben" und „inszeniert" wird. Wir haben eine Person-Persönlichkeit, die die Rolle des Protagonisten lebt und Person-Personae (Charaktere), die von den Antagonisten verlebendigt werden.

Zweite Phase: Der Regenbogen
Der Spielleiter bittet den Protagonisten, Bilder seiner Wünsche und seines Gefühlszustandes zu kreieren, also all die Kräfte, die für die zu erarbeitende Szene wichtig sind, zu aktivieren. Der Protagonist führt die betreffenden Bilder mittels Körperausdruck vor. Diese werden dann von den Teilnehmern reproduziert, die sich mit ihnen identifizieren oder sie wieder erkennen oder in denen die Bilder eine starke Resonanz hervorgerufen haben. Die Teilnehmer, die die Bilder reproduzieren, sollten dies nicht einfach tun, weil sie diese Aufgabe oder Rolle akzeptieren, sondern weil sie sie selbst verlebendigen wollen. Wenn der Protagonist die Bild-Skulpturen vollendet hat und mit ihnen zufrieden ist, können die restlichen Teilnehmer – falls sie dies wünschen – weitere Bilder vorschlagen.

Auch sie sollten ihr Bild mittels Körperausdruck darstellen, der Protagonist kann sie annehmen oder ablehnen. Er muss von ihnen sagen können: „So bin ich", oder „das ist ein Teil von mir", denn das Ziel der Übung besteht darin, Bilder zu finden, die Charakteristika des Protagonisten enthüllen. Wir haben es hier nicht mit den „Polizisten im Kopf" zu tun, die für Wünsche und Erwartungen anderer stehen, sondern mit denen, die für die Wünsche des Protagonisten selbst stehen.

Dritte Phase: Kurzer Monolog mit Vertraulichkeiten
Nun sollen sich die Wunsch-Bilder wie auf einem Fußballplatz hinter den „Seitenlinien" aufstellen. Dann soll der Protagonist an jedes Bild allein einen kurzen vertraulichen Monolog richten, der ungefähr mit einem Satz wie „Ich bin nicht so, weil ..." oder „So möchte ich nicht sein, aber ich erkenne es wieder, weil ...", oder sogar „Ich würde viel lieber so sein, weil ..." beginnen muss. Er sollte sich immer auf das beziehen, was er wirklich denkt und fühlt. Es soll deutlich werden, wie er sich bei der Entdeckung seiner selbst fühlt. Die Schauspieler-Bilder nutzen diese Informationen, um ihre Rollen in den folgenden Improvisationen besser leben zu können (indem sie auf die Vorstellungskraft und nicht allein auf die Erinnerung zurückgreifen). In dieser Sequenz dürfen sie Wörter und Bewegungen verwenden, aber sie dürfen keinesfalls die wesentlichen Elemente ihrer Bilder zerstören. Das Bild sollte nicht verloren gehen, weil es als ein „Filter" dessen arbeitet, was gesagt wird.

Vierte Phase: Ein Teil übernimmt das Ganze
Nachdem der Antagonist die Bühne betreten hat, schickt der Protagonist die Bilder auf die Bühne, in welcher Reihenfolge und aus welchen Gründen auch immer. Jedes Bild hat ungefähr eine Minute Zeit, um allein dem Antagonisten gegenüber zu stehen, als ob dieses Bild allein für den Protagonisten in seiner Ganzheit stehen könnte, als ob der Regenbogen nur eine Farbe hätte. Die Gruppe beobachtet die Wirkungen dieses einfarbigen Zweikampfs und die Wege, die die Beziehung geht.
Der Protagonist schickt die Bilder nacheinander zum Zweikampf „auf den Platz", und sobald die Szene hinreichend klar ist, werden sie vom Spielleiter „hinter die Seitenlinien" zurückgebeten. Der Antagonist sollte handeln, als hätte er es mit verschiedenen Charakteren zu tun oder als ob ein einziger Charakter plötzlich sein Verhalten ändern würde, denn jede Farbe nimmt das Spiel an der Stelle auf, wo die vorige Farbe aufgehört hat. Wenn alle Bilder diese erste „Runde" des Zweikampfes absolviert haben, gehen wir weiter zur nächsten Phase.

Fünfte Phase: Der ganze Regenbogen
Der Protagonist bittet die Bilder nacheinander zurück auf das Spielfeld und diesmal bleiben sie dort. Weil sie konstituierende Teile des Protagonisten sind, kann er sie nicht ignorieren oder so tun, als ob sie nicht existierten, aber er kann versuchen, sie zu kontrollieren. So arrangiert er sie, eins nach dem anderen, in einer Konstellation mit dem Antagonisten im Zentrum. Er bewegt die Bilder, wie es ihm in den Sinn kommt. Er kann sie näher oder weiter entfernt zum Antagonisten, vor, neben oder hinter ihn, so auffällig oder so unauffällig wie möglich, platzieren. Dadurch kann der Protagonist den Wirkungsgrad der einzelnen Charakteristika bestimmen. Denkt er beispielswei-

se, dass ein Bild zu gewalttätig wirkt, kann er es weiter weg stellen, so dass dessen Aggression weniger auffällig ist. Das Bild muss jedoch weiterhin in einer Beziehung zum Antagonisten stehen, so als wäre es mit ihm allein. Der Antagonist wiederum steht allen Bildern gegenüber, als wären sie jeweils eine einzige Person, nämlich der Protagonist.

Variation
Der Protagonist kann zwei Konstellationen herstellen: zunächst den Regenbogen aus seiner Sicht im status quo und dann den Regenbogen, wie er ihn idealerweise haben möchte. Hieran sollten Ähnlichkeiten und Unterschiede beobachtet werden. Und wir können sehen, wie der Regenbogen sich in Zeitlupe von einer Konfiguration zur anderen bewegt.
Hierbei müssen zwei weitere Aspekte erwähnt werden:
1. Die Bewegungen des Protagonisten, wenn er die Bilder auf die Bühne stellt, seine Sicherheit oder Unentschiedenheit stellen eine Art Schrift dar, die vom Protagonisten und den anderen Mitgliedern der Gruppe „gelesen" und diskutiert werden sollte. Wenn der Protagonist auf der Bühne seinen Regenbogen konstruiert, verliert er sich selbst aus dem Blick. Daher ist es hilfreich, wenn man ihm sagt, wie er sich beim Platzieren der Bilder verhalten hat.
2. Das Verhalten des Antagonisten in Bezug auf jedes Bild ist ebenfalls von Bedeutung: Wie würde er sich verhalten haben, wenn der Protagonist nur so oder so wäre? Als er in der Ausgangsimprovisation dem Protagonisten gegenüber stand, war er mit dem Ganzen konfrontiert. Jetzt, wo er ihn im Detail sieht, muss er entscheiden, ob er eine oder mehrere dieser „Farben" braucht oder vorzieht, um eine Beziehung herzustellen, und wie er diese Beziehung herstellt.
Der im Spiel bezeichnete Inhalt ist in beiden Fällen und den ganzen Prozess hindurch kein absolutes oder starres Bedeutungsgefäß, sondern mehrdeutig. Je nach dem, wer liest, ist die Bedeutung unterschiedlich, so dass auch der Regenbogen andere Farben annimmt.

Sechste Phase: Wille gegen Wunsch
Der Protagonist wird gebeten, sich in seiner „realen" Konstellation (im Gegensatz zur „idealen" Konstellation, falls diese Variante benutzt worden ist) von einem Bild zum anderen zu bewegen und mit jeder „Farbe" in einen Dialog zu treten. Jede einzelne Farbe repräsentiert einen Wunsch des Protagonisten, der mit seinem Willen übereinstimmen kann oder auch nicht, denn der Wille ist eine bewusste Entscheidung, der Wunsch hingegen eine amoralische Kraft. In dieser Phase geht es also darum, Willen und Wunsch in Einklang zu bringen.
Der Protagonist beginnt den Dialog mit jedem Wunschpartner mit einem Satz wie „Ich würde viel lieber so sein, weil …" oder „Ich würde nicht gerne

so sein, weil …". Er redet als bewusster Wille jeden der (oft unbewussten) Wünsche an und versucht, sie davon zu überzeugen, sich mehr oder weniger zu verändern. Wenn der Protagonist einen Wunsch vergrößern will, diskutieren beide, wie das erreicht werden könnte. Wenn er einen Wunsch verkleinern will, argumentiert er und überzeugt den Wunsch entsprechend. Aber was immer der Protagonist will, ob nun Vergrößerung oder Verkleinerung, die Wünsche – die ja amoralisch sind und auf Vernunft nicht hören – müssen während des Dialoges zwangsläufig größer werden, entweder wegen der unterstützenden Stimuli des sie überzeugenden Willens oder aus trotziger Selbstverteidigung gegen einen Willen, der das Gegenteil möchte.
Der Protagonist redet kurze Zeit mit jeder Wunschfarbe und bewegt sich dann zur nächsten, entweder von selbst oder auf Bitten des Spielleiters. Während dieser Phase werden alle Wünsche stärker.
Auswahl, Reihenfolge, die Zeit, die mit jeder Farbe verbracht wird, und der Tenor jedes Zusammentreffens stellen wiederum eine Schrift dar, die von der Gruppe gelesen werden muss.

Siebte Phase: Der Protagonist nimmt den Platz des Antagonisten ein
Nachdem der Protagonist seinen Regenbogen organisiert und jeden Wunsch, wie oben beschrieben, „aufgeladen" hat, bittet ihn der Spielleiter, sich selbst neben oder hinter den Antagonisten zu stellen. Auf diese Weise soll er den Regenbogen seiner Wünsche aus derselben Perspektive wie der Antagonist beobachten und erfahren. Wenn wir mit jemandem sprechen, wissen wir, was wir sagen, aber wir wissen eigentlich nicht, wie es verstanden wird. Wenn wir eine Handlung ausführen, wissen wir, was wir tun, aber wir wissen nicht, wie unsere Handlung wahrgenommen, gefühlt oder erfahren wird. Aus dieser neuen Perspektive ist der Protagonist in der Lage, zu sehen, wie er gesehen wird, wahrzunehmen, wie er wahrgenommen wird.
Danach bittet der Spielleiter den Antagonisten zu gehen, und den Protagonisten, auf seinem Platz zu bleiben. Die Bilder müssen der Szene folgen, als hätte sich nichts geändert.

Achte Phase: Die Agora der Wünsche
Der Spielleiter bittet nun auch den Protagonisten, den Spielraum zu verlassen. Die allein gelassenen Bilder beginnen nun mit der Agora (dem Markt) der Wünsche. Jedes Bild wusste bis jetzt nichts von den anderen. Nun kann es mit den anderen in einen Dialog treten und in Beziehung zu ihnen handeln. Dabei soll die Konfrontation mit dem Antagonisten weiterverfolgt werden.
Zu Beginn muss jeder Wunsch als sein Pendant den gegensätzlichsten Wunsch finden, um mit ihm in eine kämpferische Auseinandersetzung zu treten. Wenn zwei Wünsche sich den gleichen Komplementär-Wunsch aussuchen, darf dieser auswählen, mit wem von beiden er in einen Dialog treten

will. Die so entstandenen Paare schaffen sich einen eigenen Spielraum und sprechen miteinander, um mit Herz und Verstand die Wünsche wirklich zu verstehen. Nach einiger Zeit ruft der Spielleiter: „Wechselt die Wünsche!", und es werden neue Paare auf die gleiche Art gebildet. Sind ausreichend viele dieser Dialoge geführt worden, sollten die Paare ein drittes Mal wechseln. Es ist sehr wichtig, dass jedes Bild, wenn auch nur für einen kurzen Moment, die Existenz der anderen erkennt und zu jedem in eine Beziehung tritt, die dann erfühlt und untersucht werden kann. Während der Agora kann sich der Protagonist frei im Spielraum bewegen, um die Alternativen, Meinungen und Lösungen besser hören und sehen zu können.
Auch hier besitzt das Protagonisten-Verhalten wieder Schriftcharakter.

Neunte Phase: Die Reimprovisation
Die Wünsche werden entlassen und die Originalszene zwischen Protagonist und Antagonist wird reimprovisiert. Der Protagonist muss dieses Mal versuchen, seinen Willen durchzusetzen. Das Ergebnis dieser Reimprovisation kann sich von der Originalszene unterscheiden oder auch nicht.

Zehnte Phase: Die Diskussion
Alle Schauspieler erzählen nun, was sie in der Szene erlebt oder bemerkt haben. Auch die übrigen Teilnehmer sollten berichten, was sie beim Beobachten der Szene gefühlt oder bemerkt haben.
Die Spielleitung muss die Diskussion koordinieren, ohne zu „interpretieren" oder „die Wahrheit entdecken" zu wollen. Sie sollte nur die originellen, kuriosen und ästhetischen Aspekte jeder Szene aufzeigen, also eher die bezeichnende Form als den bezeichneten Inhalt kommentieren.

Soledads sinnlichen Bilder
Im Mai 1989 erzählte uns eine Frau namens Soledad in Rio de Janeiro, dass sie sich nach zehn Jahren Ehe entschieden hatte, sich von ihrem Mann zu trennen. Ihrer Geschichte zufolge hatte sich ihr Mann, ein weicher, langsamer und in der Regel entscheidungsunfähiger Mensch, entschieden, die Trennung zu verweigern. Soledad liebte ihren Mann sehr, aber sie konnte seine Langsamkeit nicht ertragen. Sie verließ ihr Zuhause und teilte ihre Entscheidung per Telefon mit. Ihr Mann war verletzt, aber willigte ein, jedenfalls am Telefon. Tatsächlich willigte er ein, ohne einzuwilligen, genauso wie er sich geweigert hatte, ohne sich zu weigern, oder Dinge gesagt und das Gegenteil gemeint hatte und eigentlich nie wusste, was er meinte oder wollte.
Als Soledad dann wirklich das Haus verließ, um allein zu leben, verabredeten sie sich, damit sie ihre Sachen holen konnte. Das war die Szene, die uns Soledad vorschlug:
Soledad betritt das Haus, das leer zu sein scheint, und entdeckt ihren Mann, der im Schlafzimmer mit geschlossenen Augen auf dem Bett liegt und mit einem Walkman Musik hört. Sie

ruft und berührt ihn, damit er endlich ihre Anwesenheit wahrnimmt. Dann beginnt sie, ihre Kleider zusammenzusuchen, während ihr Mann weiter Musik hört. Sie schaut ihre Bücher durch. Ihr Mann hört immer noch Musik, hat aber nun seine Augen geöffnet und spioniert alle Bewegungen seiner zukünftigen Ex-Frau aus. Soledad sagt ihm schließlich, dass sie ihre Schallplatten mitnehmen möchte. Ihr Mann protestiert energisch: Die Platten seien alle durcheinander und er wisse nicht mehr, welche wem gehören. Da sie ja die Trennung wolle, solle sie auch die Konsequenzen tragen und eine dieser Konsequenzen sei eben der Verlust der Platten, die in diesem Haus „mitwohnten", das ihnen beiden gehöre. So sehe er die Sache. Soledad schlägt Krach, aber umsonst. Sie erklärt ihre Gründe, aber er akzeptiert oder versteht sie nicht. Er bleibt weiter liegen, hört seine Musik und spricht nicht weiter mit ihr. Hier endet die Szene.

Ich bat Soledad, einen Regenbogen ihrer Wünsche zu erschaffen. Sie begann. Das Bemerkenswerteste an ihrer Bilder-Konstruktion war die Zeit, die sie dafür brauchte, und die minutiöse Art, mit der sie jedes Bild in Beziehung zu ihrem Mann setzte. Dies waren die Bilder:

1. Soledad liegt neben ihrem Mann im Bett und hält seine Hand. Später, als sie zu dem Bild spricht, erinnert sie sich an die Zeiten, die sie miteinander glücklich waren.

2. Soledad sitzt auf dem Bett und erklärt wie eine zärtliche Mutter einem ungezogenen Sohn, dass ein Ehemann sich nicht so verhalten sollte: „Du bist wie ein Baby, das sich an der Brust seiner Mutter festsaugt."

3. Soledad stößt ihren Mann aus dem Haus und zwingt ihn, sich zu bewegen, zu handeln, etwas zu tun. Später ruft das Schauspielerin-Bild aus: „Tu was, halt mich, lass mich nicht gehen!"

4. Soledad kniet wie ein Kind mit gefalteten Händen auf dem Bett und fleht: „Sieh mich an!"

5. Soledad versucht, ihren Mann in einem Kampf zu erdrosseln.

6. Soledad ist sadistisch, reißt die Hüllen von den Platten und bricht sie in Stücke. Das bereitete ihr riesiges Vergnügen. Sie wollte Drohungen zeigen, was ihr Spaß machte, aber sie führte sie nicht aus. Ihr Vergnügen bestand aus den Drohungen und aus dem Anblick der Furcht in den Augen ihres Mannes: „Die Platten sind die einzigen sensiblen Teile deines Körpers. Siehst du? Ich breche sie in Stücke, ich zerschlage dich." Soledad erklärte später, dass sie Vergnügen daran gehabt hatte, zu sehen, wie er litt und sich fürchtete. Ein Vergnügen, das fast wortwörtlich orgiastisch war. „Wenn er mir erlaubt hätte, die Platten mitzunehmen, hätte ich vielleicht nicht so gehandelt."

In der Regenbogen-Phase, als die Wunschfarben zuerst nacheinander, dann alle auf einmal dem Antagonisten gegenüberstanden, war es die Kraft der physischen Beziehung zum Ehemann, die jede Farbe zeigte, die uns am meisten berührte. Entweder streichelte Soledad ihn zärtlich oder sie schob seinen Körper zärtlich mit ihrem Körper aus dem Zimmer und aus dem Haus. Die Szenen endeten alle auf dem Bett und mit einem gegenseitigen Messen der Körperkräfte. Besonders fiel die Szene auf, in der Soledad, die Würgerin und ihr Mann vom Bett auf den Boden herunterrollten und sich in den Laken verhedderten. All dies war sehr sinnlich und frei von Gefahr.

„Das ist wahr. Wenn ich ihn wirklich hätte töten wollen, hätte ich nicht das Bild einer Würgerin gemacht. Ich hätte eine Frau mit einem Gewehr in der Hand hineingestellt."

Sie hatte Recht. Ein Schuss, einmal abgefeuert, kann nicht zurückgeholt werden. Er tötet und es ist vorbei. Ein Mensch kann sich nicht körperlich gegen einen Schuss verteidigen. Es ist ein kaltblütiger Tod. Erdrosseln jedoch ist sinnlich. Notwendigerweise müssen die beiden Körper einander sehr nah sein, sie müssen sich berühren. Erdrosseln geschieht allmählich. Es erreicht nach und nach seinen Höhepunkt und lässt immer die Möglichkeit einer Begnadigung vor einem orgiastischen Tod offen. Darüber hinaus war Soledad keine physisch sehr starke Frau und wenn ihre Kraft auf eine solche Probe gestellt worden wäre, dann hätte sie wohl verloren. Aber das hätte von ihm verlangt, zu handeln ... und er, der Bastard!, tat überhaupt nichts.
Soledad kommentierte:
„Wenn ich die Platten wirklich hätte mitnehmen wollen, hätte ich es getan, wenn er nicht zu Hause gewesen wäre. Ich habe einen Schlüssel. Ich hätte seine Platten sogar stehlen und meine eigenen mitnehmen können. Aber nein. Ich wollte seine Präsenz! Ich hätte eine Umzugsfirma beauftragen und das ganze Haus mitnehmen können ... Ich zog es vor, mit ihm zu streiten. Und am Ende nahm ich gar nichts mit."

Die beängstigende Liebe
Zürich, März 1989. Benno, ein Architekt, hat einen sieben Jahre alten Sohn, der ihn nicht arbeiten lässt, sondern die ganze Zeit spielen will. Eines Tages muss Benno die Pläne für ein Mietshaus fertig stellen. Er ist über seinen Schreibtisch gebeugt und konzentriert bei der Arbeit. Der Sohn kommt herein. Sie streiten sich. Die Szene endet mit einem erschöpften Benno, der sich schuldig fühlt, weil er weder seine Arbeit beendet noch mit seinem Sohn gespielt hat.
Ich bat ihn, Bilder zu finden. Hier ist sein Regenbogen:
1. Der strenge, starke Vater, der den Ton angibt und die Ordnung aufrecht erhält. Ein Zusammenprall mit dem Sohn wird zum Massaker. Der Sohn reagiert, als ob er einen schrecklichen, bedrohlichen Dämon vor sich hätte.
2. Der Vater ist „der beste Freund seines Sohnes". Benno lässt alles fallen, bringt die Pläne und Entwürfe durcheinander, fängt auf dem Fußboden zu spielen an. Seine Arbeit wird er am nächsten Tag nicht abgeben können.
3. Der Arbeiter-Vater, der Sohn kommt herein. Der Vater nimmt nicht einmal seine Anwesenheit wahr, beantwortet seine Fragen nicht. Von allen Bildern ist dies das für den Sohn verletzendste, denn er wird ignoriert. Der Sohn fühlt sich ohne Stimme, da man ihm nicht zuhört, und ohne Körper, da man ihn nicht sieht.
4. Der Lehrer-Vater, der langwierig, mit unzähligen Abschweifungen und bis ins kleinste Detail erklärt, wie die Beziehung zwischen Vater und Sohn aussehen sollte, was ihre gegenseitigen Pflichten und Rechte sein sollten, alles über Gehälter, Mehrwertsteuer usw. Der Sohn schläft während der Erklärungen ein.
5. Der Opfer-Vater. Er zeigt, wie sehr er darunter leidet, dass er nicht so mit dem Sohn spielen kann, wie er gerne möchte, und dass er vom Sohn und von überhaupt niemandem in diesem Haus verstanden wird. Er zeigt dem Sohn, wie er daran leidet. Überall ist Leiden. Kurz, der Vater ist im Zustand großer Angst und der Sohn gibt das Spielen auf. Er ist alleine besser dran als in schlechter Gesellschaft.

6. Der Vater behandelt den Sohn wie einen geistig Minderbemittelten. Alles, was der Sohn tut, ist dumm, und der Vater hat keine Zeit für Dummheiten. „Komm' wieder, wenn du erwachsen bist!"
7. Bennos letzter Wunsch überraschte uns so, dass wir laut auflachten. Sogar Benno lachte. Es war das Bild eines übermäßig liebenden Vaters, des Vaters, für den der Sohn der einzige Lebenszweck dieser Welt ist, sein geliebter, vergötterter Sohn! Die Szene war kaum in Gang gekommen, als der Sohn schon vor Entsetzen flüchtete. Eine solche Liebe wäre wegen ihrer Übertriebenheit unerträglich.

Als er seinen Regenbogen konstruierte, platzierte Benno den liebenden und den herrschenden Vater nebeneinander vor den Sohn und zwischen die drei stellte er den Freund-Vater. Die anderen Väter waren im Raum verteilt, der Arbeiter-Vater sichtbar in einer mittleren Entfernung, der Lehrer-Vater sichtbar, aber nicht zu hören. Die beiden, mit denen der Sohn sich am meisten stritt, waren der Opfer-Vater und der Vater, der ihn wie ein Kleinkind behandelte. Das Kind mochte das überhaupt nicht und Benno ebenso wenig. Daher platzierte er sie weit weg an den Rand. Benno lachte über sich selbst und war ein wenig beschämt, denn er wollte diese Väter noch nicht einmal sehen.

„Früher war ich so, bin es aber nicht mehr. Das ist alles Vergangenheit."
„Wie lange ist das her?"
„Gestern."
„Und gestern ist schon Vergangenheit?"
„Klar, warum nicht? Man muss es nur wünschen."
Und genau das wünschte er sich.

Der Elefant von Gießen in Westdeutschland

Mai 1989. Zum ersten Mal hatte ich mich dazu entschlossen, die Technik des „Polizisten im Kopf" in einer *öffentlichen Vorführung* zu benutzen, die am Ende eines einwöchigen Workshops stehen sollte. Es ist völlig normal und auch eine bekannte Tatsache, dass die Teilnehmer an öffentlichen Vorführungen sich nicht kennen und dass sie das elementare Problem, mit dem sie dort konfrontiert werden, gerne verstecken oder nur symbolisch andeuten. Ich glaube jedoch, dass die Regenbogen-Methode auch in einem solchen Kontext nützlich sein kann, wie das folgende Beispiel vielleicht verdeutlicht. An jenem Abend in Gießen bot sich eine Frau spontan als Protagonistin an, die die Beziehung zu ihrem Freund besser verstehen wollte. Sie schien jedoch bald unentschieden und eingeschüchtert zu sein angesichts der über 200 Menschen im Publikum.

„Ich soll also eine Szene improvisieren und zeigen, was in mir vorgeht und was ich von ihm will. Richtig?", fragte sie beunruhigt.
„Ja, genau. Theater ist Konflikt, Theater handelt vom Wollen. Was willst du?"
„Wer, ich?"
„Ja, Sie, meine Gnädigste!"
Sie zögerte angesichts des Publikums. Ich bot ihr an, es zu lassen und zu ihrem Platz zurückzugehen, aber sie wollte weitermachen. Also fragte ich sie weiter, was sie von ihrem Freund, Mann oder Liebhaber wollte. Dann kam die Antwort: „Ich möchte einen Elefanten."

Natürlich lachten wir alle, das Publikum und ich auch. Ich dachte sogar daran, sie um etwas „Anschaulicheres, Konkreteres" als einen Elefanten zu bitten, aber dann dachte ich daran, dass ein Elefant viele andere Dinge sehr gut verstecken könnte. Ein Elefant, sogar ein kleiner, kann viel verdecken.

Wir improvisierten die Szene und schon nach der ersten Minute erstarb das Gelächter im Zuschauerraum. Wir sahen immer noch eine Frau, die ihren Freund um einen Elefanten bat. Wenn wir nur auf diese Wörter geachtet hätten, wäre uns zweifellos alles, was sie sagte, absolut lächerlich erschienen. Aber diese Frau war leidenschaftlich darauf aus, von diesem Mann etwas zu bekommen. Wir konnten „Elefant" übersetzen und statt dessen „Liebe", „Zärtlichkeit", „gesellschaftliche Stellung", „Orgasmus", „Verständnis", „Verzeihung" heraushören – so viele Möglichkeiten! „Elefant" konnte alles bedeuten, vielleicht sogar einen Elefanten, wobei dies das Letzte war, woran wir dachten. Egal, diese Frau bat diesen Mann verzweifelt um etwas, das er ihr nicht geben konnte oder wollte. Und die Technik war genauso nützlich, als ob sie ihn wirklich um die einfachste Sache der Welt gebeten hätte, z. B. um einen Elefanten. Und doch lehnte er ab.

Uns fiel noch eine weitere, wichtigere Sache auf. Sie bat und forderte, bot aber von sich aus nichts an – nehmen ohne zu geben.

Im Regenbogen zeigte sie uns Folgendes:

1. Eine Kindfrau, die heult, ein Spielzeug will und mit dem Fuß aufstampft, als ob sie einen Elefanten als Schmusetier von Leuten will, die „Mami" und „Papi" zu sein scheinen.

2. Eine erschreckte Frau, verängstigt in der Dunkelheit, in der ein wirklicher, riesiger und wütender Elefant versteckt ist, mit massiven Füßen wie Baumstümpfe. Sie flieht Hals über Kopf vor ihrem Mann (ihrem Freund, dem „Mann"), wie sie vor einer Herde Fleisch fressender Elefanten fliehen würde.

3. Eine Frau mit verletzten Beinen, die nicht gehen kann, aber nichts von der Anwesenheit ihres Mannes weiß und keine Beziehung zu ihm hat. Ihr einziger Gedanke sind ihre zerschundenen Beine. Sie bittet nicht um Hilfe, sie geht im Selbstmitleid auf.

4. Eine Boxer-Frau, die augenscheinlich trainiert und den Kopf ihres Mannes als Punchingball benutzt. Sie reagiert überhaupt nicht auf ihn, sondern konzentriert all ihre Aufmerksamkeit auf ihre Arme, ihre Fäuste. Sie ist glücklich in ihrer physischen Überlegenheit gegenüber dem Punchingball, der ihre Schläge nicht zurückgeben kann.

5. Eine Frau vor dem Spiegel, die sich selbst bewundert. Auch hier keine Beziehung zu dem Mann. Ich hatte das seltsame Gefühl, dass die Frau sich für die Reflexion des Spiegels hielt und nicht für sich selbst.

6. Eine Frau, die an einem imaginären Fluss sitzt und eine Angel in der Hand hält, gedankenverloren, allein, die den Mann nicht ansieht, der darauf wartet, dass ein Fisch anbeißt.

7. Eine Frau, die vom Mann weit entfernt ist, ihn aber von sehr ferne ansieht und – für ihn unhörbar – anspricht.

Von all diesen Bildern enthielten nur zwei, das erste und das letzte, eine klare Beziehung zum Antagonisten, dem Ehemann. Alle anderen waren Bilder der Selbstbetrachtung, eines Rückzugs in sich selbst. Das ging so weit, dass der Schauspieler des Antagonisten sich selbst als Zuschauer fühlte. Mehrere Male verließ er den Spielraum und ich musste ihn bitten, wieder auf seinen Platz innerhalb des Spielgeschehens zurückzukehren. Bei der Konstruktion der Bilder beschäftigte sich die Frau tatsächlich nicht mit ihm. Aber es ist eine Sache, jemanden, der abwesend ist, nicht zu beachten und eine andere, diesen Jemand zu ignorieren, wenn er da ist. Beim Ersteren handelt es sich darum, dass sie ihn nicht in die Szene einbezog, beim letzteren, dass sie ihn aus der Szene ausschloss. Der Schauspieler-Ehemann kam in den Spielraum zurück und ich tat mein Bestes, damit sie ihn sah und lenkte ihre Aufmerksamkeit auf die Entfernungen zwischen den verschiedenen Bildern und dem Ehemann. Sie wusste sehr gut, dass der Ehemann anwesend war, aber sie sah ihn nicht einmal an. Ich glaube, sie distanzierte sich sogar davon, dass wir alle anwesend waren, dass wir in einem Theater waren. In einem ihrer Bilder stellte sie sich vor einen Spiegel. Sie schien vor unser aller Augen vor einem riesigen Spiegel zu stehen, in dem sie sich selbst betrachtete und all die Bilder ansah, die sie selbst bedeuteten. Und man bedenke, dass sie aus allen möglichen Bildern das Bild eines Spiegels gewählt hatte!

Als der Regenbogen geformt war, bat ich sie, die Bilder nacheinander hereinzuschicken und mit dem Ehemann in einen Dialog zu treten. Ein Dialog fand im ersten und letzten Fall statt. In allen anderen Szenen brauchte der Ehemann noch nicht einmal zu antworten oder irgendetwas zu sagen. Er überdachte stumm wie ein Zuschauer die Monologe der Bilder. Und keines dieser fünf Bilder nahm von ihm irgendwelche Notiz.

Nach den Dialogen – in der Phase, wenn das Teil zum Ganzen wird – bat ich die Frau, mit den Farben ihres Regenbogens eine Konstellation zu bilden. Die ersten fünf Figuren, die sie auf die Bühne holte, stellte sie in eine Beziehung zueinander, aber neben dem Ehemann auf, der zu einer Art Satellit in dieser Gruppierung aus fünf Frauen wurde. Schließlich platzierte sie das erste Bild, das heulende Kind, zwischen den fünf Frauen und den Ehemann und, viel weiter weg, das letzte Bild mit der Frau, die von so weit weg und so leise sprach, dass sie noch nicht einmal die Absicht haben konnte, verstanden zu werden, besonders, wenn man bedenkt, dass die anderen Bilder gleichzeitig sprachen. Diese letzten beiden Bilder wurden so hineingesetzt, dass ihre Position keine Rolle spielte. Ich bat die Protagonistin dann, sich selbst neben den Antagonisten zu stellen, damit sie die Szene besser aus der Sicht des Ehemannes einschätzen könnte. „Mein Gott", sagte sie ein wenig erschreckt vor dem Tableau der Bilder.

Dann brach sie alle Regeln des Spiels, wobei ich sie gewähren ließ, und modellierte den ganzen Regenbogen neu. Zuerst und ohne zu zögern schickte sie das Bild des Kindes weg. Danach betrachtete sie eine Weile den Kreis der fünf Frauen, bewegte sie nacheinander fort und stellte sie wie die erste hinter den Ehemann, hinter seinen Rücken, sodass er sie nicht sehen konnte, und auch weit genug weg, dass er sie nicht hören konnte. In der Art, wie sie auf jedes Bild reagierte, fiel uns ein Detail überaus klar, sichtbar und deutlich auf: Sie riss die Figur mit den verletzten Beinen grob vom Boden hoch und stieß sie herum, zeigte der Erschreckten ein böses Gesicht und erschreckte sie damit noch mehr. Sie ohrfeigte die Figur, die mit dem Punchingball boxte. Sie klebte einen dicken Schmatzer auf die Lippen des Bildes, das sich vor dem Spiegel selbst umarmte. Und sie warf die Angelrute der Figur, die Fische fing, einfach ins Wasser. Danach wies sie alle von der Bühne.

Sie kehrte an die Seite des Antagonisten zurück. Für einige Minuten lachte sie nur – laut und lange. Sie tat das vor einem Publikum von 200 Menschen, von denen die Hälfte mitlachte und

die andere versuchte, herauszufinden, was in ihrem Kopf vorging. Nach dem Gelächter sagte sie ganz nüchtern: „So ist es nicht."
Zu diesem Zeitpunkt waren der Ehemann und das Bild in einem banalen Zwiegespräch: „Wir müssen reden, wir müssen einander verstehen, du beachtest mich nicht", usw. Das „So ist es nicht", schnitt dies ab. „Wie ist es dann?", fragte das Bild. Die Frau stand auf, indem sie noch einmal die Spielregeln durchbrach, und nahm den Platz des Bildes ein. Stille … Die Frau sah den Antagonisten an, dann ihren Begleiter im Publikum, dann wieder den „Ehemann" und sagte ganz schlicht: „Gehen wir!"
Wohin? Um was zu tun? Wir werden es nie erfahren, aber das ist auch überhaupt nicht wichtig. Alles, was wir wissen, ist, dass „Gehen wir!", eine Entscheidung zwischen zwei Menschen beinhaltet. Als Ankündigung einer Bewegung ist „Gehen wir!", in sich selbst eine Bewegung. Alle vorherigen Formen der Beziehung beruhten auf Blockaden, Selbstzufriedenheit oder permanentem, geistlosem Wehklagen. Sogar im letzten Beispiel, in dem ein Dialog stattfand, wurde der Mann praktisch ausgelöscht. „Gehen wir!", war ein Aufbruch, ein Anfang. Es war eine Handlung und Entscheidung. Die unmögliche Forderung „Ich will einen Elefanten" war von dem möglichen Vorschlag „Gehen wir!", ersetzt worden.
„Du wirst mir einen Elefanten geben" ist ein Singular. „Gehen wir!", ist ein Plural. Wohin? Sie allein wissen es.
Bei einem Treffen des Theaters der Unterdrückten ist alles, was wir lernen oder entdecken, ein ästhetisches Lernen oder eine ästhetische Erfahrung. Wir lernen und erfahren durch die Sinne, vor allem durch Sehen und Hören. Und bei dieser Gelegenheit sahen und hörten wir diese Frau, die „Gehen wir!", sagte, ging und sich lachend neben einen Mann im Publikum setzte. Wer war er? Nur die beiden wissen es.
Gute Reise!

Linda, die Schöne
Im Januar 1989 erzählte uns die Teilnehmerin Linda in der New York University folgende Geschichte: Sie hatte den Sommer über in einem Hotel gearbeitet und erwartete natürlich, am Ende des Monats ihr Geld zu bekommen. Am Monatsende suchte sie den Manager auf und bat ihn um ihren Scheck. Sie hatte nur eine halbe Stunde Zeit, weil ihr Zug um 18.00 Uhr abfuhr.
Der Manager redete und redete. Die Zeit verging, Linda verpasste ihren Zug und es war zudem ziemlich schwer, den Lohn überhaupt zu bekommen. Sie musste sogar mit Nachdruck einen „Antrag" des Managers ablehnen.
Wir griffen auf den Regenbogen der Wünsche zurück und kamen zu folgenden Bildern:
1. Linda in Zeitdruck, die unbedingt ihren Zug erreichen will. Der nächste fährt erst drei Stunden später.
2. Eine ängstliche Linda, die nicht weiß, wie man mit Geld umgeht. Vielleicht denkt sie im Innersten, dass sie das Geld, das sie als Kellnerin im Hotel erarbeitet hat, eigentlich gar nicht verdient.
3. Die ängstliche Linda fürchtet sich vor dem Manager, einer starken, strengen Person. Es war das erste Mal, dass sie ihm die Stirn bieten musste.

4. Eine Linda, die nächstes Jahr wieder in diesem Hotel arbeiten möchte. Sie stellt sich dar als effizient, praktisch, schnell, als einen richtigen „kleinen Mann".
5. Die geduldige Linda, die an Warten gewöhnt ist. Es geht nun einmal nicht anders.
6. Linda unter Druck, die am liebsten explodieren und laut schreien möchte.
7. Linda, die Verführerin. Linda macht ihrem Namen alle Ehre (Randnotiz: Im Portugiesischen bedeutet Linda „schön, lieblich" – A. J.) und der Manager ist auch nur ein Mann, er will sie verführen. Linda ist glücklich darüber, denn sie liebt die Verführung.

In der folgenden Phase schickte Linda alle Bilder, die sie konstruiert hatte, nacheinander auf die Bühne. Der Manager reagierte auf jedes Bild verschieden. Bis auf das siebte: Diese Improvisation endete im Bett, wie wir es schon erwartet hatten.

Linda musste dann die Konstellation ihrer Wünsche um den Manager herum aufbauen. Wir dachten alle, dass die „schöne Linda", die Verführerin eher am Bühnenrand platziert werden würde, da diese für die Protagonistin keinen großen Nutzen böte, wenn sie wirklich nur ihren Scheck haben und gehen wollte. Schließlich widersprach die Verführungsabsicht ja der offensichtlichen Eile, die Linda gezeigt und verkündet hatte. Aber gegen alle Erwartungen platzierte sie die „schöne Linda" direkt vor den Manager und sehr sichtbar neben die beiden ängstlichen Frauen. Ein wenig weiter weg postierte sie die, die im nächsten Jahr wieder im Hotel arbeiten wollte. Das geduldige Bild stellte sie mit dem Rücken zum Manager, so dass dieses die einzig heftige Figur direkt ansah, die aus einiger Entfernung laut gegen den Manager protestierte, aber nur eine geringe Chance hatte, gehört zu werden.

Als wir Lindas Konstellation der Wünsche untersuchten, schlug ich ihr vor, das zornige Bild nicht so weit entfernt zu platzieren, damit es überhaupt „einsatzfähig" wäre. Linda bewegte es zwar ein wenig vom Fleck, brachte es aber zugleich näher an die beiden ängstlichen Bilder heran, die es wieder neutralisierten.

Weiterhin beobachteten wir, dass die „geduldige Linda" den anderen Figuren immer noch im Weg stand. Aber Linda beließ alles, wie es war: Sie beachtete die Geduldige nicht, sondern ließ sie weiterhin ergeben stehen. Sie fuhr fort, Verbesserungen zu machen, die aber keine prinzipielle Veränderung bedeuteten und zeigte sich weiterhin außerstande, die „schöne Linda" wegzubewegen. Diese Figur saß fast auf dem Schoß des Managers und stellte das einzig dynamische Bild dar (die wütende Figur war viel zu weit entfernt). Ich wies Linda darauf hin, aber diese kümmerte sich nicht darum.

„Ich lasse sie, wo sie ist."

Ich bat sie dann, sich an die Seite des Manager-Schauspielers zu stellen, damit sie sehen konnte, was er sah. Sie tat das.

„Also, was siehst du?"

„Ich sehe, dass ich wirklich schön bin."

Trotz ihrer Eile, den Zug zu erreichen, trotz der Angst, die der Manager in ihr hervorrief und der Tatsache, dass sie sich von ihm nicht angezogen fühlte, trotz all dieser Umstände konnte Linda nicht vergessen, dass sie schön war, und sie konnte nicht auf das Vergnügen des Verführens verzichten.

Und da ist überhaupt nichts dabei. Das einzige Problem war, dass sie bei all den Verführungskünsten ihren Zug verpasste.

Neue Phasen
Zwei weitere Phasen können bei der Regenbogen-Methode hinzugefügt werden, wenn man sie als extrovertierte Technik nutzen will.
1989 bat ich in Köln Margarethe, alle Regenbogen-Phasen zu durchlaufen. Margarethes Lebenspartner gab ihr nicht genug Aufmerksamkeit. Von sich selbst zeigte sie Bilder, in denen sie nachgab. Bis auf zwei Ausnahmen, eine Margarethe als Verführerin und eine heftige Margarethe.
Nach der Agora (dem Markt) der Wünsche bat ich sie, auf magische Art all die Bilder, die ihr nicht gefielen, verschwinden zu lassen. Sie ließ nur die beiden obengenannten „aktiven" Bilder übrig, die sie sehr mochte.
Dann bat ich ihren Partner, ebenfalls seinen Regenbogen zu machen, dessen Bilder Margarethe aber nicht interessierten.
In der anschließenden Phase bat ich Margarethe, mit diesen Bildern zu spielen. Erstaunlicherweise nahm sie immer noch Haltungen ein, die ihren beiden Lieblingsbildern von ihr selbst sehr ähnelten, nämlich der Verführerin und der aggressiven Frau. Von ihrem Standpunkt aus gewann sie jede „Runde". Am Ende erzählte sie uns:
„Als ich die Bilder, die ich nicht mochte, verschwinden ließ, war das so, als würde ich sie aus mir selbst verschwinden lassen. Als ich dann mit meinem Partner kämpfte, waren die einzigen Bilder, die ich noch hatte, die Bilder, die ich mochte."
Umso besser.

2.8 Das Leinwand-Bild

Diese Technik ist besonders geeignet für das Studium von Beziehungen zwischen zwei Menschen. Dabei fällt das Resultat besser aus, wenn beide Personen zusammen anwesend sind. Die Technik basiert auf der Tatsache, dass wir in einer Beziehung zu einer anderen Person auf diese unvermeidlich ein Bild projizieren, das keine exakte Kopie von ihr darstellt und ihr manchmal nicht einmal ähnelt. Es ist, als ob eine Leinwand zwischen beiden Charakteren stünde, auf die jeder das Bild des anderen projiziert.
Nehmen wir z. B. die Beziehung zwischen einem alten Paar. Jeder projiziert auf den anderen Ereignisse der Vergangenheit, die diesem vielleicht gar nicht bewusst sind. Oder nehmen wir eine Vater-Sohn-Beziehung, in der der Vater seinen erwachsenen Sohn immer noch als Kind betrachtet, während der Sohn auf seinen Vater immer die Bilder projiziert, die aus seiner Erinnerung und Vorstellung stammen.
Das Leinwand-Bild hat drei hauptsächliche Charakteristika:
1. Die Leinwand funktioniert wie ein Filter. Alles, was die andere Person sagt oder tut, wird durch unser Leinwandbild, das wir auf sie projizieren, gefiltert,

wodurch ihre Handlungen eine andere Bedeutung erhalten. Was wir hören, ist höchst selten auch gesagt worden, was wir sehen, ist sehr selten auch gezeigt worden. Die „gefilterten" Bilder passen nicht zu den übermittelten Bildern.
2. Das Leinwandbild ist auch ein Wandschirm in dem Sinne, dass es eine physische Barriere bildet. Das Wandschirm-Bild erlaubt uns nicht, das wirkliche Bild des anderen zu sehen.
3. Außerdem ist das Leinwandbild ein Schutzschild. Wenn mein Gesprächspartner auf mich ein Bild projiziert, dann kann dieses Bild, das nicht mit mir identisch ist, mir dennoch gefallen.
Weil das Leinwandbild ein Wandschirm ist, wird mein Gesprächspartner mich nicht sehen und weil es ein Schutzschild ist, kann ich es benutzen, wenn ich will. Das passiert z. B. am Arbeitsplatz, wenn die Mitarbeiter Bilder auf ihren Chef projizieren, die es ihnen erleichtern, das Auftreten des Chefs zu akzeptieren.

Erste Phase: Die Improvisation
Wir beginnen mit der üblichen Improvisation. Der Protagonist wählt einen Teilnehmer zu seinem Antagonisten.
„Antagonist" ist eher nur ein technischer Begriff, die beiden können Liebende, Freunde, Verwandte oder was auch immer sein. Einer oder mehrere der Zuschauspieler werden als „Zeugen" ausgewählt, deren Aufgabe es ist, das Geschehen während des Vorgangs zu protokollieren. Wenn man mit einer Improvisation vor der ganzen Gruppe arbeitet, übernimmt die ganze Gruppe diese Aufgabe.
Die Leinwand-Technik kann aber auch bei einer großen Gruppe eingesetzt werden, die in mindestens fünf Kleingruppen aufgeteilt wird, in denen jeder seine Geschichte erzählt. Fünf Personen sind erforderlich, um am „Rotierenden Bild" (siehe unten) zu arbeiten.

Zweite Phase: Die Gestaltung von Leinwand-Bildern
Mit Hilfe je eines Zuschauspielers stellen beide Schauspieler in der Improvisation ein Bild her, das sie auf den anderen projizieren. Sie verändern also deutlich die Körperhaltung des anderen, um zu zeigen, was sie am anderen beunruhigt oder belastet, was sie an ihm bedrohlich finden, was ihnen am stärksten auffällt und was einen ernsthaften Dialog zwischen ihnen unmöglich macht.
Das vom Zuschauspieler verkörperte Bild des Protagonisten, das der Antagonist auf diesen projiziert, soll sich gegenüber dem Protagonisten platzieren und umgekehrt und zwar so, dass keiner der beiden den eigentlichen Partner sehen kann. Das ist nicht mehr und nicht weniger als auch im wirklichen Leben geschieht.

Dritte Phase: Die Improvisation mit den Leinwand-Bildern
Die Schauspieler reimprovisieren die Szene folgendermaßen: wann immer einer von beiden sich äußern will, muss er das Bild, das der andere auf ihn projiziert darum bitten, das zu äußern, was er selbst sagen will: „Sag ihm, dass ...". Das Leinwand-Bild sagt dann laut, worum es gebeten worden ist, behält aber seine eigenen Bild-Charakteristika bei. So wird die Rede des Schauspielers gefiltert. Wenn beispielsweise das Bild einen verkniffenen Mund hat, sollte auch die Stimme verkniffen klingen, wenn das Bild einen Unmenschen zeigt, muss auch seine Stimme unmenschlich sein. Das Leinwand-Bild übermittelt die Botschaften, die dabei übersetzt und verändert werden.
Es sollte genug Zeit für die Improvisation eingeräumt werden, so dass die Akteure sich an die Technik gewöhnen können, um sie effektiv zu nutzen. Die Leinwand-Bilder werden in dieser Phase übersteigert, da sie Informationen aufnehmen und Vorschläge für die Handlung speichern können.

Vierte Phase: Die Bilder werden autonom
Die Leinwand-Bilder agieren und ringen autonom miteinander, nachdem Protagonist und Antagonist von ihren Bildern zurückgetreten sind, um die Szene zu beobachten. Alles, was die Leinwandbilder sagen oder tun, muss von Antagonist und Protagonist berücksichtigt werden, wenn sie selbst in der nächsten Phase auf das Spielfeld zurückkehren. Die Zuschauspieler, die die projizierten Masken darstellen, sollten ihre ganze Vorstellungskraft und Kreativität einsetzen. Sie sollten sich nicht auf ihre Erinnerung der Originalszene beschränken, sondern bis zum Äußersten gehen und die Szene zu der endgültigen, logischen Konsequenz führen, die sie erreichen würde, wenn die Masken unter Kontrolle wären.

Fünfte Phase: Protagonist und Antagonist kommen zurück
Danach nehmen Protagonist und Antagonist wieder ihre Positionen hinter den Leinwand-Bildern ein. Zuerst sind sie körperlich und stimmlich ein Echo der Leinwand-Bilder. Dann ziehen sich die Bilder auf einen Impuls der Spielleitung zurück, so dass sich Protagonist und Antagonist allein gegenüberstehen. Sie sollten auf jeden Fall das Bild-Echo beibehalten, wenn sie zur Phase des rotierenden Bildes weitergehen, um dort die Szene zu improvisieren.
Wenn diese sechste Phase ausgeklammert wird, sollten sie nach einer kurzen Zeit ihre Masken fallen lassen, so dass sich beide zum ersten Mal wirklich sehen können. Die Szene wird fortgesetzt, bis der Schaden, den die Leinwand-Bilder angerichtet haben – soweit dies möglich ist – repariert worden ist.

Sechste Phase: Das rotierende Bild
Diese Phase sollte auf freiwilliger Basis beruhen. Sie ist weniger kompliziert als sie auf den ersten Blick erscheint. Im Wesentlichen nehmen drei Teilneh-

mer nacheinander die Position des Protagonisten ein und „mutmaßen", wie man am besten dem Antagonisten gegenübertritt. Zudem werden drei weitere Bilder des Antagonisten angeboten (Randnotiz: Die Originalteilnehmer sind Protagonist (P), Antagonist (A) sowie ein Protagonist-Bild (PB) und ein Antagonist-Bild (AB). Bei den vier Rotationen spielt der erstgenannte immer den Protagonisten und der zweite den Antagonisten: 1) PB v. P; 2) AB v. PB; 3) A v. AB; 4) P v. A. – A. J.) Zuerst nimmt der Protagonist den Platz des Antagonisten ein und setzt sich die Maske auf, die dieser für ihn gefunden hat. Der Zuschauspieler, der die Maske des Protagonisten verkörpert hat, ist jetzt auf dem Platz des Protagonisten und stellt ein Bild nach seiner Wahl her, das er für den Umgang mit dem Antagonisten für nützlich hält. Dies ist der „Rat", den der Zuschauspieler dem Protagonisten gibt. Nun findet eine kurze Improvisation mit diesen neuen Bildern statt, bei der Protagonist und Antagonist immer noch versuchen, ihre ursprünglichen Ziele zu erreichen.

Dann findet die nächste Rotation statt. Die Person, die gerade den Protagonisten gespielt hat, nimmt jetzt den Platz des Antagonisten ein und erstellt das Bild, das sie beim Antagonisten in der Originalimprovisation oder einer späteren Improvisation wahrgenommen hat. Die Person, die ursprünglich die Maske des Antagonisten verkörperte, bietet jetzt ihren Rat an, indem sie den Protagonisten in einem Bild vorführt, von dem sie glaubt, dass es helfen könnte. Eine weitere kurze Improvisation folgt. Die nächste Rotation: der Protagonist-Ersatz spielt jetzt den Antagonisten, wie er ihn wahrgenommen hat, der ursprüngliche Antagonist wird zum dritten Ersatz für den Protagonisten und bietet damit einen dritten Ratschlag an. Es folgt eine Improvisation.

Jede dieser drei Improvisationen kann da fortfahren, wo die vorige endete oder auch immer wieder neu beginnen. Schließlich kehren Original-Protagonist und Original-Antagonist zu ihren Rollen zurück. Der Original-Protagonist hat jetzt drei Ansätze gesehen, wie die Beziehung verbessert werden könnte und kann nun irgendeine oder auch keine dieser Ideen wählen. Die Szene wird reimprovisiert und der Protagonist tut sein Bestes, um sein gewünschtes Ziel zu erreichen.

Siebte Phase: Der Austausch von Ideen
Die Augenzeugen erstatten der gesamten Gruppe einen Bericht über ihre Beobachtungen, wobei die Spielleitung den Austausch der Ideen koordiniert.

2.9 Gegensätzliche Bilder der gleichen Menschen in der gleichen Geschichte

Wenn wir mit einer anderen Person in einen Dialog treten, ist diese Begegnung – auch wenn wir dieser Person allein gegenüberstehen – bevölkert von

anderen, toten oder lebendigen Menschen, die aufgrund unserer Erinnerungen und Vorstellungen auftauchen und auch verändert werden.
Sowohl die Menschen, auf die wir uns in diesem Dialog ausdrücklich beziehen, als auch die, die in abgeschwächter Form, maskiert oder nebulös im Hintergrund bleiben, sind immer anwesend und beeinflussen unsere Gedanken und Worte. Jede dieser Personen hat ein doppeltes Gesicht und wird sowohl vom einen als auch vom anderen Sprecher unterschiedlich wahrgenommen. Da die betreffende Person immer doppelt ist, wenn wir über sie sprechen, sprechen wir beide nicht von der gleichen. Wir glauben zwar, dass wir die gleichen Dinge über die gleichen Menschen sagen, wobei wir in Wirklichkeit verschiedene Dinge über verschiedene Personen äußern. Wir sollten uns dessen zumindest in ästhetischer Hinsicht bewusst sein, also sehen, wer ist wer und was ist was.
Bei dieser Technik ist die Phase der vorangehenden Improvisation äußerst wichtig. Protagonist und Antagonist sollten sich so viel Zeit nehmen, wie sie brauchen.

Erste Phase: Sensibilisierung des Antagonist-Schauspielers
Die erste Phase ist nicht nötig, wenn das Paar, das sich vorstellt, diese Methode zum Studium einer gemeinsam erfahrenen Situation als Paar benutzen möchte. Aber wenn der Protagonist der Einzige ist, der die Situation erfahren hat, dann braucht er Zeit, dem Schauspieler, der den Antagonisten spielt, alles Notwendige zum Verständnis und zum Erleben der Szene zu erklären. Der Schauspieler kann und muss Fragen stellen, die die Komplexität seines Verständnisses und seiner Wahrnehmung erweitern. Erst wenn der Antagonist-Schauspieler sich intensiv und vollständig sensibilisiert fühlt, kann die Improvisation beginnen.

Zweite Phase: Die Improvisation
Am Anfang steht wieder die normale Improvisation.

Dritte Phase: Die Bilder
Danach sollen die beiden Akteure gegensätzliche Bilder zu jeder Person erfinden, die im Dialog vorkommt. Der Spielleiter nennt nacheinander die Namen der betreffenden Personen und die beiden Schauspieler konstruieren entsprechende Bilder dazu. Sie sollten sich dabei nicht beobachten und die ganze Fläche der Bühne benutzen.
Alle Bilder werden in den gleichen Raum gestellt, es gibt keine räumliche Trennung von Protagonist oder Antagonist. Sie stellen die zwei Bild-Statuen von jeder Person in der Weise auf, die ihrer Beziehung und der des Gegenübers zu der jeweiligen Person entspricht.
Wenn die Doppelkonstellation beendet ist, spricht der Spielleiter über seine

Beobachtungen und lädt die Teilnehmer dazu ein, sich frei zu allem zu äußern, was sie gesehen haben. Dieser Gedankenaustausch kann die Ähnlichkeiten und Unterschiede zwischen den Bilder-Paaren betreffen, die Entfernung und Nähe, die Gesichtsausdrücke usw. Wie immer sollten die Widersprüche in den Beobachtungen respektiert werden.

In Berlin schlug das Paar Bernardt und Helga 1988 vor, sich mit ihrem morgendlichen Aufwachen zu beschäftigen, das ihnen Probleme bereitete.
Helga konstruierte Bilder der Personen, die sie im Kopf hatte, und stellte zwei Freundinnen in den Raum, die sie beschützten und gegen Bernardt verteidigten. Als ich Bernardt bat, seine Bilder zu konstruieren, wollte er Helgas benutzen und sie so nehmen, wie sie waren. Das untersagte ich ihm: „Das sind Helgas Bilder."
„Ja, aber meine sind dieselben, weil es dieselben Leute sind."
„Bitte versuche trotzdem, eigene Bilder zu finden."
Bernardt formte zwei Bilder von Frauen und stellte sie Helgas Figuren genau gegenüber. Diese beiden Bilder hatten eine Haltung, die eine auf ihn gerichtete Gewalt suggerierte. Trotzdem sagte Bernardt: „Siehst du? Sie sind genau gleich."
„Glaubst du wirklich?"
Nach einer Pause sagte er:
„Sie sind genau gleich. Das Problem ist, dass Helga nicht die Wahrheit erzählt hat. Darum scheinen sie unterschiedlich zu sein."
Helga war ganz klar anderer Meinung.
Das sind genau die Fälle, bei denen der Gebrauch dieser Methode zum Erfolg führen kann, nämlich wenn eine Person ästhetisch „sieht", was die andere denkt.
Man kann auch die Zuschauspieler bitten, ihre eigenen Bilder zu machen und dann die Szene mehrere Male improvisieren.

3. Die extrovertierten Techniken

3.1 Improvisationen

„Stopp und denk nach"
Diese Technik beruht auf der Tatsache, dass wir zwar mit Lichtgeschwindigkeit denken, aber unsere Gedanken nur mit der Schnelligkeit eines Pferdewagens in Worte fassen können. Alles Bewusste kann verbalisiert werden. Aber während der Zeit, in der die Verbalisierung unserer Gedanken, Gefühle und Sinneswahrnehmungen stattfindet, in der Zeit, die wir für die Formulierung der Wörter brauchen, produziert unser Gehirn bereits wieder neue Gedanken. Wie schnell wir auch verbalisieren, es tauchen stets neue Gedanken auf, die unausgesprochen bleiben.
Diese Methode erlaubt uns, auf ästhetisch-theatralische Weise den „Augenblick anzuhalten" und damit alle Gedanken, die in einem bestimmten Augenblick vorhanden sind, Schicht für Schicht zu überprüfen.

Erste Phase: Die „Für Taube"-Methode
Bei der „Für Taube"-Methode muss jede körpersprachliche Geste vergrößert werden. Indem die Akteure versuchen, sich ohne Worte so klar auszudrücken, dass sogar ein taubes Publikum sie verstehen kann, wecken oder aktivieren sie andere Gedanken, Sinneswahrnehmungen und Gefühle in sich selbst. Die übrigen Teilnehmer der Gruppe beobachten diese Improvisation.

Zweite Phase: Die normale Methode
Die Schauspieler reimprovisieren die Szene, indem sie soweit wie möglich die visuelle Sprache, die Gesten und Bewegungen aus der ersten Improvisation reproduzieren und nun auch Wörter hinzufügen. Von dieser Phase an sind sie in der Lage, die Gegensätzlichkeiten und Missverhältnisse besser wahrzunehmen zwischen dem, was sie tun, und dem, was sie zu tun vorgeben.

Dritte Phase: Stopp und denk nach!
Von Zeit zu Zeit ruft der Spielleiter „Stopp!" Er muss die betreffenden Momente sorgfältig abpassen, Momente, die er für reich an versteckten Gedanken hält (die im Dialog offenbar nicht zu Tage treten), also Momente der „Spannung", der „Krise", des Zweifels oder der Anspannung.
Wenn der Spielleiter „Stopp! Denk nach!", ruft, erstarren die Schauspieler mitten in der Bewegung und müssen, ohne aufeinander zu achten, alles sagen, was ihnen in den Sinn kommt, ohne Zensur oder Selbstzensur. Alles, was ans Licht kommt, ist gut – besonders die Dinge, die im Widerspruch zum Dialog

stehen. Die Schauspieler sollten auf keinen Fall versuchen, Zusammenhänge herzustellen, denn die Übung soll besonders die innere, nicht verbalisierte Wahrheit jeder Person zu Tage fördern. Dies wird möglich, indem die Handlung unterbrochen wird und die versteckten Gedanken gegenüber den ausgesprochenen in den Vordergrund treten können.

Normalerweise haben die Spieler am Anfang die Tendenz, die im Dialog enthaltenen Gedanken nur in leicht abgeänderter Form zu wiederholen. Die Spielleitung sollte jedoch darauf achten, dass dies nicht so bleibt und die Akteure drängen, sich ins Abenteuer zu stürzen. Gedanken, Erinnerungen, Bilder, Wahrnehmungen und Gefühle sollen frei assoziiert werden. Nieder mit der Kohärenz!

Vierte Phase: Der Austausch von Ideen

Die Spielleitung moderiert den Austausch über die Ideen, womit die nächste Phase vorbereitet werden soll. Die Teilnehmer sollen alle in der Übung enthüllten Gedanken diskutieren, von denen sie glauben, dass ihre Wiederholung nützlich sein könnte. Welche Gedanken sollten ersetzt werden, wodurch und warum?

Wir glauben – dies ist nur eine Hypothese – dass ein klar formulierter Gedanke helfen kann, den passenden Wunsch oder Willen zu stimulieren. Wenn ich z. B. Erfolg haben will, aber immer denke, es wird kein Erfolg, dann bereite ich mich gar nicht darauf vor, dass mein Wunsch in Erfüllung geht. Ich würde sogar so weit gehen zu sagen, dass ich in einem solchen Fall im Innersten meinen Wunsch nach Erfolg lieber in Misserfolg ummünzen möchte.

Fünfte Phase: Die Reimprovisation mit der Kunstpause

Die Schauspieler improvisieren die Szene noch einmal, aber diesmal hat der Protagonist das Recht, die Handlung zu unterbrechen und mittels einer Kunstpause alle Gedanken laut auszudrücken, die seinem „erklärten Wunsch" entsprechen. Wenn er den Kampf gewinnen will, sollte er nicht daran denken, dass er ihn verlieren wird. Zwar ist der bloße Gedanke, Erfolg zu haben, kein Garant für den Erfolg. Aber das Grübeln über eine mögliche Niederlage ist bereits die halbe Wegstrecke zum Scheitern.

Sechste Phase: Die Diskussion

Der Spielleiter koordiniert eine Diskussion zwischen allen Teilnehmern.

Gutmans Rache

Im Juni 1989 erzählte uns Gutman, der Leiter einer Theatergruppe in Rio, die folgende Geschichte. Die Schauspieler seines Ensembles hatten nur am Spiel, nicht aber an den weitergehenden Aufgaben und Arbeiten Interesse.

Dies stellte natürlich ein Problem dar in einem kleinen Theater, in dem notwendigerweise jeder alles können und tun muss, denn jeder muss gleichzeitig Künstler, Techniker, Bühnenarbeiter und mehr sein. Weil die Schauspieler die Arbeit hinter der Bühne mieden, blieb alles an Gutman hängen: Karten verkaufen, Sitze reinigen, Kulissen bauen, Pressemitteilungen herausgeben etc.

Er hatte alles versucht, um die Kollegen davon zu überzeugen, dass die anfallenden Arbeiten aufgeteilt werden müssten. Die Schauspieler pflichteten ihm zwar bei, aber in Wirklichkeit änderte sich nichts. Dann kam der Tag, an dem Gutman die Notbremse zog ...

Gutman war wieder einmal außer sich und entschied, die Produktion trotz des treuen Publikums, das das Theater jeden Tag füllte, abzusagen. Er kündigte seine Entscheidung auf Notizzetteln in den Garderoben an.

Die Szene sah so aus:

1. Gutman, alleine, säubert die Sitze und organisiert die Show.
2. Gutman informiert zwei Schauspieler über seine Entscheidung. Beide protestieren, versuchen ihn davon abzubringen, sind am Ende aber davon überzeugt, dass es keine andere Lösung gibt.
3. Eine Primadonna kommt herein. Die drei berichten ihr von der Absage und gehen. Sie bleibt in Tränen aufgelöst zurück.

In der ersten Phase, der „Für Taube"-Methode, erschien uns Gutman bei allem, was er tat, sehr stark. Die beiden Schauspieler kamen und statt gegen die Schließung zu kämpfen, schienen sie ihn eher anzugreifen. Sobald die Primadonna hereinkam, schienen sich alle drei gegen sie zu verbünden.

In der zweiten Phase, der normalen Methode, passierte nichts Überraschendes. Sie hatten mehr oder weniger denselben Dialog, der Gutmans Ausgangsgeschichte weitgehend entsprach.

Dann kam die „Stopp und denk nach!"-Phase. Schon ganz am Anfang, als Gutman noch alleine war, stoppte ich ihn drei- oder viermal mitten beim Sitzesäubern und Organisieren der Show. Alle Gedanken Gutmans waren Gedanken der Rache. Er dachte höchst vergnügt daran, wie die Schauspieler der Gruppe leiden würden, wenn sie erführen, dass er eine Show zurückzog, für die es ein Publikum gab. Seine Gedanken kreisten nur noch um Rache und Bestrafung.

Als er die Szene beschrieb, erzählte uns Gutman von seinem großen Wunsch, mit der Show weiterzumachen, aber unter anderen Bedingungen. Er wollte seine Kollegen auch für die Zusatzarbeiten gewinnen. Und eigentlich wollte er gar nicht aufhören, er wollte weitermachen. In der „Stopp und denk nach!"-Methode allerdings, als die beiden Schauspieler hereingekommen waren, kamen nur noch Gedanken an das Vergnügen der Rache zum Vorschein.

An keiner Stelle aber sprach Gutman Drohungen aus. Auch ein Ultimatum wie „Entweder fangt ihr jetzt mit der Arbeit an oder ich sage die Show ab" vermied er. Damit tat er sein Bestes, die ganze Sache in Rauch aufgehen zu lassen.

Im Austausch der Ideen nach dem „Stopp und denk nach!", wurde Gutman klar, dass er tatsächlich schon aufgehört hatte, mit seinen Kollegen zu arbeiten, bevor die Szene begonnen hatte. Er hatte schon im Voraus entschieden, dass die einzige Lösung nicht die harte Aus-

einandersetzung, sondern der Ausstieg war. Nach außen sagte er zwar immer noch: „So wie das hier läuft, zwingt ihr mich dazu, die Show abzubrechen." aber in Wirklichkeit sagte er: „Ihr habt mich gezwungen und deshalb bestrafe ich euch."
Die Hauptdarstellerin war nur der Sündenbock. Jeder verbündete sich gegen sie und ergötzte sich an ihrem Leiden. Gutman kam zu dem Schluss:
„Es ist wahr. Wenn ich wirklich hätte weitermachen wollen, hätte ich wirklich damit gedroht, die Show abzubrechen. Aber als ich mit ihnen sprach, war es keine Drohung mehr, sondern bereits eine vollendete Tatsache."

Soledad
Im Juni 1989 improvisierte Soledad in Rio eine Szene, in der sie zum Mieter der Wohnung über ihr ging, um sich über eine undichte Stelle zu beschweren. Das Wasser rann von der Wohnung des Nachbars an Soledads Wänden herunter. Sie wollte, dass er die Wasserrohre reparieren ließ. Der Nachbar unterhielt sich sehr freundlich über dies und das, Soledads spirituelle Aura, eine Reise nach Nepal, die er gemacht hatte, und schließlich verkaufte er ihr ein Buch, das er geschrieben hatte. Soledad ging weg und war überzeugt, dass er nichts gegen das Wasser unternehmen würde und dass sie niemals sein Buch lesen würde. Ein nutzloses Treffen, in dem Soledad eine Zuschauerin war und nicht den wirklichen Willen hatte, das zu erreichen, was sie wollte. Sie gestattete ihrem Nachbarn, sie abzuwimmeln und ging frustriert in ihre Wohnung zurück. Das Gleiche war Soledad ein paar Wochen früher passiert, als wir den Regenbogen der Wünsche benutzten für die Szene zwischen ihr und ihrem Mann, der die Schallplatten nicht abgeben wollte. Auch in dieser Szene war sie mehr oder weniger passiv. Wir benutzten die „Stopp und denk nach!"-Methode. Die Gedanken des Nachbarn waren mehr oder weniger vorhersehbar. Und Soledad probte, bevor sie überhaupt an die Tür geklopft oder hineingegangen war, Sätze wie „Ich weiß, dass er nichts dagegen unternehmen wird", „Ich weiß, dass es keinen Zweck hat, mit ihm zu reden". Das hieß, dass die Szene schon vorüber war, bevor sie überhaupt begonnen hatte. Was wir beobachteten, war nicht der Konflikt zwischen Soledad und ihrem Nachbarn. In Wirklichkeit war diese Szene ein bloßer Epilog. Der wirkliche Konflikt bestand zwischen der Soledad, die die Rohre repariert haben wollte, und der Soledad, die sich für diese Reparatur als nicht würdig betrachtete. Die Niederlage, und als Niederlage erfuhr Soledad dieses Ereignis tatsächlich, fand in Soledad selbst statt. Die Szene, die uns vorgestellt wurde, war eine Danach-Szene.
In ihren beiden Szenen hatte Soledad sich uns als apathisch, sanft, empfindlich, liebenswert gezeigt. Einige Zeit später spielten wir bei anderer Gelegenheit „Das entgegengesetzte Ich" (siehe unten). In diesem Spiel nennt jede Person ein Charakteristikum, von dem sie glaubt, dass es in ihrer Persönlichkeit nicht vorhanden ist und das sie in der Improvisation gerne erproben würde. Nach der Improvisation müssen die beobachtenden Teilnehmer versuchen zu benennen, welche Veränderungen sie bei jedem Spieler festgestellt haben. Schließlich vergleichen wir das, was der Spieler benannt hat, mit dem, was die Beobachter bei ihm gesehen haben. Soledad schrieb: „Ich möchte probieren, empfindlich, liebenswert und sanft zu sein." Wir improvisierten. Am Ende fragte ich die Teilnehmer, was sie in jedem Schauspieler gesehen hatten. Alle waren sich über Soledad einig:

„Sie benahm sich wie immer."
Sie war immer liebenswürdig, sanft, empfindlich, aber Soledad betrachtete sich selbst als heftig und aggressiv. Wo aber war diese Gewalt, diese Aggression in ihr? Offensichtlich existierte sie in ihrem Innern, da Soledad, dagegen ankämpfte, sie selbst zu sein, und sich verbot, die Aggression nach außen dringen zu lassen.
Einige Wochen später benutzte ich wieder die „Stopp und denk nach!"-Methode, wiederum mit Soledad in einer ähnlichen Szene. Diesmal bat ich sie, nur Gedanken zu haben von der Art: „Ich möchte es, weil ich es möchte".
Es war sehr seltsam. Soledad hatte keine Schwierigkeiten damit, aggressiv, heftig, stark zu sein. Sie hatte sogar Vergnügen daran. Als ich ihr diese Beobachtung mitteilte, erwiderte sie: „Ich will nicht, dass die Leute denken, ich wäre so. Ich bin nicht so. Ich bin so, wie ich mich voriges Mal gezeigt habe."
„Gut, eine lammfromme und sanfte Person, aber auch jemand, der heftig und aggressiv werden kann. Welche von beiden bist du?"
Soledad lachte und dachte laut:
„Beide."
Die lammfromme und sanfte Soledad konnte nutzbringend durch die heftige, aggressive Soledad ausgeglichen werden, denn die Soledad, „wie sie immer war", würde alleine weder gegen den Ehemann noch gegen den Nachbarn gewinnen. Wenn beide Soledads in ihr existierten, warum sollte sie diese nicht auf effektivere Art und Weise verbinden?

Die analytische Probe der Motivation
Eine einzelne Szene wird so oft improvisiert, wie man „reine Gefühle" in ihr entdecken kann. Beispiel: Eine einzelne Szene aus Romeo und Julia kann mit 1. Liebe; 2. Hass; 3. Furcht improvisiert werden. In jeder Improvisation müssen die Schauspieler sich allein auf das Gefühl konzentrieren, das in diesem speziellen Augenblick analysiert werden soll.
Nachdem so viele Improvisationen durchgeführt worden sind, wie es „reine Gefühle" in der Szene gibt, können wir versuchen, noch ein letztes Mal zu improvisieren. Dieses Mal soll es um eine Synthese aller Gefühle in Richtung einer „Dominante" des jeweiligen Charakters gehen.

Die analytische Probe des Stils
Wie bei der vorigen Technik wird dieselbe Szene in verschiedenen Stilen geprobt. Wenn wir den „Stil" der Szene verändern, können wir manchmal wesentliche Elemente entdecken, die vorher verdeckt waren.
Normalerweise benutzen wir extreme Spielweisen wie den Clown oder das „psychologische Drama". Natürlich sollten wir auf die Spielweise zurückgreifen, die uns angemessen erscheint, aber es ist immer sinnvoll, auch einmal den Stil zu benutzen, der uns am entlegensten erscheint. Dabei können wir auf eine ganze Palette zurückgreifen: den Western, die Oper, die Musikkomödie, das Drama oder die Tragödie, alle Stilrichtungen und Genres des Theaters.

Man kann sich aber statt des Stils auch die Spielweise eines bestimmten Schauspielers aussuchen: „Wie wäre das, wenn jetzt alle Figuren Charlie Chaplin wären?" oder den Stil eines bestimmten Regisseurs wie Ingmar Bergmann.

Im Juni 1989 erzählte uns der Teilnehmer Pedro in Rio de Janeiro eine wahre Geschichte. Pedro ist Musiker. Eines Tages geht er mit anderen streikenden Musikern zusammen zu den Büros der Plattenfirma, um gegen die sehr niedrigen Löhne, die darüber hinaus erst mit untragbarer Verspätung gezahlt wurden, zu protestieren. Mit Hilfe eines Megaphons erklären sie die Fakten jedem, der zuhören will. Plötzlich kommt ein Mann heraus und berichtet den Streikenden, dass er gerade die Firma für vier Aufnahmestunden bezahlt, aber keinen Cuica-Spieler habe (eine Cuica ist eine Art Schlaginstrument, mit dem man einen seltsam jammernden Ton produziert – A. J.).
Er fragt die Anwesenden, ob es unter ihnen einen Spieler gäbe, der bereit wäre, die Aufnahme mitzumachen. Sie weigern sich, weil sie ja streiken. Der Mann argumentiert, dass er es sich nicht leisten könne, schon bezahltes Geld zu verlieren. Die Streikenden argumentieren, dass ihr Streik auf lange Sicht zum Wohle aller sei. Die Gemüter erhitzen sich. Plötzlich zieht der Mann einen Revolver aus der Tasche und die Musiker fliehen verrückt vor Angst.
Nach der Improvisation der Szene waren wir absolut entsetzt über die Haltung des Mannes mit dem Revolver.
Wir schlugen zuallererst den weinerlich-tragischen „Mexican-Drama"-Stil vor. Und wir bogen uns vor Lachen. In dieser Fassung wurde der Kerl mit dem Revolver zu einer weniger bedrohlichen Figur. Der Schrecken des Schießeisens verschwand und in unseren Augen wurde der Mann zum ‚Cuica-Mann'. Als er dann noch tränenreich schluchzte, dass sein Leben von einer Cuica abhinge (an sich schon eine komische Vorstellung), stand die Lächerlichkeit der Situation im Vordergrund.
Danach schlugen wir den Stil des „psychologisch-ernsthaften Dramas" vor. In dieser Version kamen viele Dinge ans Licht, die in der Originalszene unsichtbar geblieben waren. Auf der Seite des Mannes, der wieder der Mann mit dem Revolver war, wurden nun echte Ängste sichtbar, die die Komik der Cuica verdeckt hatte. Tatsächlich war er nur ein armer Komponist, der all sein Geld in eine Plattenaufnahme steckte, die ihn in seinen Träumen berühmt machte. Er sah seine Karriere in Gefahr, seine Träume von Ruhm und Geld, da keine Cuica da war. Das Problem des Mannes war direkt, konkret, sichtbar.
Die Gründe der Musiker schienen uns aber nicht weniger wichtig und vernünftig zu sein. Aber was in den Vordergrund trat, war ihre Unnachgiebigkeit, ihre Gesprächsverweigerung. Sie versuchten zu keinem Zeitpunkt herauszubekommen, was mit dem Mann los war oder mögliche Lösungen für sein Problem zu finden. Sie wiederholten einfach dieselben Wahrheiten in Form von „Slogans" und ihre einzige Antwort auf das konkrete Problem des Mannes war das Versprechen zukünftiger Vorteile für das ganze Unternehmen. Aber der Mann brauchte die Cuica jetzt und nicht in Zukunft. Die gerechte Sache der Musiker verdrehte sich in „Slogans", in abstrakte Demagogie.

DIE PRAXIS

Das Durchbrechen der Unterdrückung

Diese Technik ist in meinen früheren Büchern schon beschrieben und besteht im Wesentlichen darin, dieselbe Szene dreimal zu improvisieren:
1. wie sie in Wirklichkeit geschah;
2. das gewünschte, aber in Wirklichkeit nicht erreichte Resultat herauszuarbeiten;
3. indem Protagonist und Antagonist die Rollen tauschen.

Action! Wir drehen

1. Die Szene wird so improvisiert, wie sie wirklich geschah;
2. Die Szene wird noch ein zweites Mal improvisiert. Diesmal unterbricht der Spielleiter jedoch die Szene, wann immer er denkt, dass einiges klarer werden müsste:
   - um den Protagonisten auf ein bestimmtes Detail aufmerksam zu machen, das er für wichtig hält;
   - um den Protagonisten auf Dinge aufmerksam zu machen, die er tut, ohne es zu merken;
   - schließlich um herauszufinden, ob der Protagonist noch andere Alternativen für die Situation weiß, als er den Zu-Schauspielern schon angeboten hat.
3. Nach der Arbeit an diesen Punkten sagt der Spielleiter wie ein Filmregisseur: „Action! Wir drehen!", und die Schauspieler reimprovisieren die Szene so oft und mit so viel Unterbrechungen, wie dies für eine vollkommene Klarheit notwendig erscheint.

Verkörperung

Nach einer ersten Improvisation reimprovisieren die Schauspieler die Szene und versuchen, ihre Gefühle und Wahrnehmungen physisch zu überhöhen: Furcht wird zu wirklichem Zittern, zum Weglaufen-wollen oder zum Erbrechen.

3.2 Spiele

Der Ball in der Botschaft

Dieses Spiel basiert auf einem wirklichen Ereignis, das in Brasilien während der Zeit des bewaffneten Kampfes gegen die Diktatur passierte.

Die Schauspieler kreieren Figuren, die wirklich oder erfunden sein können, nämlich Prinzen, Magnaten, Botschafter, päpstliche Gesandte usw. Alle sind im Außenministerium versammelt, wo ein Empfang gegeben wird.

Im ersten Teil dieses Spiels stellt jeder Schauspieler seine Figur dar, wie sie beim Empfang eintrifft und bei diesem offiziellen Anlass umhergeht. Nach

ein paar Minuten serviert ein Ober, der von einem der Schauspieler gespielt werden muss, einen Schokoladenkuchen, der vermutlich eine starke Dosis Marihuana enthält (so geschehen 1971 in Brasilien).
Von diesem Moment an müssen die Akteure einen Kampf zwischen zwei Charakteren darstellen, nämlich zwischen dem nüchternen Charakter, den sie gewählt haben, und dem anderen Charakter, der durch die fiktive, halluzinogene Dosis außer Kontrolle gerät. Sie müssen versuchen, den nüchternen Charakter nicht völlig auszublenden, damit die Auseinandersetzung zwischen beiden gezeigt werden kann. Schließlich lässt die Wirkung der Droge nach, die ersten Charaktere haben wieder die Oberhand und die Improvisation endet, als sei nichts passiert.

Das entgegengesetzte Ich
Die Gruppe wird in zwei Hälften geteilt. Jeder Schauspieler der ersten Gruppe schreibt seinen Namen auf ein Blatt Papier und auch den Typ der entgegengesetzten Persönlichkeit, den er ausprobieren möchte – d. h. die ruhige Person wäre gerne einmal angespannt, die ängstliche Person mutig oder umgekehrt. Alles ist möglich, um herauszufinden, wie es sich anfühlt, wenn man wirklich so wäre.
Für ein paar Minuten improvisieren die Schauspieler mit der neuen Persönlichkeit. In dieser Zeit sollte der Spielleiter sie bitten, mindestens einmal zu ihrer normalen Persönlichkeit zu wechseln, aber danach sofort wieder den experimentellen Charakter anzunehmen.
Am Ende müssen die Beobachter der zweiten Gruppe schildern, welche Unterschiede ihnen zwischen den improvisierten und den normalen Charakteren jeder Person aufgefallen sind. Die Beobachtungen der Teilnehmer werden dann mit dem verglichen, was die Schauspieler auf ihren Blättern notiert hatten.

Das Aufwecken schlafender Charaktere
Diese Technik ist der vorigen ähnlich, mit dem kleinen Unterschied, dass diesmal die Teilnehmer-Beobachter die Charakteristika vorschlagen müssen, die von den Schauspielern dargestellt werden sollen.
In diesem Spiel haben die Schauspieler manchmal unterschiedliche Vorstellungen des Spielraums im Sinn. Das bedeutet, dass die Improvisation in einer Vielzahl von Räumen stattfinden kann und dass die Beziehungen zwischen den Figuren von jedem Schauspieler unterschiedlich verstanden werden können.
Dabei projizieren die Akteure auf die Mitspieler unter Umständen andere Figuren, als diese sich selbst zugewiesen haben. Dieser offensichtliche Surrealismus sollte nicht als Hindernis bei der Improvisation empfunden werden, sondern als selbstverständlich betrachtet werden.

3.3 Shows

Das Forumtheater und das Unsichtbare Theater sind Theaterformen, die in meinen früheren Büchern hinlänglich erklärt, demonstriert und illustriert worden sind. Sie können außerordentlich nützlich sein für die extrovertierte Arbeit des Protagonisten, der Alternativen zu seinem üblichen Verhalten ausprobieren möchte (vgl. Augusto Boal: Theater der Unterdrückten, Spiele für Schauspieler und Nicht-Schauspieler. Frankfurt/M. 1989).

Das Forumtheater
Das Forumtheater besteht im Wesentlichen aus dem Vorschlag an eine Gruppe von Zuschauern, nach einer ersten Ausgangs-Improvisation den Protagonisten zu ersetzen und Variationen seiner Handlungen zu improvisieren. Der echte Protagonist sollte dann schließlich die Variation improvisieren, die ihm am meisten zugesagt hat (Randnotiz: Weitere Einzelheiten zum Forumtheater siehe auch im Interview mit A. Boal am Ende dieses Buches – J. W.).

Unsichtbares Theater
Das Unsichtbare Theater beruht auf der szenischen Erprobung von Handlungen, die der Protagonist auch im wirklichen Leben ausprobieren möchte. Das Spiel geschieht in einem real-alltäglichen Umfeld (wo diese Ereignisse wirklich geschehen könnten) und vor einem Publikum, dass sich nicht dessen bewusst ist, einer fiktiv-theatralischen Szene beizuwohnen. Für die Zuschauer wird die improvisierte Szene zur Realität, die wiederum von einer Fiktion durchdrungen wird. Was der Protagonist als Entwurf geprobt hatte, wird nun zum Akt der Handlung.
Das grundsätzliche Ziel aller Techniken des Theaters der Unterdrückten ist es, zur Vorbereitung der Zukunft beizutragen und nicht darauf zu warten.

Nachwort

Die Techniken und wir. Ein Experiment in Indien

Dieses Buch war schon auf dem Weg zum Herausgeber, als ich nach Calcutta in Indien flog (Februar-März 1994). Auf Einladung von Jana Sanskriti und ihrer Gruppe, die volkstümliches Theater mit der Landbevölkerung entwickelt, sollte ich mit vierzig Theaterleuten aus West-Bengalen, Bangladesch und Pakistan arbeiten.
Während meiner Arbeit dort wurde mir wieder einmal klar, dass die hier beschriebenen Techniken immer in spezifischer Weise angewandt und überarbeitet werden müssen, damit sie für die Menschen, die sie anwenden wollen, nützlich sind und nicht umgekehrt.
Es war mein erster Besuch in Indien. Der Kulturschock war unvermeidlich und extrem wie am Beispiel der Verkehrsstaus deutlich wird, auf die ich immer sensibel reagiere: In den meisten Städten hat meistens das Auto, das von links oder rechts kommt, Vorfahrt. In Rio hat das schwerste Auto Vorfahrt, wo immer es herkommt. In Calcutta schien mir das Auto Vorfahrt zu haben, das die nervigste Hupe hatte. Und jeder schien ununterbrochen zu hupen.
Neben den akustischen Emissionen und der Luftverschmutzung durch die Autos waren die Straßen zudem noch voller Schlaglöcher, die die Fahrer im Zickzack zu umfahren versuchten. Außerdem waren sie damit beschäftigt, Fußgänger, Fahrräder, Dreiräder, Rikschas (ob motorisiert oder von barfüßigen Männern gefahren) und Kühe zu umschiffen. Ich war verblüfft über die vielen heiligen Kühe, die ungestört herumwandern konnten. Ich fragte einen Journalisten, ob man die Kühe dazu überreden dürfte, von der Straße zu gehen, wenn sie zum Verkehrshindernis würden, was oft geschah. Er antwortete: „Ja, aber höflich."
Ihren Frauen gegenüber scheinen indische Ehemänner allerdings nicht so höflich zu sein. Ich bat eine Gruppe, eine normale, alltägliche Szene eines Paares zu Hause zu improvisieren: Der Mann brüllte seine Frau an, schimpfte über ihren Vater, der immer noch nicht die versprochene Rate ihrer Mitgift bezahlt hatte. Schließlich tötete der Mann seine Frau, verbrannte den Leichnam, bevor er ihn begrub und bereitete sich auf seine nächste Hochzeit vor, diesmal aber mit einer Mitgift, die schon vor der Hochzeit bar bezahlt werden musste.
Die Diskussion unter den Teilnehmern drehte sich darum, ob es eine normale, alltägliche Szene war oder etwas, das nur gelegentlich passierte. Keiner der Teilnehmer betrachtete dies jedoch als ein außergewöhnliches Ereignis, besonders in Bezug auf das ländliche Leben.
Schon bei den ersten fünf Übungen verstand ich, dass ich Menschen einer sehr anders gearteten Kultur gegenüberstand.

NACHWORT

Als wir beispielsweise das Bild der Stunde machten, sagte ich an einem bestimmten Punkt: „Zeigt den Moment, in dem ihr an eurem Geburtstag aufwacht." Die Übung stockte. Niemand kannte sein Geburtsdatum und keinem schien das etwas auszumachen.
Jana Sanskriti hatte mich gebeten, den Teilnehmern auch die introspektiven Techniken näherzubringen. Es war das erste Mal, dass ich diese Techniken mit einer Gruppe benutzte, die ausschließlich aus Bauern bestand und deren Mitglieder mit sehr armen Bauern arbeiteten.
Wir machten viele Spiele und Bild-Techniken während der ersten beiden Tage. Am dritten Tag entschied ich mich, den „Regenbogen der Wünsche" vorzustellen. Ein sehr ängstliches Mädchen bot die Geschichte ihrer eigenen Ehe für „den Regenbogen" an. Sie zitterte vor Aufregung, konnte aber dennoch zum Thema häusliche Gewalt improvisieren und danach einige Bilder ihrer Wünsche kreieren.
Das erste Wunschbild zeigte, wie sie sich selbst erdrosselte, als ob es ihr Wunsch wäre, die Erwartungen ihres Mannes auszuführen. Das zweite, wie sie das Haus verließ (ohne Zweifel gegen die Wünsche ihres Mannes). Dann Bilder, wie sie mit ihm spricht, wie sie versucht, ihn zu verführen, indem sie ein Bein über seinen Bauch legt (der Schauspieler, der den Mann spielte, zog sich sofort von ihr zurück!) und schließlich, wie sie versucht, ihn zu töten.
Ich war glücklich über den Mut dieses ängstlichen Mädchens, solch konkrete Bilder zu ihren Wünschen zu zeigen, glücklich auch, die Resonanz der Bilder beim Publikum zu sehen, besonders bei den Frauen, die auf die Bühne sprangen, um sie in ihrem Bild zu ersetzen. Als sie fertig war, fühlte ich, dass ihr stärkster Wunsch in diesem Moment gar nicht ihren Mann betraf. Sie hatte sich selbst als Protagonistin angeboten, als ihre Gefühle sogar vor ihr selbst noch verborgen waren. Aber als sie sah, wie ihre Wünsche sinnlich-konkrete Form annahmen, war sie beschämt, dass sie sie den anderen und sich selbst enthüllt hatte. Ihr Wunsch war, mit dem Ganzen aufzuhören.
Wenn wir der üblichen Reihenfolge der Schritte im Regenbogen der Wünsche gefolgt wären, hätte sie nun ihre Wünsche bekämpfen oder stimulieren müssen, wie dies in der Phase, wo sich der bewusste Wille und die unbewussten Gefühle miteinander messen, normalerweise geschieht. Aber ich sah, dass sie weinte und dass sie nicht weitermachen wollte oder konnte. Also gingen wir direkt über zur Agora der Wünsche, bei der jeder Wunsch seinen extremsten Gegensatz bekämpft. Das Mädchen ging zurück ins Publikum, um zu sehen, wie ihre Wünsche, die die Gefühle der meisten anwesenden Frauen widerspiegelten, sich gegenseitig auf der Bühne bekämpften, genau wie sie tief in ihrem Herzen miteinander rangen.
Am letzten Tag dieses kurzen Workshops begannen wir mit „Die beiden Offenbarungen der Hl. Theresa". In Paaren (Elternteil/Kind) improvisierten die

Schauspieler eine Situation, während der jeder dem anderen eine gute oder schlechte Offenbarung geben konnte. Neunzig Prozent der Offenbarungen der Frauen drehten sich um Sexualität und Unterdrückung. Die meisten enthüllten, dass sie verliebt waren und einen Mann aus einer niedrigeren Kaste heiraten wollten. Oder, wenn der Mann aus der gleichen oder einer höheren Kaste als ihrer eigenen stammte, wollten sie lieber ihren eigenen Partner wählen, als passiv die Entscheidung des Vaters zu akzeptieren. Solche Bedürfnisse reichten in der Regel aus, um die Beziehung zu ihrem Vater zu zerbrechen, da diese auf absoluter Unterordnung basierte. Dabei wollten die Frauen nur selbst wählen dürfen, wen sie heirateten, sie wagten ja noch nicht einmal, von Liebe zu sprechen.

Danach arbeiteten wir an dem analytischen Bild und wieder war das gewählte Thema das Leben als Paar. Ich wusste noch, was am Tag zuvor passiert war und verzichtete darauf, weitere Teilnehmerinnen um eine Geschichte aus dem eigenen Leben zu bitten. Ich entschied mich dazu, dass sie eine typische und mögliche Situation frei „erfinden" sollten.

Und ich bat sie, bei der Improvisation nicht sich selbst, sondern Menschen, die sie gut kannten, als Modelle zu benutzen. Weil sie wussten, dass sie keine „wirkliche" Geschichte darstellten, fühlten sie sich geschützter und freier, so dass sie ihre wahren Emotionen und Gedanken zeigen konnten. Um ihr Wohlbefinden noch weiter zu fördern, bat ich die Männer, Bilder von Frauen zu machen und umgekehrt. Also konnte jede Seite die Kritik an der anderen sehen und zeigen.

Diese Vorgehensweise auf meinem Workshop in Indien war nicht der übliche Weg. Aber die Techniken wurden entwickelt, um sie den jeweiligen Menschen anzupassen und nicht umgekehrt. Im Theater der Unterdrückten sind die Betroffenen, die Unterdrückten das Subjekt und das Theater ist ihre Sprache.

25 Jahre Theater der Unterdrückten

Ein Gespräch mit Augusto Boal (Rio de Janeiro), Bernd Ruping (Fachhochschule Osnabrück/Theaterpädagogisches Zentrum Lingen) und Dr. Jürgen Weintz (Off-Theater Düsseldorf/Neuss) anlässlich eines Theaterseminars von Augusto Boal im TPZ Lingen im Oktober 1997.

Deutsch von Christa Holtei (B = Augusto Boal, I = Interviewer)
I: Seit mehr als 25 Jahren gibt es das Theater der Unterdrückten in Lateinamerika und seit mehr als 20 Jahren arbeiten Sie auch in Europa. Vor diesem Hintergrund würden wir gerne wissen, ob sich Ihre Auffassung von Theater, also Ihr Konzept des Theaters der Unterdrückten, während dieser langen Zeit verändert hat und – wenn ja – in welcher Hinsicht.
B: Es gab eine Reihe wichtiger Erweiterungen innerhalb meines Theateransatzes, aber die grundlegenden Prinzipien sind dieselben geblieben. Am Anfang gab es nur das „Unsichtbare Theater", „das Zeitungstheater" und das „Forum-Theater". Später kamen der „Regenbogen der Wünsche" und schließlich das „Legislative" Theater hinzu, aber die Basis ist immer noch dieselbe.
I: Heute Nachmittag forderten Sie in unserem Workshop die Akteure auf: „Geht weiter und folgt Eurem Charakter." Wenn ich Sie nun frage, in welcher Richtung Sie selbst weitergehen wollen, was würden Sie dann sagen?
B: Ich weiß es nicht. Ich weiß allenfalls, was ich in der näheren Zukunft tun werde. So werde ich im nächsten Jahr wieder mit der Royal Shakespeare Company arbeiten. Im letzten Jahr hatte mich die dortige Vizedirektorin eingeladen, zu demonstrieren, wie man mit Hilfe der Techniken aus dem „Regenbogen der Wünsche" Bühnencharaktere entwickeln kann. Außerdem würde ich mich gerne mit Hamlet befassen. Hier in Bremen gibt es ja auch eine Shakespeare-Bühne, wie ich gehört habe.
I: Vielleicht können wir dies vom TPZ Lingen aus organisieren, da wir eng mit der Bremer Shakespeare-Company zusammenarbeiten.
B: Das würde mir sehr gefallen. Hamlet auf der Basis des „Regenbogens der Wünsche". Ich liebe dieses Stück!
I: Da wir gerade über Shakespeare sprechen, möchte ich Sie fragen: Sehen Sie Ihr Theater in großer Nähe zum Theater als Kunstform? Und in welcher Relation steht es zur Politik und zur therapeutischen Arbeit? Geben Sie einem dieser drei Bereiche den Vorzug?
B: Nein, auf keinen Fall. Ich denke allerdings, dass das Wichtigste der Mensch ist und der steht ja auch beim Theater im Zentrum. Manchmal wird der Akzent mehr auf der Politik bzw. der gesellschaftlichen Perspektive liegen, manchmal eher auf der psychologischen oder pädagogischen Blickrichtung. Für all diese Ansätze lassen sich die Techniken des Theaters der Unterdrückten nutzen.

Allerdings hängen Ziele und Methoden auch von den jeweiligen Menschen und ihrem Hintergrund ab. Die Techniken werden zwar in den unterschiedlichsten Ländern genutzt – aber doch jeweils auf eine spezifische Art und Weise. So ist die Richtung, wie das Theater der Unterdrückten in Deutschland praktiziert wird, nicht ohne weiteres auf Bolivien, Brasilien oder Frankreich übertragbar.

I: Vor einiger Zeit kam ein Teilnehmer aus San Salvador ins Lingener TPZ und erzählte von seiner Begegnung mit Ihnen. Als ich ihm dann berichtete, dass uns die Arbeit mit Ihnen auch daher riesigen Spaß macht, weil es immer viel zu lachen gibt, meinte er: „Komisch, bei uns in San Salvador ist Augusto immer ein strenger Spielleiter."

B: Dazu kann ich nur sagen: Wer in der Arbeit autoritär ist, macht kein Theater der Unterdrückten. Wer diese Theateridee wirklich ernst nimmt, ist auch in der eigenen Theaterarbeit demokratisch.

I: Ich würde Sie gerne einmal in Lateinamerika erleben.

B: Da arbeiten wir sehr demokratisch! Wir erzwingen niemals etwas. Wir lernen und arbeiten zusammen. Man kann das Theater der Unterdrückten gar nicht ernsthaft betreiben, wenn man den Menschen etwas aufzwingen will.

I: Wir sollten einmal genauer auf das Verhältnis Ihres Theaters zur thera- peutischen Arbeit (wie dem Psychodrama) eingehen. Vielleicht kann uns dabei Ihr Verständnis von Katharsis weiterhelfen.

B: Nun, Katharsis nach der klassischen Auffassung bedeutet immer, etwas auszuschalten. In der griechischen Tragödie wird beispielsweise der Wunsch ausgeschaltet, die Gesellschaft zu verändern. Im Theater der Unterdrückten hingegen besteht der kathartische Effekt darin, dass dieser Wunsch nach Veränderung geweckt und dynamisiert wird.
Statt also eine Irritation der Gesellschaft zu vermeiden, versuchen wir gerade das zu fördern, was diese irritieren könnte. Wir wollen die Menschen nicht anpassen, sondern die Gesellschaft verändern, indem wir als ersten Schritt die Furcht vor einem Wandel abzubauen versuchen.

I: Ein wichtiger Einfluss auf das Theater der Unterdrückten bestand im Werk Bertolt Brechts. Sie haben oft betont, dass in Brechts Theater der Zuschauer passiv bleibt, weil er nicht in das Bühnengeschehen eingreifen kann. Aber Brecht hat ja neben seinen konventionelleren Bühnenstücken auch Lehrstücke verfasst sowie Anleitungen für die Arbeit mit diesen Stücken. Im Lehrstück sind aber die Grenzen zwischen Schauspielern und Zuschauern aufgehoben, das heißt alle Zuschauer sind zugleich aktive Mitspieler. Gibt es dennoch Unterschiede zwischen Ihnen und Brechts Lehrstück-Idee?

B: Natürlich kennen alle intelligenten Menschen Brecht. Er hat alle be- einflusst. Auch ich bin von Brecht beeinflusst, aber ebenso haben mich Shakespeare, Molière, Stanislawski und andere geprägt. Ich glaube, dass Brecht in den Lehrstücken nur Wahlmöglichkeiten vorgibt, aber niemals die Frage stellt: „Was würdest du selbst tun?" Der Zuschauer kann Brechts Vorschläge nur mit „ja" oder „nein" beantworten, nicht aber mit „vielleicht". Das Forumtheater hingegen fragt nicht: „Solltest du dies oder das tun?", sondern fragt: „Was wollen wir tun?" Es wird ein offener Prozess ermöglicht, der den Einzelnen kreativ werden lässt.

Brechts Theater mag ich sehr, aber er beendet es. Im Forumtheater gibt es kein Ende, da wir Fragen stellen.

I: Da bin ich anderer Meinung. Brecht beendet das Spiel genauso wenig. Er schrieb das Lehrstück zwar als ein Stück Literatur und deshalb ...

B: ... ist es beendet.

I: Aber nein: Brecht sagt, das Lehrstück sei nicht für die Bühne gedacht, sondern solle dazu dienen, den Menschen oder Kollektive zu belehren. Das Stückmaterial kann und soll durch die eigene Sicht ergänzt werden.

B: Im Forumtheater schreiben wir nicht. Wir sprechen und fragen unser Publikum direkt: „Was wollt ihr sagen?" Der Unterschied zu Brecht liegt darin, dass wir fragen statt literarische Antworten zu geben.

I: Aber auch Brecht gibt keine Antworten. Als jemand, der denkt und fühlt, überlässt er die Antwort den Ausführenden. Wenn man die Kunst der Lehrstücke erfahren will, ist dies nur im aktiven Spiel möglich. Dabei können agitatorischer Duktus und abstrakte Theorie durch das eigene Gefühl durchkreuzt oder umgekehrt die Emotionen durch die Theorie relativiert werden. Das heißt, im eigenen Spiel erhält das Lehrstück ein völlig neues Gesicht.

B: Aber bei Brecht geht doch der Zuschauer gar nicht auf die Bühne ...

I: Ja und nein. Der Unterschied besteht darin, dass man Lehrstücke nicht für Zuschauer spielt, sondern in einer geschlossenen Gruppe – sozusagen für sich allein. Im Gegensatz dazu machen Sie Forumtheater vor Zuschauern, die sie auffordern, sich zu beteiligen.

B: Richtig. Das Forumtheater basiert auch auf der Wirkung, die der Bühnenraum durch die Konfrontation mit dem Zuschauer auslöst. Aber dann möchte ich den ästhetischen Theaterraum, der den Schauspielern Macht verleiht und der doch von den Zuschauern selbst geschaffen wurde, demokratisieren. Daher appelliere ich an das Publikum: „Kommt und spielt an unserer Stelle weiter."

Ich glaube nicht, dass das bei Brecht möglich wäre. Das, was Brecht beschreibt, ist kein Forumtheater im hier beschriebenen Sinn.

I: Demnach könnte man das Forumtheater irgendwo in der Mitte zwi-schen epischem Theater und den Lehrstücken ansiedeln. Ihr Forumtheater will Grenzen zwischen Zuschauern und Schauspielern überwinden nach dem Motto: „Kommt her auf die Bühne. Wir haben keine Lösung, gebt Ihr uns die Lösung!" Und Brecht dagegen sagt: „Ich gebe euch einen Text, macht etwas daraus und findet Eure Antworten allein!"

B: Darin liegt der Unterschied: Wir sagen nicht „Macht es allein!", son-

dern „Lasst uns zusammen daran arbeiten!" Schauspieler und Zuschauer sind beiderseits beteiligt und finden die Lösung gemeinsam.

I: In der Tat ist bei Brecht ein solches Zusammenspiel von Schauspielern und Zuschauern nicht möglich. Hier machen die Akteure in der traditionellen Weise Theater und die Zuschauer müssen alles selbst herauslesen.

B: Genau. Meiner Meinung nach besteht der Unterschied darin, dass Brechts Zuschauer dem Handeln der Schauspieler Bedeutung verleihen. Das Theater der Unterdrückten geht darüber hinaus: Mit der (Einstiegs-)Szene bieten wir zwar eine Bedeutung an, aber wir bitten die Zuschauer zugleich, diese aktiv zu erweitern und zu zerstören, was im weiteren Verlauf ja auch geschieht. Die Wirklichkeit, die man ablehnt, kann im Forumtheater spielerisch verändert und die gängigen Bilder überwunden werden.

I: Mit dem Begriff ‚Metaxis' beschreiben Sie genau dieses Pendeln zwischen den verschiedenen Wirklichkeitsebenen, zwischen der konkreten Realität und einer erfundenen Welt.
Wenn das Theater der Unterdrückten die Zuschauer (als ‚Zuschauspieler') aktivieren will, Alternativen zu ihrem konkreten Alltagsleben zu erfinden, wie realistisch oder auch untheatralisch muss dann das Spiel auf der Bühne sein? Oder anders gefragt: Wie viel dichterische oder künstlerische Freiheit können Sie den Zuschauspielern überhaupt einräumen, wenn Sie Ihr obengenanntes Ziel der Veränderung des realen Alltagslebens nicht gefährden wollen?

B: Es gibt die wirkliche Welt und die davon unabhängige Welt der reinen Ideen. Das Glas hier ist nicht vollkommen, aber die Idee eines Glases ist vollkommen. Die Menschen sind nicht vollkommen, aber die Idee des Menschen ist es.
Aristoteles ist nun der Ansicht, dass diese beiden Welten gar nicht so getrennt voneinander existieren, sondern dass sie dazu tendieren, ineinander überzugehen. Man gehört demnach sowohl zur Wirklichkeit, die unvollkommen ist, als auch zu ihrer Idee. Die gleichzeitige Zugehörigkeit zu diesen beiden Welten nennt er „Metaxis". So hat man als menschliches Wesen zwar keinen vollkommenen Körper, aber dennoch lässt man sich von der Idee der Vollkommenheit des Körpers leiten. Wird man zum Beispiel krank, verfolgt man als Idee der Vollkommenheit die Gesundung, der man mit Hilfe der Medizin näherzukommen versucht.
Ähnlich verhält es sich – in Anlehnung an Aristoteles – mit der Gesellschaft. Diese ist unvollkommen, aber es gibt doch die Idee der Vollkommenheit. Aristoteles betrachtet nun die Tragödie als eine Art Medizin, um die Vervollkommnung der Gesellschaft voranzutreiben. Auch die Wissenschaften und die Künste werden als Mittel angesehen, dieses Ziel zu verfolgen.
„Metaxis" bedeutet letztlich: Es gibt nicht nur das reale Selbst und das (weit davon entfernte) Ideal, sondern das Ideal ist in uns selbst angelegt. Und Metaxis im Theater der Unterdrückten bedeutet, dass alle Unterdrückten Bilder

der Unterdrückung (und der Befreiung von ihr) schaffen können. Sie können in das Spiel eingreifen, weil sie eine Idee von der Vollkommenheit, die sie brauchen, in sich tragen.

I: Ich würde gerne noch einmal auf das Forumtheater zurückkommen. Es wird mitunter kritisiert, dass beim Forumtheater die theatralische Dimension zu kurz kommt. Ist Forumtheater – aus Ihrer Sicht – wirklich Theater oder eher eine Form sozialer oder politischer Animation?

B: Ich glaube, dass die Leute manchmal gar nicht die Zeit haben, im Forumtheater theatralisch zu agieren.

I: Das sehe ich anders. Ich könnte mir Forumtheater sogar als Methode vorstellen, Schauspieler auszubilden.

B: Das ist sicher richtig. Aber ich meine, dass für die Verwendung anderer theatralischer Mittel – wie Kulissen oder Musik – die Zeit oft nicht ausreicht. Wir können zum Beispiel hier in diesem Raum eine Szene spielen, in der ein Mann eine Frau fragt: „Wollen Sie meinen Arm nehmen?", und in der sie erwidert: „Nein danke, ich kann alleine gehen." Wir können gerade dadurch, dass wir an diesem Raum gar nicht viel verändern, ein Forum zu diesem Problem veranstalten. Man kann aber das gleiche Thema auch innerhalb einer Theaterinszenierung mit Kulissen, Musik etc. – wie z. B. in Goethes Faust – behandeln, in dem dann Faust Gretchen irgendwann fragt: „Wollen Sie meinen Arm nehmen?"

Wir könnten die Szene hier dirckt vor Ort als Einstieg in ein Forum zeigen und wir könnten die gleiche Geschichte in ein großes Theater mit Lichtern, Eintrittskarten und Platzanweisern verlegen und das Forum dort veranstalten.

Wir machen es einfach deshalb nicht, weil uns die Mittel dazu fehlen. Wir würden es tun, wenn wir sie hätten.

I: Ich sehe allerdings auch die Gefahr, dass – wenn man sich beim Forumtheater zu sehr um die Lösung eines konkreten Problems bemüht – dabei dann die verbale Auseinandersetzung dominiert und unter Umständen einfachere theatralische Mittel wie intensive Körpersprache oder magisch-fantastische Wendungen in der Handlung auf der Strecke bleiben.

Ich glaube, dass man eigentlich die Kunst des Theaters beherrschen muss, bevor man sich aus dem geschützten Raum der Gruppe hinaus begibt und fremde Menschen zu einem Theaterforum einlädt. Zumindest sollte man die Rolle im Hinblick auf Plastizität und Flexibilität gut beherrschen.

In der gewöhnlichen Theatersituation weiß der Schauspieler genau, was passieren wird. Keith Johnstone erzählt beispielsweise eine schöne Geschichte über die Aufführung eines Hitchcock-Stückes. Nach dem Erlöschen des Lichts sollte der Protagonist beim Betreten der Bühne über eine am Boden liegende Leiche fallen. Als aber dann das Licht nicht ausging, fiel der Darsteller dummerweise trotzdem über die Leiche, obwohl er sie sehen konnte, denn er war leider darauf programmiert. Das könnte einem Schauspieler beim Forumtheater niemals passieren, weil er darauf trainiert ist, auf alles flexibel zu reagieren, was um ihn herum passiert.

B: Ja, wenn er ein ernsthafter und kreativer Schauspieler ist. Mir fällt eine Situation aus unserem heutigen Workshop ein. Da beschuldigte jemand einen anderen, zu spielen und die Rolle nicht wirklich zu leben. Daraufhin meinte der Betreffende: „Nein, ich glaube, dieser Mann hat in seinem Leben immer gespielt und genau darin habe ich mich eingelebt. Ich habe nur seine Lüge lebendig werden lassen und wirklich gelogen." Das ist ein Beispiel für solch ein ernsthaftes Spiel.

I: Vielleicht sollten wir uns nun einmal den neueren Techniken zuwenden. Mein Eindruck ist, dass die neuen Methoden, die Sie in Ihrem Buch „Regenbogen der Wünsche" vorstellen – eher als die älteren Methoden –, auch im „normalen" Theater oder innerhalb der Schauspielausbildung genutzt werden können, denn sie scheinen theatralischer ausgerichtet zu sein. So kann man beispielsweise mit ihrer Hilfe beide Seiten von Rollenarbeit vertiefen, nämlich die innere Identifikation oder die äußere Darstellung.

Mir scheint, dass z. B. mit Hilfe der prospektiven Techniken wie „Bild der Bilder" oder „Kaleidoskopbild" eine erste Annäherung an ein Thema angeregt und das Bewusstsein für körpersprachlichen Ausdruck verfeinert werden kann.

Und anhand der introspektiven Techniken wie „Innerer Monolog", „Regenbogen der Wünsche", „Zirkel der Rituale" oder besonders „Polizist im Kopf" lässt sich die Einfühlung in eine Rolle üben.

B: In der Tat sind diese neueren Methoden auch für das „normale" Theater interessant. Immerhin habe ich sie bei meiner Arbeit mit der Royal Shakespeare Company angewandt. Und wenn ich eines Tages an Hamlet arbeite, werde ich ebenfalls darauf zurückgreifen.

I: Können Sie uns etwas über die neueste Methode des Theaters der Unterdrückten, das „Legislative Theater" erzählen?

Gestatten Sie, dass wir aber zuvor noch erwähnen, dass es Ihnen vor einiger Zeit auf eine besondere Weise gelungen ist, Kunst und Politik miteinander zu verknüpfen: Sie waren vier Jahre Abgeordneter im Stadtparlament von Rio de Janeiro und in dieser Zeit haben Sie das Legislative Theater entwickelt. Daher wüsste ich außerdem gerne, wie Sie persönlich den Konflikt zwischen den alltäglichen Aufgaben oder Entscheidungen in der Politik und den ungewöhnlichen Visionen, die die Kunst schafft, erlebt haben?

B: In aller Kürze: Das Legislative Theater will die alten Techniken (Forumtheater, Unsichtbares Theater etc.) auf eine andere Weise nutzen. Die Idee ist, die Zuschauer von Anfang an zu animieren, beim Spiel ein bestimmtes Ziel zu verfolgen, nämlich den Wunsch, ein Gesetz zu verändern oder neue Gesetzesvorschläge zu befürworten. Allerdings müssen wir einschränken, dass in lateinamerikanischen Ländern das Gesetz oft nicht befolgt wird. Aber es ist besser, selbst an einer Gesetzgebung mitzuwirken (die uns immerhin einen gewissen Schutz bietet) als überhaupt kein Gesetz zu haben. Und sicherlich ist der Kampf gegen Ungerechtigkeit von mehr Erfolg gekrönt, wenn er sich auf bereits verankerte Gesetze beruft. Auf eine Formel gebracht will das Legislative Theater Wünsche in Gesetze oder Träume in konkrete politische Maßnahmen verwandeln.

I: Gibt es schon Erfahrungen mit dem Legislativen Theater im europäischen Raum oder konnte es letztlich nur in Rio funktionieren, wo Sie selbst als Mandatsträger gewisse Spielräume hatten, die im Theater erdachten Lösungen in die Tat umzusetzen?
B: Nein, nein. Ich möchte es auf jeden Fall auch in Europa erproben. Konkret werde ich nach unserem Workshop in Lingen erstmals Legislatives Theater in München veranstalten.

I: Befürchten Sie nicht, dass Sie – wenn Sie das Theater für solch konkrete Lösungen benutzen – Gefahr laufen, den nötigen Abstand zwischen Kunst und Leben zu verwischen, denn das Spiel wird ja für bestimmte Zwecke eingespannt.
B: Nein – beide Bereiche sind auch für mich nach wie vor getrennt. Da gibt es die eine Ebene, auf der man Theater macht und dabei einfach nur seine Wünsche äußert. Und dann gibt es die andere Ebene, auf der Menschen von den Träumen oder Ideen Notiz nehmen und sich dann an Rechtsanwälte oder andere Experten wenden. Diese versuchen dann ihrerseits, eine Gesetzesvorlage oder eine politische Maßnahme (wie z. B. die längst überfällige Einrichtung einer geriatrischen Abteilung in einem Krankenhaus) auf den Weg zu bringen.

I: Verstehen Sie sich selbst in diesem Geschehen noch als Theatermacher?
B: Natürlich, am Anfang steht der theatralische Prozess.
Dabei weisen die Akteure auf einen Mangel hin und formulieren eigene Wünsche oder Bedürfnisse. Dieses Material greifen dann andere auf, analysieren es und entwickeln daraus konkrete Gesetzesinitiativen.

I: Das bedeutet, die neuen Gesetzesvorlagen und konkreten Änderungsvorschläge werden von den Betroffenen selbst auf den Weg gebracht ...
B: ... und auch von ihnen entschieden oder abgeändert, wenn sich diese Vorschläge nicht bewähren. Allerdings gibt es auch Grenzen, denn eine kommunale Politik kann nicht über den Rahmen hinausgehen, den Landes- oder Staatsgesetze vorgeben. Aber immerhin kann man weiter seine Wünsche äußern und Fragen stellen.

I: Dieses ganze Verfahren braucht ja viel Zeit. Ich frage mich, wie Sie die Arbeit der Leute honorieren, die an einem solchen komplizierten und langwierigen Prozess mitarbeiten.
B: Mein Glück war, dass ich in Rio zum Abgeordneten gewählt wurde, so

dass alle Mitwirkenden bei der Stadt angestellt werden konnten. Aufgrund der veränderten politischen Landschaft ist es damit nun vorbei. Wir müssen in andere Städte gehen, die unsere Arbeit bezahlen wollen.
I: Aber warum bezahlt man Sie überhaupt dafür? Immerhin verlassen Sie den Bereich der Kunst und mischen sich überall in den Lauf der Dinge ein.
B: Dies ist möglich, weil wir mit den Stadtregierungen zuammenarbeiten, die von der Partei mit getragen werden, die wir unterstützen.
I: Sie müssen also selbst politisch organisiert sein.
B: Ja, bisher war das die gängige Praxis. Wir würden uns aber am liebsten keiner politischen Partei anschließen, denn wenn man einer bestimmten Partei nahe steht, zieht man immer den Unwillen der anderen auf sich. Wir würden am liebsten sagen: „Unsere Partei ist die Gesellschaft und die ist nicht zufrieden."
I: Wir haben hier in Lingen Bürgerinitiativen gegen Atomkraftwerke usw. Auch hier werden Visualisierungen von Problemen auf theatralischem Weg entwickelt und diese sind dann auch Bestandteil von öffentlichen Demonstrationen vor dem Rathaus. Es werden regelrechte Shows veranstaltet, die Lust auf mehr wecken.
B: In der Tat ist es manchmal notwendig, Demonstrationen zu veranstalten nach dem Motto: „Du bist unser Bürgermeister. Wir möchten, dass du dich dieser Sache annimmst. Wenn du uns wirklich vertrittst, dann musst du das in Angriff nehmen."
I: Auf diesem Wege kann das Anliegen auch im weiteren Sinne veröffentlicht werden, denn die Visualisierung mit theatralischen Mitteln führt dazu, dass man das Geschehen fotografieren und darüber in den Zeitungen berichten kann.
B: Ja, es muss in eine visuelle Form gebracht werden, denn die Fotografen brauchen Bilder, …
I: … die die Leute sehen wollen.
Abschließend möchte ich noch zwei persönliche Fragen stellen. Nach über 25 Jahren Theaterarbeit in vielen Ländern dieser Erde fliegen Sie immer noch um die ganze Welt. Was bewegt sie, was treibt sie an? Ich frage mich das auch deshalb, weil ich jetzt 43 Jahre alt bin und mich manchmal regelrecht müde fühle. Es ist anstrengend, immer mit allen Leuten herumzuscherzen und auf sie einwirken zu wollen. Ich bin im Augenblick so müde, dass ich auf dem Tisch hier einschlafen könnte. Woher nehmen Sie Ihre Motivation und Kraft?
B: (lacht) Es ist so faszinierend, dass die Menschen im Theater ihre eigenen Geschichten bearbeiten wollen und versuchen, die Komplexität des menschlichen Wesens in einer einfachen Szene zu erfassen. Es fasziniert mich immer wieder, zu sehen, wie die Leute sich verhalten, wie sie leiden, lieben und fühlen.
I: Sie können nicht genug davon bekommen?

B: Nein, ich bin unersättlich. Ich will immer mehr davon sehen und das Gesehene mit Situationen, die ich in anderen Ländern gesehen habe, vergleichen.

I: Vielleicht wäre es interessant, wenn Sie über diese Unterschiede und Ähnlichkeiten einmal berichten könnten.

B: In der Tat sind die Unterschiede oft gewaltig. Es war beispielsweise für mich eine außergewöhnliche Erfahrung, dass bei einem Workshop im indischen Kalkutta die Frauen über ihre Angst berichteten, als Witwen lebendig verbrannt zu werden, wenn ihre Männer gestorben sind.
Demnach muss man die Mann-Frau Beziehungen in Indien vor einem ganz anderen Hintergrund betrachten, denn die Frauen wünschen nicht nur aus Liebe, sondern auch, um ihr eigenes Leben zu retten, dass ihr Mann nicht verstirbt.

I: Fürchten Sie nie, dass Sie in all diesen Workshops in den unterschiedlichsten Ländern Dinge anrühren könnten, die Sie als Fremder in dem jeweiligen Land gar nicht auffangen oder in Angriff nehmen können?

B: Es stimmt, dass ich selbst meistens gar nicht viel tun kann. Daher frage ich die Teilnehmer immer: „Was könnt ihr selbst tun, denn ich kann euch nicht helfen!"

I: Ich meine noch etwas anderes. Manchmal kann ja auch ein kleiner Impuls Dinge auslösen, die Sie nicht erwartet haben. Ist Ihnen das nie passiert, dass Sie dachten: „Oh Gott, was habe ich da angerichtet?"

B: Doch, diesen Gedanken hatte ich schon öfter, wobei es aber noch nie zu regelrecht gefährlichen Situationen kam.
Natürlich habe ich auch schon einmal Angst vor dem erlebt, was im Spiel ausgelöst wurde. Aber da es nie gefährlich wurde, konnte ich mir selbst sagen: „Ich habe etwas gelernt, was ich vorher noch nicht wusste." Ich spüre zwar auch die Notwendigkeit (und das habe ich auch in meinen Büchern thematisiert), alles was passiert, zu verstehen und immer Lösungen zu finden, aber das ist gar nicht möglich. Man kann ja nicht einmal all das, was man erlebt, hinreichend verstehen. Dennoch hätte ich gerne die Zeit, meinen ganzen Erlebnissen mehr nachzugehen. Meine Verlegerin in London hat mich gebeten, eine Art Autobiographie zu schreiben, die davon handeln soll, in welcher Beziehung mein Leben und das Theater der Unterdrückten zueinander stehen. Ich habe bereits damit begonnen. Da gibt es eine Reihe wundervoller Geschichten, an die ich mich erinnere. Ich habe bereits 140 Seiten zu Papier gebracht, aber es werden wohl noch einige Seiten mehr werden.

I: Meine letzte Frage: Sie sprechen im „Regenbogen der Wünsche" davon, dass die Figuren einen Hauptwunsch haben und viele Nebenwünsche. Könnten Sie für sich auch so eine Art Hauptwunsch formulieren oder sollte ich besser nach den vielen Nebenwünschen fragen?

B: (lacht) Nein, so viele sind es gar nicht. Mein derzeitiger Hauptwunsch ist, irgendwann mit meinen Theatertechniken den Hamlet zu machen. Zum einen will ich zeigen, dass das Theater der Unterdrückten wirklich Theater ist und zum anderen will ich deutlich machen, wie menschlich Shakespeare ist. Wenn mir beides gelingen sollte, könnte ich eigentlich in Rente gehen. Aber ich kann mir kaum vorstellen, dass ich das jemals tun werde.

Fotos: Reinhard Prüllage

Literaturauswahl

Boal, Augusto: Theater der Unterdrückten, Übungen und Spiel für Schauspieler und Nicht-Schauspieler. Frankfurt/M. 1989.
Boal, Augusto: Legislative theatre. Using performance to make politics. London 1998.
Feldhendler, Daniel: Psychodrama und Theater der Unterdrückten. Frankfurt/M. 1992.
ders.: Augusto Boal und Jakob Levy Moreno, Theater und Therapie, in: B. Ruping 1991, S. 299–308.
Neuroth, Simone: Augusto Boals Theater der Unterdrückten in der pädagogischen Praxis. Weinheim 1994.
Ruping, Bernd (Hrsg.): Gebraucht das Theater. Die Vorschläge von Augusto Boal: Erfahrungen, Varianten, Kritik. Lingen – Remscheid 1991.
Thorau, Henry: Augusto Boals Theater der Unterdrückten in Theorie und Praxis. Rheinfelden 1982.
ders.: Durch Millionen Mikrorevolutionen die Makrorevolutionen der Zukunft vorbereiten, Augusto Boals Theater der Unterdrückten und J. L. Morenos Psychodrama, in: PsychoDrama, 4. Jg., Heft 1/1991.
Weintz, Jürgen: Theaterpädagogik und Schauspielkunst, ästhetische und psychosoziale Erfahrung durch Rollenarbeit. Butzbach-Griedel 1998.
Es braucht Mut, glücklich zu sein. Zeitschrift für befreiende Pädagogik der Paulo-Freire-Gesellschaft, Heft 10, München 1995.

Kontaktadresse
Kontaktaufnahme und Informationen über aktuelle Projekte von Augusto Boal sowie über Aktivitäten der beiden Zentren des Theaters der Unterdrückten in Paris und Rio de Janeiro:
C.T.O. – Boal
Rua Francisco Otaviano 185/41
CEP 22411 – Ipanema – Arpoador
Rio de Janeiro – R. J., BRASIL

Zum Herausgeber
Jürgen Weintz, Dr. phil., geb. 1955, Studium der Germanistik, Geschichte, Theaterwissenschaft und Theaterpädagogik, Regiearbeiten für professionelle und nicht-professionelle Bühnen, Lehrtätigkeit an Hochschule und Fachhochschule, in der Erwachsenenbildung und Lehrerfortbildung, 1997 Promotion an der Hochschule der Künste (Berlin), Veröffentlichung: „Theaterpädagogik und Schauspielkunst", Afra-Verlag Butzbach-Griedel 1998, Leiter des theater- und tanzpädagogischen Instituts „Off-Theater" in Düsseldorf und Neuss.